BIBLIOTHÈQUE VARIÉE, 3ᵉ SÉRIE

LES
MARIAGES DE PARIS

EDMOND ABOUT

FORMAT IN-16, A 2 FRANCS LE VOLUME

About (Ed.) : *Germaine*; 60ᵉ mille. 1 vol.
— *Le roi des montagnes*; 72ᵉ mille. 1 vol.
— *Les mariages de Paris*; 77ᵉ mille. 1 vol.
— *L'homme à l'oreille cassée*, 43ᵉ mille. 1 vol.
— *Maître Pierre*; 9ᵉ édition. 1 vol.
— *Tolla*; 53ᵉ mille. 1 vol.
— *Trente et quarante*. — *Sans dot*. — *Les parents de Bernard*; 11ᵉ mille. 1 vol.
Bombonnel (C.) : *Le tueur de panthères*; ses chasses écrites par lui-même; 5ᵉ édit. avec un portrait de l'auteur. 1 vol.
Carlier : *Le mariage aux Etats-Unis*. 1 vol.
Colmet d'Aage (…) : *Histoire d'une vieille …*, souvenirs et traditions de famille. 1 vol.

Énault (L.) : *Histoire d'amour*. 1 vol.
Erckmann-Chatrian : *Contes fantastiques*; 4 édit. 1 vol.
Gérard : *Le tueur de lions*; 12ᵉ édition. 1 vol.
Gœthe : *Hermann et Dorothée*, poème traduit en vers par M. Gabriel Colmet. 1 vol.
Joliet (C.) : *Mille jeux d'esprit*; 2ᵉ édit.
La Landelle (G. de) : *Après le naufrage*.
Montet (J.) : *De Paris aux Karpathes*. 1 vol.
Wey (Fr.) : *Trop heureux*. 1 vol.
Zaccone (P.) : *Nouveau langage des fleurs*, avec leur valeur symbolique et leur emploi pour l'expression des pensées; nouvelle édition avec 12 gravures en couleurs. 1 vol.

FORMAT IN-16, A 1 FRANC 25 LE VOLUME

Achard (A.) : *Les …* 1 vol.
— *La chasse à l'idéal*. 1 v.
— *Le journal d'un …*; 2ᵉ édit. 1 v.
— *Les chats* …
— *Les fourches* …
— *Madame H…*
— *Le serment de Mlle …* — *Madame de Montluc*. 1 vol.
— *… de Mézières* … *La … de Bel…*
— *De la Sicile* … 1 vol.
Ancelot (M…) : …
Araguy (…) : …
Arnould (…) : …
Bernardin de St Pierre : …
Feuillet (…) : …

Féval (…) : … 2 vol.
— … 2 vol.
Figuier (…) : *Nouvelles languedociennes*. 1 vol.
Houssaye (A.) : *Galerie de portraits du dix-…*
— *Les …*
— *Poètes, Romanciers, Philosophes*.
— *Hommes et femmes de cour*.
— *Sculpteurs. — Peintres. — Musiciens*.
Jacques (…) : … 1 vol.
Joanne (…) : *Autour de l'Oise*. 1 vol.
La Landelle (…) : … *part*. 1 vol.
Lamartine …
…
Laprade …
Las Cases …
Lestoy …

— *La …* … 2 vol.
— *La …*, 3ᵉ édit. 1 vol.
— *Le baptême du sang*; 2ᵉ édit. 2 vol.
— *Le secret de la confession*; 2ᵉ édit. 2 vol.
— *La veuve*; 2ᵉ édit. 1 vol.
— *L'amour et la guerre*. 2 vol.

Renant …
Reybaud (Mme) : … 2ᵉ édit. 1 vol.
— *Espagnols et Françaises*. 1 vol.
Viardot (L…) : *Souvenirs de chasse*; 7ᵉ édit.
Viennet : *Épîtres et satires*. 1 vol.
Wailly (L. de) : *Angelica Kauffmann*. 2 vol.

LES
MARIAGES DE PARIS

OUVRAGES DU MÊME AUTEUR

PUBLIÉS PAR LA LIBRAIRIE HACHETTE ET Cie

FORMAT IN-8°

LE ROMAN D'UN BRAVE HOMME. 1 vol. illustré de 52 compositions par Adrien Marie; broché. 7 fr.; — relié	10	»
L'HOMME A L'OREILLE CASSÉE. 1 vol. illustré de 61 compositions par Eugène Courboin; broché. 7 fr.; relié	10	»
ROME CONTEMPORAINE. 1 vol broché.	5	»

FORMAT IN-16

ALSACE (1871-1872). 6e édition. 1 vol	3	50
CAUSERIES. 2e édition. 2 vol	7	»
Chaque volume se vend séparément	3	50
LA GRÈCE CONTEMPORAINE. 9e édition. 1 vol	3	50
Le même ouvrage, édition illustrée.	4	»
LE PROGRÈS. 4e édition. 1 vol.	3	50
LE TURCO. — Le bal des artistes. — Le poivre. — L'ouverture au château. — Tout Paris. — La chambre d'ami. — Chasse allemande. — L'inspection générale. — Les cinq perles. 5e édition. 1 vol.	3	50
SALON DE 1864. 1 vol.	3	50
SALON DE 1866. 1 vol.	3	50
THÉÂTRE IMPOSSIBLE (Guilery). — L'assassin. — L'éducation d'un prince. — Le chapeau de sainte Catherine). 2e édition 1 vol.	3	50
L'A B C DU TRAVAILLEUR. 5e édition. 1 vol.	3	50
LES MARIAGES DE PROVINCE. 7e édition. 1 vol.	3	50
LA VIEILLE ROCHE. Trois parties qui se vendent séparément :		
1re partie : Le mari imprévu. 5e édition. 1 vol.	3	50
2e partie : Les Vacances de la Comtesse. 4e édition. 1 vol.	3	50
3e partie : Le Marquis de Lanrose. 3e édition 1 vol.	3	50
LE FELLAH. 4e édition. 1 vol.	3	50
L'INFAME. 3e édition. 1 vol.	3	50
MADELON. 10e édition. 1 vol.	3	50
LE ROMAN D'UN BRAVE HOMME. 40e mille. 1 vol.	3	50
DE PONTOISE A STAMBOUL. 1 vol	3	»
GERMAINE. 60e mille. 1 vol.	2	»
LE ROI DES MONTAGNES, 72e mille. 1 vol.	2	»
LES MARIAGES DE PARIS. 80e mille. 1 vol.	2	»
L'HOMME A L'OREILLE CASSÉE. 43e mille. 1 vol	2	»
TOLLA. 53e mille. 1 vol.	2	»
MAITRE PIERRE. 9e édition. 1 vol.	2	»
TRENTE ET QUARANTE; — Sans dot: — Les parents de Bernard. 41e mille. 1 vol.	2	»
LE CAPITAL POUR TOUS. Brochure in-18	»	10

LES
MARIAGES DE PARIS

PAR

EDMOND ABOUT

SOIXANTE-DIX-HUITIÈME MILLE

PARIS
LIBRAIRIE HACHETTE ET Cie
79, BOULEVARD SAINT-GERMAIN, 79

1888

A

MADAME L. HACHETTE.

Madame,

J'ai vu, ces jours passés, un auteur bien en peine. Il avait écrit, au coin du feu, entre sa mère et sa sœur, une demi-douzaine de contes bleus qui pouvaient former un volume. Restait à faire la préface; car un livre sans préface ressemble à un homme qui est sorti sans chapeau. L'auteur, modeste comme nous le sommes tous, voulait faire l'éloge de son œuvre. Il grillait de dire au public : « Mes contes sont honnêtes, sains et de bonne compagnie; on n'y trouvera ni un mot grossier, ni une phrase trop court vêtue, ni une de ces tirades langoureuses qui propagent dans les familles la peste du sentiment; les maris peuvent les donner à leurs femmes et les mères à leurs filles. » Voilà ce que l'auteur aurait voulu dire; mais il est si malaisé de se louer soi-même, que la préface lui aurait coûté plus de temps que l'ouvrage. Savez-vous alors ce qu'il fit? Il écrivit sur la première page le nom cher et respecté d'une femme du monde, et d'une charmante mère de famille, sûr que ce nom le recommanderait mieux que tous les éloges, et que les lectrices les plus ombrageuses ouvriraient sans défiance un livre qui a l'honneur de vous être dédié.

Edm. About.

LES
MARIAGES DE PARIS.

LES JUMEAUX DE L'HOTEL CORNEILLE.

I

Lorsque j'étais candidat à l'École normale (c'était au mois d'octobre de l'an de grâce 1848), je me liai d'amitié avec deux de mes concurrents, les frères Debay. Ils étaient Bretons, nés à Auray, et élevés au collège de Vannes. Quoiqu'ils fussent du même âge, à quelques minutes près, ils ne se ressemblaient en rien, et je n'ai jamais vu deux jumeaux si mal assortis. Matthieu Debay était un petit homme de vingt-trois ans, passablement laid et rabougri. Il avait les bras trop longs, les épaules trop hautes et les jambes trop courtes : vous auriez dit un bossu qui a égaré sa bosse. Son frère Léonce était un type de beauté aristocratique : grand, bien pris, la taille fine, le profil grec, l'œil fier, la moustache superbe. Ses cheveux, presque bleus, frissonnaient sur sa tête comme la crinière d'un lion. Le pauvre Matthieu n'était pas roux, mais il l'avait échappé belle : sa barbe et ses cheveux offraient un échantillon de toutes les couleurs. Ce qui plaisait en lui, c'était une paire de petits yeux gris, pleins de finesse, de naïveté, de douceur, et de tout ce qu'il y a de meilleur au monde. La beauté, bannie de toute sa personne, s'était réfugiée dans ce coin-là. Lorsque les deux frères venaient aux examens, Léonce faisait siffler une petite canne à pomme d'argent qui excita bien des jalousies ; Matthieu traînait philosophiquement sous son bras un gros parapluie rouge qui lui concilia la bienveillance des examinateurs. Cependant il fut refusé comme son frère : le collège de Vannes ne leur avait point appris assez de grec. On regretta Matthieu à l'école : il avait la vocation, le désir de s'instruire, la rage d'enseigner ; il était né professeur. Quant à Léonce nous pensions unanimement que ce serait grand dommage si un garçon si bien bâti se renfermait comme nous dans le cloître universitaire. Sa prise de robe nous aurait contristés comme une prise d'habit.

Les deux frères n'étaient pas sans ressource. Nous trouvions même qu'ils étaient riches, lorsque nous comparions leur fortune à la nôtre : ils avaient l'oncle Yvon. L'oncle Yvon, ancien capitaine au cabotage, puis armateur pour la pêche aux sardines, possédait plusieurs bateaux, beaucoup de filets, quelques biens au soleil et une jolie maison sur le port d'Auray, devant le *Pavillon d'en bas*. Comme il n'avait jamais trouvé le temps de se marier, il était resté garçon. C'était un homme de grand cœur, excellent pour le pauvre monde et surtout pour sa famille, qui en avait bon besoin. Les gens d'Auray le tenaient en haute estime ; il était du conseil municipal, et les petits garçons lui disaient en ôtant leur casquette : « Bonjour, capitaine Yvon ! » Ce digne homme avait recueilli dans sa maison M. et Mme Debay, et il économisait deux cents francs par mois pour les enfants.

Grâce à cette munificence, Léonce et Matthieu purent se loger à l'hôtel Corneille, qui est l'hôtel des Princes du quartier latin. Leur chambre coûtait cinquante francs par mois ; c'était une belle chambre. On y voyait deux lits d'acajou avec des rideaux rouges, et deux fauteuils, et plusieurs chaises, et une armoire vitrée pour serrer les livres, et même (Dieu me pardonne !) un tapis. Ces messieurs mangeaient à l'hôtel ; la pension n'y était pas mauvaise à 75 fr. par mois. Le vivre et le couvert absorbaient les deux cents francs de l'oncle Yvon ; Matthieu pourvut aux autres dépenses. Son âge ne lui permettait pas de se présenter une seconde fois à l'École normale. Il dit à son frère : « Je vais me préparer aux examens de la licence ès lettres. Une fois licencié, j'écrirai mes thèses pour le doctorat, et le docteur Debay obtiendra un jour ou l'autre une suppléance dans quelque faculté. Toi, tu feras ta médecine ou ton droit, tu es libre.

« Et de l'argent? demanda Léonce.

— Je battrai monnaie. Je me suis présenté à Sainte-Barbe, et j'ai demandé des leçons. On m'a accepté pour répétiteur des élèves de troisième et de seconde : deux heures de travail tous les matins, et deux cents francs tous les mois. Il faudra me lever à cinq heures; mais nous serons riches.

— Et puis, ajouta Léonce, tu appartiens à la famille des matineux, et c'est un plaisir pour toi que de réveiller le soleil. »

Léonce choisit le droit. Il parlait comme un oracle, et personne ne doutait qu'il ne fît un excellent avocat. Il suivait les cours, prenait des notes et les rédigeait avec soin ; après quoi il faisait sa toilette, courait Paris, se montrait aux quatre points cardinaux, et passait la soirée au théâtre. Matthieu, vêtu d'un paletot noisette que je vois encore, écoutait tous les professeurs de la Sorbonne, et travaillait le soir à la bibliothèque Sainte-Geneviève. Tout le quartier latin connaissait Léonce ; personne au monde ne soupçonnait l'existence de Matthieu.

J'allais les voir à presque toutes mes sorties ; c'est-à-dire le jeudi et le dimanche. Ils me prêtaient des livres, Matthieu avait un culte pour Mme Sand ; Léonce était fanatique de Balzac. Le jeune professeur se délassait dans la compagnie de François le Champi, du Bonhomme Patience ou des Bessons de la Bessonière. Son âme simple et sérieuse cheminait en rêvant dans le sillon rougeâtre des charrues, dans les sentiers bordés de bruyères ou sous les grands châtaigniers qui ombragent la mare au Diable. L'esprit remuant de Léonce suivait des chemins tout différents. Curieux de sonder les mystères de la vie parisienne, avide de plaisir, de lumière et de bruit, il aspirait dans les romans de Balzac un air enivrant comme le parfum des serres chaudes. Il suivait d'un œil ébloui les fortunes étranges des Rubempré, des Rastignac, des Henry de Marsay. Il entrait dans leurs habits, se glissait dans leur monde, assistait à leurs duels, à leurs amours, à leurs entreprises, à leurs victoires ; il triomphait avec eux. Puis il venait se regarder dans la glace. « Étaient-ils mieux que moi ? Est-ce que je ne les vaux pas ? Qu'est-ce qui m'empêcherait de réussir comme eux ! J'ai leur beauté, leur talent, leur instruction qu'ils n'ont jamais eue, et, ce qui vaut mieux encore, le sentiment du devoir. J'ai appris dès le collège la distinction du bien et du mal. Je serai un de Marsay moins les vices, un Rubempré sans Vautrin, un Rastignac scrupuleux : quel avenir ! toutes les jouissances du plaisir et tout l'orgueil de la vertu ! » Quand les deux frères, l'œil fermé à demi, interrompaient leur lecture pour écouter quelques voix intérieures, Léonce entendait le tintement des millions de Nucingen ou de Gobsek, et Matthieu le bruit frétillant de ces clochettes rustiques qui annoncent le retour des troupeaux.

Nous sortions quelquefois ensemble. Léonce nous promenait sur le boulevard des Italiens et dans les beaux quartiers de Paris. Il choisissait des hôtels, il achetait des chevaux, il enrôlait des laquais. Lorsqu'il voyait une tête désagréable dans un joli coupé, il nous prenait à partie : « Tout marche de travers, disait-il, et l'univers est un sot pays. Est-ce que cette voiture ne nous irait pas cent fois mieux ? Il disait *nous* par politesse. Sa passion pour les chevaux était si violente, que Matthieu lui prit un abonnement de vingt cachets au manége. Matthieu, lorsque nous lui laissions le soin de nous conduire, s'acheminait vers les bois de Meudon et de Clamart. Il prétendait que la campagne est plus belle que la ville, même en hiver, et les corbeaux sur la neige flattaient plus agréablement sa vue que les bourgeois dans la crotte. Léonce nous suivait en murmurant et en traînant le pied. Au plus profond des bois, il rêvait des associations mystérieuses comme celle des Treize, et il nous proposait de nous liguer ensemble pour la conquête de Paris.

De mon côté, je fis faire à mes amis quelques promenades curieuses. Il s'est fondé à l'École normale un petit bureau de bienfaisance. Une cotisation de quelques sous par semaine, le produit d'une loterie annuelle et les vieux habits de l'école composent un modeste fonds où l'on prend tous les jours sans jamais l'épuiser. On distribue dans le quartier quelques cartons imprimés qui représentent du bois, du pain ou du bouillon, quelques vêtements, un peu de linge et beaucoup de bonnes paroles. La grande utilité de cette petite institution est de rappeler aux jeunes gens que la misère existe. Matthieu m'accompagnait plus souvent que Léonce dans les escaliers tortueux du 12e arrondissement. Léonce disait : « La misère est un problème dont je veux trouver la solution. Je prendrai mon courage à deux mains, je surmonterai tous mes dégoûts, je pénétrerai jusqu'au fond de ces maisons maudites où le soleil et le pain n'entrent pas tous les jours ; je toucherai du doigt cet ulcère qui ronge notre société, et qui l'a mise, tout récemment encore, à deux doigts du tombeau ; je saurai dans quelle proportion le vice et la fatalité travaillent à la dégradation de notre espèce. » Il disait d'excellentes choses, mais c'était Matthieu qui venait avec moi.

Il me suivit un jour rue Traversine, chez un pauvre diable dont le nom ne me revient pas. Je me rappelle seulement qu'on l'avait surnommé *le Petit-Gris*, parce qu'il était petit et que ses cheveux étaient gris. Il avait une femme et point d'enfants, et il rempaillait des chaises. Nous lui fîmes notre première visite au mois de juillet 1849. Matthieu se sentit glacé jusqu'au fond des os en entrant dans la rue Traversine.

C'est une rue dont je ne veux pas dire de mal, car elle sera démolie avant six mois. Mais, en attendant, elle ressemble un peu trop aux rues de Constantinople. Elle est située dans un quartier de Paris que les Parisiens ne connaissent guère ; elle touche à la rue de Versailles, à la rue du Paon, à la rue de la Montagne-Sainte-Geneviève ; elle est parallèle à la rue Saint-Victor. Peut-être est-elle pavée ou macadamisée, mais je ne réponds de rien : le sol est couvert de paille hachée, de débris de toute espèce, et de marmots bien vivants qui se roulent dans la boue. A droite et à gauche s'élèvent deux rangs de maisons hautes, nues, sales, percées de petites fenêtres sans rideaux. Des haillons assez pittoresques émaillent chaque façade, en attendant que le vent prenne la peine de les sécher. La rue de Rivoli est beaucoup mieux, mais le Petit-Gris n'avait pas trouvé à louer rue de Rivoli. Il nous raconta sa misère : il gagnait un franc par jour. Sa femme tressait des paillassons et gagnait de cinquante à soixante centimes. Leur logement était une chambre au cinquième ; leur parquet, une couche de terre battue ; leur fenêtre, une collection de papiers huilés. Je tirai de ma poche quelques bons de pain et de bouillon. Le Petit-Gris les reçut avec un sourire légèrement ironique.

« Monsieur, me dit-il, vous me pardonnerez si je me mêle de ce qui ne me regarde point, mais j'ai dans l'idée que ce n'est pas avec ces petits cartons-là qu'on guérira la misère. Autant mettre de la charpie sur une jambe de bois. Vous avez pris la peine de monter mes cinq étages avec monsieur votre ami, pour m'apporter six livres de pain et deux litres de bouillon. Nous en voilà pour deux jours. Mais reviendrez-vous après-demain ? C'est impossible : vous avez autre chose à faire. Dans deux jours je serai donc au même cran que si vous n'étiez pas venu. J'aurai même plus grand faim, car l'estomac est féroce au lendemain d'un bon dîner. Si j'étais riche comme vous autres, — ici Matthieu m'enfonça son coude dans le flanc, — je m'arrangerais de façon à tirer les gens d'affaire pour le reste de leurs jours.

— Et comment ? si la recette est bonne, nous en profiterons.

— Il y a deux manières ; on leur achète un fonds de commerce, ou on leur procure une place du gouvernement.

— Tais-toi donc, lui dit sa femme, je t'ai toujours dit que tu te ferais du tort avec ton ambition.

— Où est le mal, si je suis capable ? J'avoue que j'ai toujours eu l'idée de demander une place. On m'offrirait dix francs pour m'établir marchand des quatre saisons ou pour acheter un fonds d'allumettes, je ne refuserais certainement pas, mais je regretterais toujours un peu la place que j'ai en vue.

— Et quelle place, s'il vous plaît ? demanda Matthieu.

— Balayeur de la ville de Paris. On gagne ses vingt sous par jour, et l'on est libre à dix heures du matin, au plus tard. Si vous pouviez m'obtenir cela, mes bons messieurs, je doublerais mon gain, j'aurais de quoi vivre, vous seriez dispensés de monter ici avec des petits cartons dans vos poches, et c'est moi qui irais vous remercier chez vous. »

Nous ne connaissions personne à la préfecture,

mais Léonce avait rencontré le fils d'un commissaire de police : il usa de son influence pour obtenir la nomination du Petit-Gris. Lorsque nous vînmes le féliciter, le premier meuble qui frappe nos yeux fut un balai gigantesque dont le manche était enrichi d'un cercle de fer. Le titulaire de ce balai nous remercia chaudement.

« Grâce à vous, nous dit-il, je suis au-dessus du besoin ; mes chefs m'apprécient déjà, et je ne désespère pas de faire enrôler ma femme dans ma brigade; ce serait la richesse. Mais il y a sur notre palier deux dames qui auraient bon besoin de votre assistance; malheureusement elles n'ont pas les mains faites pour balayer.

— Allons les voir, dit Matthieu.

— Laissez-moi d'abord vous parler. Ce n'est pas des personnes comme ma femme et moi : elles ont eu des malheurs. La dame est veuve. Son mari était bijoutier en gros, rue d'Orléans, au Marais. Il est parti l'année dernière pour la Californie avec une machine qu'il a inventée, une machine à trouver l'or ; mais le bateau a fait naufrage en chemin, avec l'homme, la machine et le reste Ces dames ont lu dans les journaux qu'on n'avait pas sauvé une allumette. Alors elles ont vendu le peu qui leur restait, et elles ont été demeurer rue d'Enfer; et puis la dame a fait une maladie qui leur a mangé tout. Elles sont donc venues ici. Elles brodent du matin au soir jusqu'à la mort de leurs yeux, mais elles ne gagnent pas lourd. Ma femme les aide à faire leur ménage quand elle a le temps : on n'est pas riche, mais on fait l'aumône d'un coup de main à ceux qui ont trop de peine. Je vous dis ça pour vous faire comprendre que ces dames ne demandent rien à personne, et qu'il faudra y mettre des formes pour leur faire accepter quelque chose. D'ailleurs la demoiselle est jolie comme un cœur, et cela rend sauvage, comme vous comprenez. »

Matthieu devint tout rouge à l'idée qu'il aurait pu être indiscret.

« Nous chercherons un moyen, dit-il. Comment s'appelle cette dame ?

— Madame Bourgade.

— Merci. »

Deux jours après, Matthieu, qui n'avait jamais voulu de leçons particulières, entreprit de préparer un jeune homme au baccalauréat. Il s'y donna de si bon cœur, que son élève, qui avait été refusé quatre ou cinq fois, fut reçu le 18 août, au commencement des vacances. C'est alors seulement que les deux frères se mirent en route pour la Bretagne. Avant de partir, Matthieu me remit cinquante francs. « Je serai absent cinq semaines, me dit-il ; il faut que je revienne en octobre, pour la rentrée des classes et pour les examens de la licence. Tu iras à la poste tous les lundis et tu prendras un mandat de dix francs, au nom de Mme Bourgade : tu connais l'adresse. Elle croit que c'est un débiteur de son mari qui s'acquitte en détail. Ne te montre pas dans la maison : il ne faut point éveiller les soupçons de ces dames. Si l'une d'elles tombait malade, le Petit-Gris viendrait t'avertir, et tu m'écrirais. »

Je vous l'avais bien dit, qu'on ne lisait que de bons sentiments dans les petits yeux gris de Matthieu. Pourquoi n'ai-je pas conservé la lettre qu'il m'écrivit pendant les vacances? Elle vous ferait plaisir. Il me dépeignait avec un enthousiasme naïf la campagne dorée par les ajoncs, les pierres druidiques de Carnac, les dunes de Quiberon, la pêche aux sardines dans le golfe, et la flottille de voiles rouges qui récolte les huîtres dans la rivière d'Auray. Tout cela lui semblait nouveau, après une année d'absence. Son frère s'ennuyait un peu en songeant à Paris. Pour lui, il n'avait trouvé que des plaisirs. Ses parents se portaient si bien! L'oncle Yvon était si gros et si gras! La maison était si belle, les lits si moelleux, la table si plantureuse! — J'ai peut-être oublié de vous dire que Matthieu mangeait pour deux. — « Sais-tu la seule chose qui m'ait attristé? m'écrivait-il en *post-scriptum*. Je te l'avouerai, quand tu devrais te moquer de moi. Il y a dans la maison deux grandes paresseuses de chambres, bien parquetées, bien aérées, bien meublées, et qui ne servent à personne. Je suis sûr que mon oncle les louerait pour rien à une honnête famille qui voudrait les prendre. Et l'on paye cent francs par an pour habiter la rue Traversine. »

Matthieu revint au mois d'octobre, et enleva, haut la main, son diplôme de licencié ès lettres. Les notes des examinateurs lui furent si favorables qu'on lui offrit la chaire de quatrième au lycée de Chaumont; mais il ne put se décider à quitter son frère et Paris. Il me donnait de temps en temps des nouvelles de la rue Traversine : Mme Bourgade était souffrante. Vous ne vous rendrez bien compte de l'intérêt qu'il portait à ses protégées invisibles que si je vous initie au grand secret de sa jeunesse : il n'avait encore aimé personne. Comme ses camarades ne lui avaient pas ménagé les plaisanteries sur sa laideur, il était modeste au point de se regarder comme un monstre. Si l'on avait essayé de lui dire qu'une femme pouvait l'aimer tel qu'il était, il aurait cru qu'on se moquait de lui. Il rêvait quelquefois qu'une fée le frappait de sa baguette, et qu'il devenait un autre homme. Cette transformation était la préface indispensable de tous ses romans d'amour. Dans la vie réelle, il passait auprès des femmes sans lever les yeux : il craignait que sa vue ne leur fût désagréable. Le jour où il devint le bienfaiteur inconnu d'une belle jeune fille, il sentit au fond de son cœur un contentement humble et tendre. Il se comparait au héros de la *Belle et la Bête*, qui cache son visage et ne laisse voir que son âme ; ou à ce paria de *la Chaumière indienne*, qui dit : « Vous pouvez manger de ces fruits, je n'y ai pas touché. »

C'est un accident imprévu qui le mit en présence de Mlle Bourgade. Il était chez le Petit-Gris à demander des nouvelles, lorsque Aimée entra en criant au secours. Sa mère était évanouie. Matthieu courut avec les autres. Il amena le lendemain un interne de la Pitié. Mme Bourgade n'était malade que d'épuisement ; on la guérit. La femme de Petit-Gris fut installée chez elle en qualité d'infirmière. Elle allait chercher les médicaments et les aliments ; et elle savait si bien marchander, qu'elle les avait pour rien. Mme Bourgade but un excellent vin de Médoc qui lui coûtait soixante centimes la bouteille : elle mangea du chocolat ferrugineux à deux francs le kilogramme. C'est Matthieu qui faisait ces miracles et qui ne s'en vantait pas. On ne voyait en lui qu'un voisin obligeant ; on le croyait logé rue Saint-Victor. La malade s'accoutuma doucement à la présence de ce jeune professeur, qui montrait les attentions délicates d'une jeune fille. Sa prudence maternelle ne se mit jamais en garde contre lui ; tout au plus si elle le regardait comme un homme. A la simplicité de sa mise, elle jugea qu'il était pauvre ; elle s'intéressait à lui comme il s'intéressait à elle. Un certain lundi du mois de décembre, elle le vit venir en paletot noisette, sans manteau, par un froid très-vif. Elle lui dit, après de longues circonlocutions, qu'elle venait de toucher une somme de dix francs, et elle offrit de lui en prêter la moitié. Matthieu ne sut s'il devait rire ou pleurer : il avait engagé son manteau, le matin même, pour ces malheureux dix francs. Voilà où ils en étaient au bout d'un mois de connaissance. Aimée s'abandonnait moins aux douceurs de l'intimité. Pour elle, Matthieu était un homme. En le comparant au Petit-Gris et aux habitants de la rue Traversine, elle le trouvait distingué. D'ailleurs à l'âge de seize ans, elle n'avait guère eu le temps d'observer le genre humain. Elle ignorait non-seulement la laideur de Matthieu, mais encore sa propre beauté, il n'y a pas de miroir dans la maison.

Mme Bourgade raconte à Matthieu ce qu'il savait en partie, grâce aux indiscrétions du Petit-Gris. Son mari faisait médiocrement ses affaires et gagnait à peine de quoi vivre, lorsqu'il apprit la découverte de la Californie. En homme de sens, il devina que les premiers explorateurs de cette terre fortunée pouvait tirer les lingots d'or et les pépites enfouies dans le roc, sans prendre le temps d'exploiter les sables aurifères. Il se dit que la spéculation la plus sûre et la plus lucrative consisterait à laver la poussière des mines et le sable des ravins. Dans cette idée, il construisit une machine fort ingénieuse, qu'il appela, de son nom, le *séparateur Bourgade*. Pour en faire l'épreuve, il mélangea 30 grammes de poudre d'or avec 100 kilogrammes de terre et de sable. Le séparateur reproduisit tout l'or, à deux décigrammes près. Fort de cette expérience, M. Bourgade rassembla le peu qu'il possédait, laissa à sa famille de quoi vivre pendant six mois, et s'embarqua sur *la Belle-Antoinette*, de Bordeaux, à la grâce de Dieu. Deux mois plus tard, *la Belle-Antoinette* se perdit corps et biens, en sortant de la passe de Rio de Janeiro.

Matthieu s'avisa que, sans faire un voyage en Californie, on pourrait exploiter l'invention de feu Bourgade, au profit de la veuve et de sa fille. Il pria Mme Bourgade de lui confier les plans qu'elle avait conservés, et je fus chargé de les montrer à un élève de l'École centrale. La consultation ne fut pas longue. Le jeune ingénieur me dit, après un examen d'une seconde : « Connu ! c'est le séparateur Bourgade. Il est dans le domaine public, et les Brésiliens en fabriquent dix mille par an à Rio de Janeiro. Tu connais l'inventeur?

— Il est mort dans un naufrage.

— La machine aura surnagé ; cela se voit tous les jours. »

Je m'en revins piteusement à l'hôtel Corneille, pour rendre compte de mon ambassade. Je trouvai les deux frères en larmes. L'oncle Yvon était mort d'apoplexie en leur léguant tous ses biens.

II

J'ai conservé une copie du testament de l'oncle Yvon. La voici

« Le 15 août 1849, jour de l'Assomption, j'ai, Matthieu-Jean-Léonce Yvon, sain de corps et d'esprit et muni des sacrements de l'Église, rédigé le présent testament et acte de mes dernières volontés.

« Prévoyant les accidents auxquels la vie humaine est exposée, et désirant que, s'il m'arrive malheur, mes biens soient partagés sans contestation entre mes héritiers, j'ai divisé ma fortune en deux parts aussi égales que j'ai pu les faire, savoir :

« 1° Une somme de cinquante mille francs rapportant cinq pour cent, et placée par les soins de M⁰ Aubryet, notaire à Paris ;

« 2° Ma maison sise à Auray, mes landes, terres

arables et immeubles de toute sorte ; mes bateaux, filets, engins de pêche, armes, meubles, hardes, linge et autres objets mobiliers, le tout évalué, en conscience et justice, à cinquante mille francs.

« Je donne et lègue la totalité de ces biens à mes neveux et filleuls, Matthieu et Léonce Debay, enjoignant à chacun d'eux de choisir, soit à l'amiable, soit par la voie du sort, une des deux parts ci-dessus désignées, sans recourir, sous aucun prétexte, à l'intervention des hommes de loi.

« Dans le cas où je viendrais à mourir avant ma sœur Yvonne Yvon, femme Debay, et son mari, mon excellent beau-frère, je confie à mes héritiers le soin de leur vieillesse ; et je compte qu'ils ne les laisseront manquer de rien, suivant l'exemple que je leur ai toujours donné. »

Le partage ne fut pas long à faire, et l'on n'eut pas besoin de consulter le sort. Léonce choisit l'argent, et Matthieu prit le reste. Léonce disait : « Que voulez-vous que je fasse des bateaux du pauvre oncle? J'aurais bonne grâce à draguer des huîtres ou à pêcher des sardines! Il me faudrait vivre à Auray, et, rien que d'y penser, je bâille. Vous apprendriez bientôt que je suis mort et que la nostalgie du boulevard m'a tué. Si, par bonheur ou par malheur, j'échappais à la destruction, toute cette petite fortune périrait bientôt entre mes mains. Est-ce que je sais louer une terre, affermer une pêcherie ou régler des comptes d'association avec une demi-douzaine de marins? Je me laisserais voler jusqu'aux cendres de mon feu. Que Matthieu m'abandonne l'argent, je le placerai sur une valeur solide qui me rapportera vingt pour un. Voilà comme j'entends les affaires.

— A ton aise, répondit Matthieu. Je crois que tu n'aurais pas été forcé de vivre à Auray. Nos parents se portent bien, Dieu merci! et ils suffisent peut-être à la besogne. Mais dis-moi donc quelle est la valeur miraculeuse sur laquelle tu comptes placer ton argent?

— Ma tête. Écoute-moi posément. De tous les chemins qui mènent un jeune homme à la fortune, le plus court n'est ni le commerce, ni l'industrie, ni l'art, ni la médecine, ni la plaidoirie, ni même la spéculation; c'est.... devine.

— Dame! je ne vois plus que le vol sur les grands chemins, et il devient de jour en jour plus difficile; car on n'arrête pas les locomotives.

— Tu oublies le mariage! C'est le mariage qui a fait les meilleures maisons de l'Europe. Veux-tu que je te raconte l'histoire des comtes de Habsbourg? Il y a sept cents ans, ils étaient un peu plus riches que moi, pas beaucoup. A force de se marier et d'épouser des héritières, ils ont fondé une des plus grandes monarchies du monde, l'empire d'Autriche. J'épouse une héritière.

— Laquelle?

— Je n'en sais rien, mais je la trouverai.

— Avec tes cinquante mille francs?

— Halte-là! Tu comprends que si je me mettais en quête d'une femme avec mon petit portefeuille contenant cinquante billets de banque, tous les millions me riraient au nez; tout au plus si je trouverais la fille d'un mercier ou l'héritière présomptive d'un fonds de quincaillerie. Dans le monde où l'on tiendrait compte d'une si pauvre somme, on ne me saurait gré ni de ma tournure, ni de mon esprit, ni de mon éducation. Car enfin nous ne sommes pas ici pour faire de la modestie.

— A la bonne heure!

— Dans le monde où je veux me marier, on m'épousera pour moi, sans s'informer de ce que j'ai. Quant un habit est bien fait et bien porté, mon cher, aucune fille de condition ne s'informe de ce qu'il y a dans les poches. »

Là-dessus, Léonce expliqua à son frère qu'il emploierait les écus de l'oncle Yvon à s'ouvrir les portes du grand monde. Une longue expérience, acquise dans les romans, lui avait appris qu'avec rien on ne fait rien, mais qu'avec de la toilette, un joli cheval et de belles manières, on trouve toujours à faire un mariage d'amour.

« Voici mon plan, dit-il : Je vais manger mon capital. Pendant un an, j'aurai cinquante mille francs de rente en effigie, et le diable sera bien malin si je ne me fais pas aimer d'une fille qui les possède en réalité.

— Mais, malheureux, tu te ruines !

— Non, je place mon argent à vingt pour un. »

Matthieu ne prit pas la peine de discuter contre son frère. Au demeurant, les fonds placés ne devaient être disponibles qu'au mois de juin ; il n'y avait pas péril en la demeure.

Les héritiers de l'oncle Yvon ne changèrent rien à leur genre de vie ; ils n'étaient pas plus riches qu'autrefois. Les bateaux et les filets faisaient marcher la maison d'Auray. M° Aubryet donnait deux cents francs par mois, ainsi que par le passé ; les répétitions de Sainte-Barbe et les visites à la rue Traversine allaient leur train. La vérité m'oblige à dire que Léonce était moins assidu aux cours de l'École de droit qu'aux leçons de danse et d'escrime. Le Petit-Gris, toujours ambitieux, et, je le crains, un peu intrigant, obtint la nomination de sa femme, et introniza un deuxième balai dans son appartement. Ce fut le seul événement de l'hiver.

Au mois de mai, Mme Debay écrivit à ses fils qu'elle était fort en peine. Son mari avait beaucoup à faire et ne suffisait point ; un homme de plus dans la maison n'eût pas été de trop. Matthieu craignit que son père ne se fatiguât outre mesure ; il le savait dur à la peine et courageux malgré son âge; mais on n'est plus jeune à soixante ans, même en Bretagne.

« Si je m'écoutais, me dit-il un jour, j'irais passer six mois là-bas. Mon père se tue.

— Qu'est-ce qui te retient ?

— D'abord, mes répétitions.

— Passe-les à un de nos camarades. Je t'en indiquerai six qui en ont plus besoin que toi.

— Et Léonce qui fera des folies !

— Sois tranquille, s'il doit en faire, ce n'est pas ta présence qui le retiendra.

— Et puis...

— Et puis quoi ?

— Ces dames !

— Tu les as bien quittées aux vacances. Donne-les-moi encore à garder, j'aurai soin qu'elles ne manquent de rien.

— Mais elles me manqueront, à moi, reprit-il en rougissant jusqu'aux yeux.

— Eh ! parle donc ! Tu ne m'avais pas dit qu'il y eût de l'amour sous roche. »

Le pauvre garçon resta atterré. Il devina pour la première fois qu'il aimait Mlle Bourgade. Je l'aidai à faire son examen de conscience ; je lui arrachai un à un tous les petits secrets de son cœur, et il demeura atteint et convaincu d'amour passionné. De ma vie je n'ai vu un homme plus confus. On lui eût appris que son père avait fait banqueroute, je crois qu'il aurait montré moins de honte. Il fallut bien le rassurer un peu et le réconcilier avec lui-même. Mais quand je lui demandai s'il croyait être payé de retour, il eut un redoublement de confusion qui me fit peine. J'eus beau lui dire que l'amour est un mal contagieux, et que dix-neuf fois sur vingt les passions sincères sont partagées, il croyait faire exception à toutes les règles. Il se plaçait modestement au dernier rang de l'échelle des êtres, et il voyait dans Mlle Bourgade des perfections au-dessus de l'humanité. Aucun chevalier du bon temps ne s'est fait plus humble et plus petit devant les beaux yeux de sa dame. J'essayai de le relever dans sa propre estime en lui dévoilant les trésors de bonté et de tendresse qui étaient en lui : à toutes mes raisons il répondait en me montrant sa figure, avec une petite grimace résignée qui m'attirait des larmes dans les yeux. En ce moment, si j'avais été femme, je l'aurais aimé.

« Voyons, lui dis-je, comment est-elle avec toi ?

— Elle n'est jamais avec moi. Je suis dans la chambre, elle aussi ; et cependant nous ne sommes pas ensemble. Je lui parle, elle me répond, mais je ne peux pas dire que j'aie jamais causé avec elle. Elle ne m'évite pas, elle ne me cherche pas.... Je crois cependant qu'elle m'évite, ou du moins que je lui suis désagréable. Quand on est bâti comme cela ! »

Il s'emportait contre sa pauvre personne avec une naïveté charmante. La froideur de Mlle Bourgade pour un être si excellent n'était pas naturelle. Elle ne s'expliquait que par un commencement d'amour ou par un calcul de coquetterie.

« Mlle Bourgade sait-elle que tu as hérité ?

— Non

— Elle te croit pauvre comme elle ?

— Sans cela, il y a longtemps qu'on m'aurait mis à la porte

— Si cependant.... Ne rougis pas. Si, par impossible, elle t'aimait comme tu l'aimes, que ferais-tu ?

— Je.... lui dirais...

— Allons, pas de fausse honte ! Elle n'est pas là : tu l'épouserais ?

— Oh ! si je pouvais ! Mais je n'oserai jamais me marier. »

Ceci se passait un dimanche. Le jeudi suivant, quoique j'eusse bien promis d'éviter la rue Traversine, je fis une visite au Petit-Gris. J'avais mis mon plus bel habit d'uniforme, avec des palmes toutes neuves à la boutonnière. Le Petit-Gris alla prévenir Mme Bourgade qu'un monsieur lui demandait la faveur de causer quelques instants avec elle seule. Elle vint comme elle était, et notre hôte sortit sous prétexte d'acheter du charbon.

Mme Bourgade était une grande et belle femme, maigre jusqu'aux os ; elle avait de longs yeux tristes, de beaux sourcils et des cheveux magnifiques, mais presque plus de dents, ce qui la vieillissait. Elle s'arrêta devant moi un peu interdite ; la misère est timide.

« Madame, lui dis-je, je suis un ami de Matthieu Debay ; il aime Mlle votre fille, et il a l'honneur de vous demander sa main. »

Voilà comme nous étions diplomates à l'École normale.

« Asseyez-vous, monsieur, » me dit-elle doucement. Elle n'était pas surprise de ma démarche, elle s'y attendait ; elle savait que Matthieu aimait sa fille, et elle m'avoua avec une sorte de pudeur maternelle que depuis longtemps sa fille aimait Matthieu. J'en étais bien sûr ! Elle avait mûrement réfléchi sur la possibilité de ce mariage. D'un côté elle était heureuse de confier l'avenir de sa fille à un honnête homme, avant de mourir. Elle se croyait dangereusement malade, et attribuait à des causes organiques un affaiblissement produit par les privations. Ce qui l'effrayait, c'était l'idée que Matthieu lui-même n'était pas très-robuste, qu'il pouvait un jour prendre le lit, perdre ses leçons et rester sans ressource avec une femme, peut-être avec des enfants, car il fallait tout prévoir. J'aurais pu la rassurer d'un seul mot, mais je n'eus garde. J'étais trop heureux de voir un mariage se conclure avec cette sublime imprudence des pauvres qui disent : « Aimons-nous d'abord, chaque jour amène son pain ! » Mme Bourgade ne discuta contre moi que pour la forme. Elle portait Matthieu dans son cœur. Elle avait pour lui l'amour de la belle-mère pour son gendre, cet amour à deux degrés, qui est la dernière passion de la femme. Mme de Sévigné n'a jamais aimé son mari comme M. de Grignan.

Mme Bourgade me conduisit chez elle et me présenta à sa fille. La belle Aimée était vêtue de cotonnade mauvais teint dont la couleur avait passé. Elle n'avait ni bonnet, ni col, ni manchettes : le blanchissage est si cher ! Je pus admirer une grosse natte de magnifiques cheveux blonds, un cou un peu maigre, mais d'une rare élégance, et des mains qu'une grande dame eût payées cher. Sa figure était celle de sa mère, avec vingt années de moins. En les voyant l'une à côté de l'autre, je songeai involontairement à ces dessins d'architecture où l'on voit dans le même cadre un temple en ruine et sa restauration. La taille d'Aimée, avec une brassière au lieu de corset, et un simple jupon sans crinoline montrait une élégance de bon aloi. Le prix élevé des engins de la coquetterie fait que les pauvres sont moins souvent dupés que les riches. Ce qui m'étonna le plus dans la future Mme Debay, c'est la blancheur limpide de son teint. On aurait dit du lait, mais du lait transparent : je ne puis mieux comparer son visage qu'à une perle fine.

Elle fut bien franchement heureuse, la petite perle de la rue Traversine, lorsqu'elle apprit les nouvelles que j'apportais. Au beau milieu de sa joie tomba Matthieu, qui ne s'attendait pas à me trouver là. Il ne voulut croire qu'il était aimé que lorsqu'on le lui eut répété trois fois. Nous parlions tous ensemble, et les quatuors de Beethoven sont une pauvre musique au prix de celle que nous chantions. Puis, comme la porte était restée entr'ouverte, je me dérobai sans rien dire. Matthieu me savait un peu moqueur, et il n'aurait pas osé pleurer devant moi.

Il se maria le premier jeudi de juin, et j'eus soin de ne pas me faire consigner à l'École, car je tenais à lui servir de témoin. Je partageai cet honneur avec un jeune écrivain qui débutait alors dans l'*Artiste*. Les témoins d'Aimée furent deux amis de Matthieu, un peintre et un professeur : Mme Bourgade avait perdu de vue ses anciennes connaissances. La mairie du 11e arrondissement est en face de l'église Saint-Sulpice : on n'eut que la place à traverser. Toute la noce y compris Léonce, était contenue dans deux grands fiacres qui nous menèrent dîner auprès de Meudon, chez le garde de Fleury. Notre salle à manger était un chalet entouré de lilas, et nous découvrîmes un petit oiseau qui avait fait son nid dans la mousse au-dessus de nos têtes. On but à la prospérité de cette famille ailée : nous sommes tous égaux devant le bonheur. Me croira qui voudra, mais Matthieu n'était plus laid. J'avais déjà remarqué que l'air des forêts avait le privilége de l'embellir. Il y a des figures qui ne plaisent que dans un salon ; vous en trouverez d'autres qui ne charment que dans les champs. Les poupées enfarinées qu'on admire à Paris seraient horribles à rencontrer au coin d'un bois : je frémis quand j'y pense. Matthieu était, au contraire, un sylvain très-présentable : Il nous annonça, au dessert, qu'il allait partir pour Auray, avec sa femme et sa belle-mère. L'excellente maman Debay ouvrait déjà les bras pour recevoir sa bru. Matthieu écrirait ses thèses à loisir ; il serait docteur et professeur quand les sardines le permettraient.

« Sans parler des enfants, ajouta une voix qui n'était pas la mienne.

— Ma foi ! reprit le marié, s'il nous vient des enfants, je leur apprendrai à lire au coin du feu, et puissé-je avoir dix élèves dans ma classe!

— Pour moi, dit Léonce, je vous ajourne tous à l'année prochaine. Vous assisterez au mariage de Léonce Debay avec Mlle X., une des plus riches héritières de Paris.

— Vive *Mlle X.*, la glorieuse inconnue!

— En attendant que je la connaisse, reprit l'orateur, on vous contera que j'ai gaspillé une fortune, éparpillé des trésors et dispersé mon héritage à tous les vents de l'horizon. Souvenez-vous de ce que je vous promets : je jetterai l'or, mais comme un semeur jette la graine. Laissez dire et attendez la récolte! »

Pourquoi n'avouerais-je pas qu'on buvait du vin de Champagne? Matthieu dit à son frère : « Tu feras ce que tu voudras, je ne doute plus de rien, je crois tout possible, depuis qu'elle a pu m'épouser par amour! »

Mais le dimanche suivant, à la gare du chemin de fer, Matthieu semblait moins rassuré sur l'avenir de son frère. Tu vas jouer gros jeu, lui dit-il en lui serrant la main. Si Boileau n'était point passé de mode, comme les coiffures de son temps, je te dirais :

Cette mer où tu cours est féconde en naufrages!

— Bah! il ne s'agit pas de Boileau, mais de Balzac. Cette mer où je cours est féconde en héritières. Compte sur moi, mon frère : s'il en reste une au monde, elle sera pour nous.

— Enfin, souviens-toi, quoi qu'il arrive, que ton lit est fait dans la maison d'Auray.

— Fais-y ajouter un oreiller. Nous irons vous voir dans notre carrosse! » Le Petit-Gris toisa Léonce d'un coup d'œil approbateur qui voulait dire : « Jeune homme, votre ambition me plaît. » Mais Léonce n'abaissa point ses regards sur le Petit-Gris. Il me prit par le bras, après le départ du train, et il me mena dîner avec lui; il était gai et plein de belles espérances.

« Le sort en est jeté, me dit-il; je brûle mes vaisseaux. J'ai retenu hier un délicieux entre-sol rue de Provence. Les peintres y sont; dans huit jours, j'y mettrai les tapissiers. C'est là, mon pauvre bon, que tu viendras, le dimanche, manger la côtelette de l'amitié.

— Quelle idée as-tu de commencer ta campagne au milieu de l'été? Il n'y a pas un chat à Paris.

— Laisse-moi faire! Dès que mon nid sera installé, je partirai pour les eaux de Vichy. Les connaissances se font vite aux eaux : on se lie, on s'invite pour l'hiver prochain. J'ai pensé à tout, et mon siége est fait. Dans quinze jours, j'en aurai fini avec cet affreux quartier latin!

— Où nous avons passé de si bons moments!

— Nous croyions nous amuser, parce que nous ne nous y connaissions pas. Est-ce que tu trouves ce poulet mangeable, toi ?

— Excellent, mon cher.

— Atroce ! A propos, j'ai une cuisinière ; un garçon à marier dîne en ville, mais il déjeune chez lui. Reste à trouver un domestique. Tu n'as personne à m'indiquer ?

— Parbleu ! je suis fâché d'être à l'École pour dix-huit mois. Je me serais proposé moi-même, tant je trouve que tu feras un maître magnifique.

— Mon cher, tu n'es ni assez petit ni assez grand : il me faut un colosse ou un gnome. Reste où tu es. As-tu jamais réfléchi sur les livrées ? C'est une grave question.

— Dame ! j'ai lu Aristote chapitre des chapeaux.

— Que penserais-tu d'une capote bleu de ciel avec des parements rouges ?

— Nous avons aussi l'uniforme des Suisses du pape, jaune, rouge et noir, avec une hallebarde. Qu'en dis-tu ?

— Tu m'ennuies. J'ai passé en revue toutes les couleurs ; le noir est comme il faut, avec une cocarde ; mais c'est trop sévère. Le marron n'est pas assez jeune, le gros bleu est discrédité par le commerce : tous les garçons de caisse ont l'habit bleu et les boutons blancs. Je réfléchirai. Regarde-moi un peu mes nouvelles cartes de visite.

— Léonce de Baÿ et une couronne de marquis! Je te passe le marquisat, cela ne fait de tort à personne ; mais je crois que tu aurais mieux fait de respecter le nom de ton vieux père. Je ne suis pas rigoriste, mais il me fâche toujours un peu de voir un galant homme se déguiser en marquis, hors le temps du carnaval. C'est une façon délicate de renier sa famille. Pour que tu sois marquis, il faut que ton père soit duc, ou mort : choisis.

— Pourquoi prendre les choses au tragique? Mon excellent homme de père rirait de tout son cœur à voir son nom ainsi fagoté. Ne trouves-tu pas que ce tréma sur l'y est une invention admirable? Voilà qui donne aux noms une couleur aristocratique! Il ne me manque plus que des armoiries. Connais-tu le blason?

— Mal.

— Tu en sais toujours assez pour me dessiner un écusson.

— Garçon, du papier? Tiens, voilà les armes que je te donne. Tu portes écartelé d'or et de gueules. Ceci représente des lions de gueules sur champ d'or, et cela des merlettes d'or sur champ de gueules. Es-tu content ?

— Enchanté. Qu'est-ce qu'une merlette?

— Un canard.

— De mieux en mieux. Maintenant une devise un peu effrontée.

— Baÿ de rien ne s'ébayt.

— Magnifique! dès ce moment, je te dois hommage comme à mon suzerain.

— Hé bien! féal marquis, allumons un cigare et ramène-moi à l'École. »

III

Léonce passa l'été à Vichy et revint au mois d'octobre. Il ramena un grand domestique blond et un magnifique cheval noir. C'était l'héritage d'un Anglais mort du spleen entre deux verres d'eau. Il me fit annoncer son retour par le superbe Jack, dont la livrée gris de souris excita mon admiration. Jack portait sur ses boutons les armes des Baÿ, sans me payer de droits d'auteur.

Le plus beau de mes amis me reçut dans un appartement empreint d'une coquetterie mâle. On n'y voyait aucun de ces brimborions qui trahissent l'intervention d'une femme : pas même une chaise de tapisserie! Le meuble de la salle à manger était en chêne, le salon, de brocatelle ponceau, avait un air décent, riche et confortable. Le cabinet de travail était plein de dignité : vous auriez dit le sanctuaire d'un auteur qui écrit l'histoire des croisades. Dans la chambre à coucher, on voyait une énorme tapisserie représentant la clémence d'Alexandre, une table de toilette en marbre blanc, un magnifique nécessaire étalé dans l'ordre le plus parfait, quatre fauteuils de moquette, et un lit à colonnes, lit monastique, large de trois pieds tout au plus.

La décoration ne donnait aucun démenti aux assurances de l'ameublement. Dans le salon, des paysages. Dans la salle à manger, un tableau de chasse, des volatiles, des natures mortes. Dans le cabinet, un trophée d'armes, de cannes et de cravaches, et quatre grands passe-partout remplis de gravures à l'eau-forte qui auraient pu figurer chez le farouche Hippolyte. Dans la chambre à coucher, cinq ou six portraits de famille achetés d'occasion chez les brocanteurs de la rue Jacob. Les meubles, les tableaux, les gravures et les livres de la bibliothèque, triés avec un soin scrupuleux, chantaient à l'unisson les louanges de Léonce. Les belles-mères pouvaient venir !

Mon premier soin en entrant fut de chercher les cigares, mais Léonce ne fumait plus. Il disait que le cigare, qui unit les hommes entre eux, n'a pas la vertu d'arranger les mariages, et que le tabac offense également les femmes et les abeilles, créatures ailées. Il me raconta sa campagne d'été, et me montra triomphalement vingt-cinq ou trente cartes de visite qui représentaient autant d'invitations pour l'hiver.

« Lis tous ces noms, me dit-il, et tu verras si j'ai jeté ma poudre aux moineaux ! »

Je m'étonnai de ne voir que des noms de la banque et de l'industrie. « Pourquoi cette préférence ? Les héros de Balzac allaient au faubourg Saint-Germain.

— Ils avaient leurs raisons, dit Léonce ; moi, j'ai les miennes pour n'y pas aller. A la Chaussée d'Antin, mon nom et mon titre peuvent me servir ; ils me nuiraient peut-être au faubourg Saint-Germain. Annonce un marquis dans un salon de la rue Laffitte, cinquante personnes regarderont la porte. Rue de l'Université personne ne lèvera les yeux. Les valets eux-mêmes y sont blasés sur les marquis. Et puis, tous ces nobles de vieille date se connaissent et s'entendent : ils sauraient bientôt que je ne suis pas des leurs. On ne demanderait pas à voir mes parchemins, mais on se dirait à l'oreille qu'on ne les a jamais vus. Mon marquisat serait éventé, et l'on m'enverrait chercher fortune ailleurs. Du reste, les grandes fortunes sont rares dans ce noble faubourg. Je me suis informé : il y en a cent ou cent cinquante, si vieilles, que tout le monde en a entendu parler ; si claires, si évidentes, si bien établies au soleil, que tout le monde en a envie : de là, vingt prétendants autour d'une héritière. J'aurais beau jeu à faire le vingt et unième ! on ne m'y pren-

dra pas. Regarde la rive droite : quelle différence !
Dans le salon du moindre banquier ou du plus
modeste agent de change, tu vois danser dans le
même quadrille une douzaine de fortunes colossales ignorées du public, et qui ne se connaissent
pas entre elles. Celle-ci date de vingt ans, celle-là d'hier. L'une sort d'une raffinerie d'Auteuil,
l'autre d'une usine de Saint-Étienne, l'autre d'une
manufacture de Mulhouse; l'une arrive directement de Manchester, l'autre débarque à peine de
Chandernagor. Les étrangers sont tous à la Chaussée d'Antin ! Dans cette cohue toute retentissante
du bruit de l'or, toute scintillante de diamants,
on se rencontre, on se connaît, on s'aime, on s'épouse, en moins de temps qu'il n'en faut à une
duchesse pour ouvrir sa tabatière. C'est là qu'on
sait le prix du temps; c'est là que les hommes
sont vivants, remuants et pressés d'agir comme
moi; c'est là que je jetterai mon filet dans l'eau
bruyante et tumultueuse! »

Il me récita un passage du *Lis dans la vallée*, qui
contenait les règles de sa conduite; c'est la dernière lettre de Mme de Mortsauf au jeune Vandenesse. Nous relûmes ensuite les conseils d'Henri
de Marsay à Paul de Manerville; puis il demanda
le déjeuner, puis il perdit deux heures à sa toilette, deux heures juste, à l'exemple de M. de
Marsay.

Je le vis assez souvent, dans le cours de l'hiver, pour remarquer comme il pratiquait les leçons de son maître. S'il est vrai que le travail mérite récompense et que toute peine soit digne de loyer, il lui était dû d'épouser Modeste Mignon, Eugénie Grandet ou Mlle Taillefer. Il se montrait partout aux heures où l'on se montre. Il galopait au bois tous les soirs, aussi exactement que si sa course eût été payée. Il ne manqua aucune première représentation des théâtres de bonne compagnie; il fut assidu aux Italiens comme s'il eût aimé la musique. Il ne refusa pas une invitation, ne perdit pas un bal, et n'oublia jamais une visite de digestion. En quoi je l'admirais. Sa toilette était exquise, sa chaussure parfaite, son linge miraculeux. J'avais honte de sortir avec lui même le dimanche, où nous portions des chemises empesées. Quant à lui, il sortait volontiers avec moi. Il avait loué pour six mois un coupé tout neuf où le carrossier avait peint provisoirement ses armoiries.

Dans le monde, il se recommanda dès l'abord par deux talents qui vont rarement ensemble : il était danseur et causeur. Il dansait le mieux du monde, au point de faire dire qu'il avait de l'esprit jusqu'au bout des pieds. Il avait des jarrets solides, ce qui ne gâte rien, et un bras à porter une valseuse de plomb. Toutes les filles qui dansaient avec lui étaient enchantées d'elles-mêmes, et de lui par conséquent. Les mères, de leur côté, veulent toujours du bien à l'homme qui fait briller leurs filles. Mais lorsque après une valse ou un quadrille il allait s'asseoir au milieu des femmes d'un certain âge, le penchant qu'on avait pour lui se changeait en enthousiasme. Il avait trop de bon goût pour lancer des compliments à la tête des gens, mais il faisait trouver des idées à ses voisines, et les plus sottes devenaient spirituelles au frottement de son esprit. Il se refusait sévèrement les douceurs de la médisance, ne remarquait aucun ridicule, ne relevait aucune sottise, et plaisantait sur toutes choses sans blesser personne; ce qui n'est pas toujours facile. Il n'avait aucune opinion sur les matières politiques, ne sachant pas dans quelle famille l'amour pouvait le faire entrer. Il s'observait, se surveillait et s'épiait perpétuellement sans en avoir l'air. Il se disait à lui-même cent fois par soirée : Ma fille, tenez-vous droite!

Autant il était gracieux devant les femmes, autant il était froid dans ses rapports avec les hommes. Sa roideur frisait l'impertinence. C'était encore un moyen de faire sa cour à celles dont il attendait tout; une façon détournée de leur dire: « Je ne vis que pour vous seules. » Le sexe faible est sensible aux hommages des forts, et c'est double plaisir de faire courber une tête orgueilleuse. Sa superbe était trop affectée pour passer inaperçue : elle lui attira des querelles. Il se battit trois fois et corrigea ses adversaires galamment, du bout de l'épée : le plus malade des trois fut quinze jours au lit. Le monde sut gré à Léonce de sa modération comme de sa bravoure, et l'on reconnut en lui un beau joueur qui prodiguait sa vie en ménageant celle des autres.

C'était, au reste, le seul jeu qu'il se permît. Quand la lettre de Mme de Mortsauf ne l'aurait pas prémuni contre les cartes, il s'en serait défendu de lui-même, dans l'intérêt de sa réputation et de ses finances. Il jetait l'argent à pleines mains, mais à bon escient. Il ne refusait ni un billet de concert, ni un billet de loterie ; nul citoyen des salons de Paris ne payait plus largement ses contributions. Il savait, à l'occasion, vider son porte-monnaie dans la bourse d'une quêteuse, ou s'inscrire pour vingt louis sur le carnet d'une dame de charité. Il dépensait beaucoup pour la montre et fort peu pour le plaisir, comptant pour inutile tout déboursé fait sans témoins. C'est en cela surtout qu'il se distinguait de ses modèles, les Rubempré et les de Marsay, hommes de joie et grands viveurs. Il ne faisait pas de dettes, il n'avait pas de maîtresses ; il évitait tout ce qui pouvait l'arrêter dans sa course. Il voulait arriver sans retard et sans reproche.

Malgré de si louables efforts, il dépensa trois mois d'hiver et 35 000 francs d'argent, sans trouver ce qu'il cherchait. Peut-être manquait-il un peu de souplesse. Je l'aurais voulu plus moelleux. A l'étudier de près, on découvrait un bout d'oreille bretonne qui pouvait effaroucher le mariage. Il était trop agité, trop nerveux, trop tendu. C'était une machine supérieurement montée; mais on entendait le bruit des roues. Une femme de trente ans aurait pu lui donner le supplément de manières qui lui manquait; et, si j'en crois la renommée, il avait des professeurs à choisir, mais son siége était fait et il n'accepta les leçons de personne.

Quand je lui fis ma visite de nouvel an, il passa en revue les trois mois qui venaient de s'écouler. Il n'avait encore trouvé que des partis inaccessibles: une veuve légère et légèrement ruinée; une princesse russe plus riche, mais suivie de trois enfants d'un premier lit: et la fille d'un spéculateur taré.

«Je n'y puis rien comprendre, me dit-il avec une certaine amertume. J'ai des amis et point d'ennemis; je connais tout Paris et je suis connu; je vais partout, je plais partout; je suis lancé, je suis même posé, et je n'arrive à rien! Je marche droit à mon but, sans m'arrêter en route: on dirait que le but recule devant moi. Si je cherchais l'impossible, on s'expliquerait cela; mais qu'est-ce que je demande? Une femme de mon milieu, qui m'aime pour moi. Ce n'est pas chose surnaturelle! Matthieu a trouvé dans son monde ce que je poursuis vainement dans le mien. Cependant je vaux bien Matthieu.

— Au physique, du moins. As-tu de leurs nouvelles?

— Pas souvent: les heureux sont égoïstes. Le licencié améliore ses terres; il marne, il sème du sarrasin, il plante des arbres: cent niaiseries! Sa femme va aussi bien que le comporte son état. On espère l'arrivée de Matthieu II pour le mois d'avril: il n'y a pas de temps perdu.

— Je ne te demande pas si l'on s'aime toujours?

— Comme dans l'arche de Noé. Papa et maman sont à genoux devant leur belle-fille. Mme Bourgade a bien pris: il paraît que c'est décidément une femme distinguée: tout ce monde s'occupe, s'amuse et s'adore: ils ont du bonheur.

— Tu n'as jamais eu la velléité de courir les rejoindre avec le restant de tes écus?

— Ma foi, non! J'aime mieux mes ennuis que leurs plaisirs. Et puis, il n'est pas encore temps d'aller me cacher. »

En effet, huit jours après, il arriva tout radieux au parloir de l'École.

« Brr ! fit-il, on n'a pas chaud ici.

— Quinze degrés, mon cher, c'est le règlement.

— Le règlement n'est pas si frileux que moi, et j'ai bien fait de me laisser refuser, d'autant plus que je touche à mon but.

— Tu es sur la voie ?

— J'ai trouvé ! »

Léonce avait remarqué la gentillesse et l'élégance d'une toute petite femme, si frêle et si mignonne, que ses perfections devaient être admirées au microscope. Il avait valsé avec elle, et il avait failli la perdre plusieurs fois, tant elle était légère et tant on la sentait peu dans la main; il avait causé, et il était resté sous le charme: elle babillait d'une petite voix de fauvette assez mélodieuse pour faire croire à quelqu'une de ces métamorphoses qu'Ovide a racontées dans ses vers. Cet esprit féminin courait d'un sujet à l'autre avec une volubilité charmante. Ses idées semblaient onduler au caprice de l'air, comme les marabouts qui garnissaient le devant de sa robe. Léonce demanda le nom de cette jeune dame qui ressemblait si bien à un oiseau-mouche : il apprit qu'elle n'était ni femme ni veuve, malgré les apparences, et qu'elle s'appelait Mlle de Stock. Le monde lui donnait vingt-cinq ans et une grande fortune. Sur ces renseignements, Léonce se mit à l'aimer.

Chez les peuples civilisés, les naturalistes reconnaissent deux variétés d'amour honnête : l'une est une plante sauvage qui se sème spontanément dans les cœurs, qui se développe sans culture, qui jette ses racines jusqu'au plus profond de notre être, qui résiste au vent et à la pluie, à la grêle et à la gelée, qui repousse si on l'arrache, et qui emprunte à la nature une vigueur et une ténacité invincibles ; l'autre est une plante de jardin que nous cultivons nous-mêmes, soit pour ses fleurs, soit pour ses fruits : tantôt c'est une mère qui la sème dans l'âme de sa fille pour la préparer insensiblement à un brillant mariage ; tantôt on voit deux familles, désireuses de s'unir par un lien étroit, sarcler et arroser dans le cœur de leurs enfants une petite passion potagère ; quelquefois un jeune ambitieux, comme Léonce, s'applique à développer en lui les germes d'un amour qui promet des fruits d'or. Cette variété, plus commune que la première, se cultive en plates-bandes dans les salons de Paris ; mais, comme toutes les plantes de jardin, elle est délicate, elle exige des soins, elle résiste rarement au froid, et jamais à la misère.

Léonce se fit montrer le baron de Stock, qui jouait à l'écarté et perdait des sommes avec l'indifférence d'un millionnaire. En ce moment, Mlle de Stock lui parut encore plus jolie. Le baron portait une assez belle brochette de décorations étrangères. Sa fille est adorable! pensa Léonce. Il se fit présenter à la baronne, une noble poupée d'Allemagne, couverte de vieux diamants enfumés. Cette digne femme lui plut au premier coup d'œil. Peut-être l'eût-il trouvée un peu ridicule si elle n'avait pas eu une fille aussi spirituelle. Peut-être aussi aurait-il jugé que Mlle de Stock manquait un peu de distinction, s'il ne lui eût pas connu une mère aussi majestueuse.

Il dansa tout un soir avec la jolie Dorothée, et murmura à son oreille des paroles de galanterie qui ressemblaient fort à des paroles d'amour. Elle répondit avec une coquetterie qui ne ressemblait pas à de la haine. La baronne, après s'être renseignée, invita Léonce à ses mercredis : il y fut assidu. M. de Stock habitait, rue de La Rochefoucauld, un petit hôtel entre cour et jardin dont il était propriétaire. Léonce se connaissait en mobilier, depuis qu'il avait acheté des meubles. Sans être expert, il avait le sentiment de l'élégance. Il pouvait se tromper, comme tout le monde, car il faut être commissaire-priseur pour distinguer un bronze artistique d'un surmoulage à bon marché, pour deviner si un meuble est bourré de crin ou nourri économiquement d'étoupes, et pour reconnaître à première vue si un rideau est en lampas ou en damas de laine et soie. Cependant il n'était pas du bois dont on fait les dupes, et l'intérieur du baron le ravit. Les domestiques, en livrée amarante, avaient de bonnes têtes carrées, et un accent allemand qui écorchait délicieusement l'oreille. On reconnaissait en eux de vieux serviteurs de la famille, peut-être des vassaux nés à l'ombre du château de Stock. Le train de maison représentait une dépense de soixante mille francs par an. Le jour où Léonce fut accueilli par le baron, fêté par la baronne et regardé tendrement par leur fille, il put dire sans présomption : « J'ai trouvé ! »

Vers le milieu de janvier, il sut que Dorothée devait quêter pour les pauvres à Notre-Dame de Lorette. Lui qui manquait souvent la messe, il fut d'une ponctualité exemplaire. Il me fit déjeuner au galop et m'entraîna avec lui sur le coup d'une heure. J'ai oublié les détails de sa toilette, mais je me rappelle bien qu'elle éblouissait. Je reconnus Mlle de Stock au portrait qu'il m'en avait fait, quoiqu'il eût oublié de me dire qu'elle était brune comme une Maltaise. Une Allemande brune est un phénomène assez rare pour qu'on en fasse mention. A la fin de la messe, les fidèles défilèrent un à un devant les quêteuses, qui se tenaient à genoux à chaque porte de l'église. Dorothée sollicitait la charité des passants par un coup d'œil interrogatif, d'une grâce toute mondaine. Je mis deux sous dans sa bourse de velours, l'obole du pauvre écolier. Léonce salua la quêteuse comme dans un salon, en donnant un billet de mille francs plié en quatre.

« Combien te reste-t-il? lui demandai-je sous le vestibule.

— Treize mille francs et quelques centimes.

— C'est peu.

— C'est assez. L'aumône que je viens de faire me sera rendue au centuple. *Centuplum accipies.* »

Je ne répondis rien : je songeais aux pauvres dix francs de Matthieu.

En retournant à la rue de Provence, mon charitable ami me donna quelques notions sur la vie de château dans les seigneuries d'Allemagne. Il me dépeignit ces grands repas arrosés des vins de Tokai et de Johannisberg, ces réunions chamarrées d'uniformes et de rubans, ces salons où l'habit de cour du duc de Richelieu est encore à la mode ; et ces chasses miraculeuses, ces grandes battues après lesquelles les lièvres se comptent par milliers, et la venaison se vend dans les boucheries à trente lieues à la ronde.

Il trouva en rentrant une lettre de son frère, fort courte :

« Que pourrais-je te dire? écrivait Matthieu. Notre vie est unie comme un miroir ; tous nos jours se ressemblent comme des gouttes de lait dans la même coupe. Les travaux sont arrêtés par l'hiver, et nous passons la journée au coin du feu, entre nous. Tu sais si la cheminée est large ; il y a place pour tous ; on mettrait même un fauteuil de plus en se serrant un peu, si tu voulais. Papa tisonne avec acharnement. Tu connais sa passion, la seule passion de sa vie. Si on lui prenait ses pincettes, on le rendrait bien malheureux. Maman Debay et maman Bourgade passent la journée à coudre des brassières, à ourler des couches et à broder de petits bonnets. Aimée tricote des bas de cachemire, de vrais bas de poupée. Quand je vois tous ces préparatifs, il me prend des envies de rire et de pleurer. La chère petite créature aura une layette royale. Le conseil de famille a décidé que si c'était un fils, on l'appellerait Léonce : ton nom lui portera bonheur. Pourvu qu'il ne s'avise pas de ressembler à son père ! Nous avons mis ton portrait dans notre chambre : tu sais, ce beau portrait que Boulanger a peint avant de partir pour Rome. Je le montre à Aimée, tous les matins et tous les soirs. Le petit Léonce promet d'être aussi remuant que toi. Sa mère se plaint de lui ; et, ce qui est plus singulier, maman Debay assure qu'elle ressent le contre-coup de tous ses mouvements. Je t'ai dit qu'Aimée avait eu des maux d'estomac dans les premiers temps de sa grossesse ; mais quelques bouteilles d'eau minérale et le bonheur de sentir vivre son enfant l'ont réconfortée ; elle engraisse à vue d'œil. Quant à moi je suis toujours le même, à cela près que je ne travaille plus guère. Tu te rappelles le mot de ce paysan à qui l'on demandait quelle était sa profession, et qui répondit : « Ma femme est nourrice. » Je suis logé à la même enseigne, ou peu s'en faut : j'attends mon garçon. Les célèbres thèses n'ont pas fait grands progrès : la guerre du Péloponèse, *de Bello Peloponnesiaco*, en est à la mort de Périclès, et « Corneille, auteur comique, » en reste à *Clitandre*. Tant pis pour la faculté de Rennes ! elle attendra. Je veux être père avant d'être docteur. Ah ! frère, si tu savais comme tes plaisirs sont fades au prix des nôtres ! tu viendrais par la diligence, et tu nous ferais grâce du carrosse dont tu nous as menacés. Toi seul nous manques ; tu es notre unique souci. Papa fait sa grande ride lorsqu'on parle de la rue de Provence. Enfin ! je le rassure en lui disant que si homme au monde doit réussir, c'est toi. »

— « Ce sont de bonnes gens, dit Léonce en jetant la lettre sur son bureau. Ils auront bientôt de mes nouvelles. »

Quelques jours après le baron lui tomba du ciel à dix heures du matin. Un telle démarche était de bon augure M. Stock visita l'appartement en amateur, et fit à part soi l'inventaire du mobilier. Tout homme de bon sens se serait cru chez un fils de famille : le baron fut enchanté. C'était un aimable homme que cet Allemand. Tout le monde savait qu'il avait été banquier à Francfort-sur-le-Mein, et cependant il ne parlait jamais de sa fortune. Personne ne contestait sa noblesse, et cependant il ne parlait jamais de ses titres. Ses châteaux, ses terres, ses forêts étaient les choses dont il semblait le moins se soucier. Jamais il n'en dit mot à Léonce, et Léonce reconnut à cette marque qu'il était un vrai riche et un vrai gentilhomme.

De son côté, Léonce était trop délicat pour s'attribuer une fortune mensongère. Il laissait courir l'imagination des gens, et ne disputait pas contre ceux qui lui disaient : « Vous qui êtes riche. » Mais il ne se vantait de rien. Lorsqu'il parlait de sa famille, il disait sans emphase : « Mes parents habitent leurs terres de Bretagne. » En quoi il ne mentait nullement. Je lui fis observer que tout se découvrirait à la fin, et qu'il serait forcé de confesser l'origine de sa noblesse et la modicité de sa fortune. « Laisse-moi faire, répondit-il ; le baron est assez riche pour permettre à sa fille un mariage d'amour. Dorothée m'aime, j'en suis sûr ; elle me l'a dit. Quand les parents verront que je suis nécessaire au bonheur de leur fille, ils passeront sur bien des choses. Du reste, je ne tromperai personne, et ils sauront tout avant le mariage. »

Il ne courtisait pas publiquement Mlle de Stock, mais il la voyait tous les soirs dans le monde. Leur liaison, pour être un peu contrainte, n'avait que plus de charmes. Les petits obstacles, la surveillance que tous exercent sur tous, le respect des convenances, la nécessité de feindre, ajoutent je ne sais quoi de tendre et de mystérieux à ces amours qui cheminent, de salon en salon, jusqu'à la porte de l'église. La contrainte est un ressort merveilleux qui double les jouissances du cœur comme les forces de l'esprit. Ce qui fait qu'une pensée est plus belle en vers qu'en prose, c'est la contrainte. Léonce et Dorothée s'écrivaient tous les jours, en vers et en prose, et c'était plaisir de les voir échanger leurs billets à l'abri d'un mouchoir ou à l'ombre d'un éventail. La baronne s'amusait de ces petits manéges; elle avait lâché la bride au cœur de sa fille, elle lui permettait d'aimer M. de Baÿ.

Dans les derniers jours de février, Léonce prit son courage à deux mains : il fit sa demande. M. et Mme de Stock, avertis par Dorothée, le reçurent en audience solennelle.

« Monsieur le baron, madame la baronne, dit-il, j'ai l'honneur de vous demander la main de mademoiselle votre fille. Pour ne vous rien laisser ignorer sur ma situation.... »

Le baron l'interrompit par un geste seigneurial : « Arrêtez-vous ici, monsieur le marquis, je vous en supplie. Tout Paris vous connaît, et ma fille vous aime : je ne veux rien savoir de plus. Votre nom fût-il obscur, votre père eût-il mangé sa fortune, je vous dirais encore : « Dorothée est à « vous. »

Il embrassa Léonce, et la baronne lui donna sa main à baiser : « Vous ne connaissez pas, dit la baronne, notre romanesque Allemagne. Voilà comme nous sommes tous.... du moins dans la haute classe. »

Au milieu de la joie la plus folle, Léonce sentit au fond de lui comme une révolte d'honnêteté. « Je ne peux pas tromper ces braves gens, se dit-il, et je serais un fripon si j'abusais de leur bonne foi. » Il reprit tout haut : « Monsieur le baron, la noble confiance que vous me témoignez m'oblige à vous donner quelques détails sur....

— Monsieur le marquis, vous m'affligeriez sérieusement en insistant davantage. Je croirais que vous ne vous obstinez à me donner ces renseignements que pour m'obliger à fournir les preuves de mon rang et de ma fortune. »

La baronne appuya ces mots d'un geste amical

qui voulait dire : « N'insistez pas, il est susceptible. »

« Allons, pensa Léon, c'est partie remise. Nous nous expliquerons, bon gré, mal gré, le jour du contrat. »

Mais le baron ne voulut pas entendre parler de contrat.

« Entre gentilshommes, dit-il, ces engagements, ces signatures, ces garanties sont des précautions humiliantes. Aimez-vous Dorothée ? Oui. Vous aime-t-elle ? J'en suis certain. Alors à quoi bon mettre un notaire entre vous ? Je m'imagine que votre amour se passera bien de papier timbré.

— Cependant, monsieur, si l'on vous avait trompé sur mon état....

— Mais, terrible enfant, on ne m'a pas trompé, on ne m'a rien dit. Je ne sais rien de vous, sinon que vous plaisez à ma fille, à ma femme, à moi et à tout l'univers. Je ne veux rien connaître de plus. Est-ce que j'ai besoin de votre argent ? Si vous êtes riche, tant mieux. Si vous êtes pauvre, tant pis. Dites-en autant de moi, nous serons quittes. Tenez, voici qui va mettre votre conscience en repos : vous n'avez rien, ma fille n'a rien : vous vous appelez Léonce, elle s'appelle Dorothée, et je vous donne ma bénédiction paternelle. Êtes-vous content ? »

Léonce pleurait de joie. On fit entrer Dorothée.

« Venez, ma fille, dit la baronne, venez dire au marquis que vous n'épousez ni son nom ni sa fortune, mais sa personne.

— Cher Léonce, dit Dorothée, je vous aime follement ! »

Elle ne mentait pas d'une syllabe.

Léonce se maria au mois de mars. Il était temps : la corbeille dévora le dernier billet de mille francs. Je ne servis pas de témoin pour cette fois : les témoins étaient des personnages. Matthieu ne put venir à Paris ; il attendait les couches de sa femme. Il m'avait chargé de lui rendre compte de la fête, et je remplis **avec** bonheur ma tâche d'historiographe. Dorothée, dans sa robe blanche de velours épinglé, eut un succès d'adoration. On l'appelait le petit ange brun. Après la cérémonie, un dîner de quarante couverts fut servi chez le baron, et Léonce me fit l'amitié de m'y inviter. Il me présenta à sa femme au sortir de table : « Ma chère Dorothée, lui dit-il, c'est un de mes vieux camarades, qui sera un jour ou l'autre le professeur de nos enfants. J'espère que vous lui ferez toujours bon accueil ; les meilleurs amis ne sont pas les plus brillants, mais les plus solides.

— Monsieur le professeur, dit la belle Dorothée, vous serez toujours le bienvenu chez nous. Je souhaite que Léonce m'apporte en mariage tous ses amis. Savez-vous l'allemand ?

— Non, madame, à ma grande honte. Je regretterai toujours de ne pouvoir lire dans le texte *Hermann et Dorothée*.

— La perte n'est pas grande, croyez-moi. Une pastorale emphatique; un air de flageolet joué sur l'ophicléide. Vous avez mieux que cela en France. Aimez-vous Balzac? C'est mon homme. »

IV

La conversation de la jolie marquise et le plaisir de danser avec mes gros souliers me firent oublier le règlement de l'école. Je rentrai une heure trop tard, et je fus consigné pour quinze jours. Aussitôt libre, ma première visite fut pour Léonce. Je le trouvai tout seul, occupé à s'arracher les cheveux, qu'il avait fort beaux, comme vous savez.

« Mon ami, me dit-il d'une voix pitoyable, on m'a cruellement trompé!

— Déjà!

— Mon beau-père est riche comme moi, noble comme moi: il s'appelle Stock en une syllabe, et il possède pour tout bien une vingtaine de mille francs de dettes.

— Impossible!

— La chose est hors de doute; ma femme m'a

tout avoué le soir du mariage. Il n'y avait pas cinq cents francs dans la maison.

— Mais la maison seule en vaut cent mille!

— Elle n'est pas payée. M. Stock était riche il y a cinq ou six ans : il a tenu un certain rang à Francfort, et sa liquidation lui avait laissé plus de trente mille livres de rente. Mais il est joueur comme le valet de carreau en personne. Il a tout perdu à la roulette, au trente et quarante, et à ces jeux innocents dont l'Allemagne se sert si bien pour nous dépouiller. Au commencement de l'hiver, il lui restait de sa splendeur une brochette achetée à bon marché dans les petites cours du Nord, quelques relations honorables, l'habitude de la dépense, la fureur du jeu, et une cinquantaine de mille francs. Il a trouvé ingénieux de placer ce capital sur Dorothée et de venir à Paris jouer son va-tout. Il comptait pêcher en eau trouble, dans ce monde infernal de la Chaussée d'Antin, un gendre assez riche pour le débarrasser de sa fille, pour le nourrir lui-même et sa femme, et lui donner chaque été quelques rouleaux de louis à perdre au bord du Rhin. N'est-ce pas infâme?

— Prends garde, lui dis-je. Sais-tu comment il parle de toi en ce moment?

— Quelle différence! Je ne l'ai pas trompé, moi. Je voulais lui exposer franchement l'état de mes affaires. C'est lui qui m'a arrêté, qui m'a fermé la bouche. Je sais pourquoi maintenant, et sa confiance ne m'étonne plus! C'est lui qui m'a entraîné dans le gouffre où nous roulons ensemble.

— Vous êtes-vous expliqués ?

— J'ai couru chez lui pour le confondre, et je te prie de croire que je n'ai pas ménagé mon éloquence. Sais-tu ce qu'il m'a répondu? Au lieu de récriminer, comme je m'y attendais, il m'a pris la main et m'a dit d'une voix émue : « Nous avons du « malheur. Nous pouvions chacun de notre côté « trouver une fortune : il est bien fâcheux que « nous nous soyons rencontrés. »

— C'est sagement parlé.

— Que vais-je devenir ?

— Est-ce un conseil que tu me demandes?

— Sans doute, puisque tu ne peux me donner autre chose !

— Mon cher Léonce, je ne connais qu'un moyen honorable de te tirer d'affaire. Liquide héroïquement; va te cacher dans un quartier laborieux, rue des Ursulines ou boulevard Montparnasse; achève ton droit, passe ta licence, sois avocat. Tu as du talent; tu ne peux pas avoir entièrement perdu l'habitude du travail; les relations que tu t'es créées dans ces six mois te serviront plus tard; tu regagneras le temps perdu, et l'argent aussi.

— Oui, si j'étais garçon ! Mon pauvre ami, on voit bien que tu vis dans une boîte : tu ne sais rien de la vie. Balzac a prouvé depuis longtemps qu'un garçon peut arriver à tout, mais qu'une fois marié on use ses forces à lutter obscurément contre les additions de la cuisinière et le livre du ménage. Tu veux que je travaille entre une femme, un beau-père, une belle-mère, et les enfants qui pourront survenir, obsédé de famille, et parqué avec tout ce monde dans un appartement de quatre cents francs! J'y succomberais.

— Alors fais autre chose. Emmène ta nouvelle famille en Bretagne. La maison de l'oncle Yvon est assez grande pour vous loger tous ; on mettra une rallonge à la table et l'on ajoutera un plat au dîner.

— Nous les ruinerons !

— Point du tout. Aimée s'achètera une robe de moins tous les ans, et Matthieu prolongera l'existence du fameux paletot noisette.

— Oh ! je connais leur cœur. Mais tu ne connais pas mon beau-père et ma belle-mère. Si ma femme a l'amour du monde, ses parents en ont la rage. Mme Stock passe des heures devant sa glace à faire des révérences ! M. Stock ne sera jamais un Breton supportable. Il bouderait contre l'hospitalité, il humilierait notre chère maison : il nous reprocherait le pain que nous lui donnerions !

— Eh bien ! laisse les parents se débrouiller à Paris. Enlève ta femme, elle est jeune, et tu la formeras.

— Mais songe donc que ce vieillard est criblé de dettes ! C'est mon beau-père, après tout ; je ne peux pas l'abandonner sur la route royale de Clichy.

— Qu'il vende ses meubles ! il en a pour plus de vingt mille francs.

— Et de quoi vivront-ils, les malheureux ?

— Je vois avec plaisir que tu les plains. Mais je dirai à mon tour : « Que vas-tu faire ? Je ne sais « plus quel parti te conseiller, et je suis au bout « de mon chapelet. »

— Je vais demander une place. On croit que je n'en ai pas besoin, on me la donnera. »

Il sollicita longtemps, et perdit plus d'un mois en démarches inutiles. Au plus fort de ses ennuis, il apprit qu'Aimée était mère d'un gros garçon. « Tu seras son parrain, écrivait Matthieu, et la jolie tante Dorothée ne refusera pas d'être marraine. Nous vous attendons ; votre lit est prêt ; hâte-toi de faire atteler le carrosse. »

Léonce n'avait pas encore raconté sa mésaventure à ses parents. A quoi bon jeter une mauvaise nouvelle au travers de leur bonheur ? Le pauvre garçon fut plus courageux que je ne l'aurais espéré. Tandis qu'il vendait ses tableaux pour vivre il était tendre et empressé auprès de sa femme. La gêne présente, l'incertitude de l'avenir, et le regret d'avoir mal spéculé n'altérèrent pas longtemps sa bonne humeur naturelle : au moins eut-il le bon goût de cacher son chagrin. Il est juste de dire que Dorothée le consolait de son mieux. Si elle pleurait quelquefois, c'était à la dérobée. Elle rendit aux marchands une partie de sa corbeille de mariage. Je crois bien que la lune de miel eût été plus brillante si le jeune ménage n'avait manqué de rien, et si M. Stock n'avait pas eu de dettes ; mais, en dépit des embarras de toute sorte et de l'importunité des créanciers, on s'aimait. Léonce et Dorothée se serraient l'un contre l'autre comme des enfants surpris par l'orage. Ils étaient aussi heureux qu'on peut l'être sur une barque qui fait eau de toutes parts. Je les voyais régulièrement à toutes mes sorties, chaque visite me les montrait meilleurs et me les rendait plus chers.

Un jeudi, vers une heure et demie, je partais de l'école pour aller chez eux, lorsque je rencontrai au milieu de la rue d'Ulm un petit homme en veste de velours. C'était une vieille connaissance que j'avais un peu négligée depuis le mariage de Matthieu.

« Bonjour, Petit-Gris, lui dis-je. Remettez votre casquette. Est-ce que vous veniez me voir?

— Oui, monsieur, et je suis bien aise de vous avoir rencontré pour vous demander conseil.

— Il n'est rien arrivé chez vous? Votre femme va bien? Vous travaillez toujours pour la ville de Paris?

— Toujours, monsieur, et j'ose dire que ma femme et moi nous avons un coup de balai qui vous fait honneur. On ne vous reprochera pas de nous avoir placés.

— Ce n'est pas moi, Petit-Gris; c'est un jeune homme de mes amis, à qui je voudrais bien pouvoir rendre le même service.

— M. Matthieu est toujours content? Ces dames ne sont pas malades?

— Merci. Matthieu a un garçon, et toute la famille se porte le mieux du monde.

— Pour lors, monsieur, voici ce qui est arrivé : Ce matin, comme nous revenions de l'ouvrage et que ma femme allait prendre la soupe qu'elle avait mise au chaud dans notre lit, il est entré un monsieur pas très-grand, plutôt petit, un homme de ma taille, enfin, et à peu près de mon âge. Il m'a demandé si j'étais dans la maison du temps de Mme Bourgade. Je lui ai dit ce qui en était, attendu que je n'ai rien à cacher, que je ne fais rien de mal, et que je ne dois rien à personne. Mais quand il a su que je connaissais ces dames, il s'est mis à me questionner sur ceci et sur cela, et avec qui mademoiselle était mariée, et ce que faisait son mari, et ce qu'elle mangeait à dîner, et combien de temps elle était restée dans le quartier, et, finalement, où elle demeurait. Quand j'ai vu qu'il avait l'idée de me confesser, je n'ai rien voulu répondre. Il ne me revenait pas, cet homme-là! Il regardait la maison avec des yeux de riche; on aurait dit que notre chambre lui faisait mal au cœur. J'ai bien compris qu'il était curieux d'avoir l'adresse de M. Matthieu; mais je ne savais pas ce qu'il en voulait faire. J'ai dit que je ne la connaissais point, cependant qu'on pourrait peut-être se la procurer. Là-dessus, il a promis de me bien payer si je la lui apportais. « Monsieur, ai-je répondu, je n'ai « pas besoin qu'on me paye, j'ai deux places du « gouvernement. » Il m'a laissé son adresse, que je n'ai pas lue, vous comprenez bien pourquoi, et je suis venu vous la montrer, pour savoir ce qu'il faut faire. »

Le Petit-Gris tira de sa poche une belle carte glacée, où je lus :

LOUIS BOURGADE,
Hôtel des Princes.

« Louis Bourgade! dit le Petit-Gris, c'est un parent.

— Hôtel des Princes! c'est un parent riche.

— Il aurait bien pu venir plus tôt, quand ces pauvres dames mouraient de faim! Maintenant on n'a plus besoin de lui.

— C'est probablement pour cela qu'il se montre, mon cher Petit-Gris : il aura appris le mariage de Mlle Aimée. Mais à tout péché miséricorde; il faudra lui donner l'adresse.

— Allons, j'y vais. Est-ce loin, l'hôtel des Princes?

— Ne vous dérangez pas : c'est sur mon chemin, j'y entrerai en passant, et je causerai avec ce monsieur. A bientôt; s'il avait quelque chose, j'irais vous le dire. »

Chemin faisant, je pensais : « Un parent riche! Ce n'est pas à Léonce qu'il arrivera pareille aubaine! »

Je demandai M. Bourgade, et aussitôt un valet de l'hôtel partit devant moi pour me conduire. M. Bourgade occupait un magnifique appartement au premier, sur la rue. Je compris son dédain pour les taudis de la rue Traversine. Ce seigneur me fit attendre pendant dix minutes, que j'employai consciencieusement à pester contre lui. Je sentais bouillonner en moi une vigoureuse indignation, dans le style de Jean-Jacques Rousseau. « Ah! faquin, disais-je à demi-voix, tu es leur parent, et tu loges à l'hôtel des Princes!

Tu t'appelles Bourgade, et tu me fais faire antichambre ! »

Quand la porte s'ouvrit, je lâchai les écluses à ma rhétorique. J'étais jeune. C'est tout au plus si je pris la peine de regarder mon interlocuteur : mes yeux ne me servaient qu'à lancer des foudres. Je me présentai fièrement comme un vieil ami de Mme et de Mlle Bourgade. Je racontai comment je m'étais introduit dans leur intimité, sans avoir l'honneur d'être de la famille ; je fis un tableau pathétique de leur misère, de leur courage, de leur travail, de leur vertu. Croyez que je ne ménageais pas les couleurs et que je ne procédais point par demi-teintes ! J'affectais de répéter souvent le nom de Bourgade, et à chaque fois je le soulignais.

Mon réquisitoire produisit son effet. M. Bourgade ne me regardait pas en face : il cachait sa tête dans ses mains, il semblait accablé. Pour l'achever, je lui appris la conduite de Matthieu ; je lui contai l'histoire du manteau engagé pour dix francs, et toutes les privations que ce digne jeune homme s'était imposées, quoiqu'il ne fût pas de la famille et qu'il ne s'appelât pas Bourgade. Excellent Matthieu ! il prenait sur son nécessaire, lorsque tant d'autres sont chiches de leur superflu ! Enfin, il avait épousé cette orpheline abandonnée ; il l'avait conduite à Auray, dans la maison de ses ancêtres ; il lui avait donné un nom, une fortune, une famille ! Aujourd'hui, Aimée Bourgade, heureuse femme, heureuse mère, n'avait plus besoin de personne, et pouvait dédaigner, à son tour, le monde égoïste qui l'avait dédaignée.

M. Bourgade écarta les mains et je vis sa figure inondée de larmes : « C'est ma fille, dit-il ; je vous remercie bien de l'aimer ainsi. Mon cher enfant ! laissez-moi vous embrasser ! »

Je ne me le fis pas dire deux fois. Je ne lui demandai ni comment ni pourquoi il était vivant ; je ne lui adressai ni questions ni objections, je le pris par le cou et je l'embrassai quatre ou cinq fois sur les deux joues. J'étais bien sûr de ne pas me tromper : des larmes de père, cela se reconnaît toujours !

Cependant lorsque la première émotion fut passée, je le regardai d'un air de profond étonnement, et il s'en aperçut. « Je vous expliquerai tout, me dit-il, lorsque j'aurai vu ma femme et ma fille. Je cours à Auray. Merci ; adieu ; à bientôt !

— Halte-là ! s'il vous plaît. Je ne vous lâche pas encore. D'abord, on ne peut partir que ce soir par le train de sept heures ; ensuite il y a des précautions à prendre, et vous n'irez pas de but en blanc débarquer sur la place d'Auray. Vous tueriez votre femme et votre fille, et les paysans bretons vous tueraient vous-même à coups de fourche : un revenant! Asseyez-vous ici, et contez-moi votre histoire. Je vous dirai ensuite les précautions que vous avez à prendre. Mais comment se fait-il que vous ayez échappé à ce naufrage? Sur quel tronçon de mât? Sur quelle cage à poulets?

—Mon Dieu! rien n'est plus simple. Quand le bâtiment s'est perdu, je n'étais plus à bord. Vous savez ce que j'allais faire en Amérique. Nous nous sommes arrêtés huit jours à Rio de Janeiro pour prendre des passagers et des marchandises. Je descends à terre comme tout le monde. J'avais des lettres pour quelques Français établis là-bas, et entre autres pour un marchand de bois de teinture appelé Charlier. Nous causons; je lui explique mon système; il en est frappé : tous les esprits étaient tournés vers la Californie. Charlier m'assure que mon invention est excellente, mais que je ne suis pas assez fort pour manœuvrer à moi seul, et que je ne trouverai pas d'ouvriers, « Faites mieux, me dit-il, débarquez avec armes et « bagages ; établissez-vous constructeur de ma- « chines, et exploitez ici le *séparateur Bourgade*. « L'appareil complet vous reviendra à cinq cents « francs, vous le vendrez mille ; tous les mineurs « qui vont à San-Francisco se fourniront chez vous « en passant. Croyez-moi, c'est la vrai Californie,

« Vous n'avez pas d'argent pour commencer l'en-
« treprise, on vous en procurera ; une bonne affaire
« trouve toujours des capitaux, surtout en Améri-
« que. S'il vous faut un associé, me voici. » C'est
ainsi que nous avons fondé la maison Charlier,
Bourgade et Cie, dont les actions sont cotées à la
Bourse de Paris. Nous les avons émises au capital de cinq cents francs, et j'en ai mille pour ma
part. Elles ont décuplé de valeur, et elles ne s'ar-
rêteront pas là. On parle de nouvelles mines en
Australie.

— Comment? lui dis-je, vous avez gagné cinq
millions !

— Mieux que cela, mais qu'importe ! Dites-moi
donc par quel miracle du malheur toutes mes
lettres sont restées sans réponse ?

— Vous les retrouverez à la poste. On a su rapidement à Paris le naufrage de *la Belle-Antoinette*.
Votre première lettre sera arrivée quelques jours
plus tard, quand ces dames avaient quitté la rue
d'Orléans. Je crois me rappeler qu'elles ont démé-
nagé sans donner leur adresse : elles voulaient
cacher leur misère, et d'ailleurs elles n'attendaient plus de nouvelles de personne. Comment
la poste aurait-elle pu les découvrir ? Le facteur
n'entre pas une fois en huit jours dans la rue Traversine.

— Vous n'avez pas une idée de ce que j'ai souffert : écrire pendant plus de deux ans sans recevoir un mot de réponse !

— Allez ! allez ! j'ai vu deux femmes qui souffraient autant que vous.

— Non ; elles pleuraient sur un malheur positif ; moi ; j'en voyais mille imaginaires. Je les savais sans ressource. exposées à toutes les privations et à tous les conseils de la misère ; j'étais riche, et je ne pouvais rien pour elles ! Ce maudit choléra de 1849 m'a fait passer bien des nuits blanches. J'aurais voulu venir à Paris, interroger la police, fouiller la ville entière ; mais j'étais cloué à la maison ! J'ai fait insérer une note à la *Presse* et au *Constitutionnel*, personne n'a répondu. Vous ne lisez donc pas les journaux ?

— Pas souvent ; et ces dames, jamais.

— Je les lisais tous, et bien m'en a pris. C'est le *Siècle* qui m'a annoncé le mariage d'Aimée.

— Il s'agit maintenant de lui annoncer votre retour. Mais bellement, s'il vous plaît ; elle est nourrice. Si vous m'en croyez, vous vous ferez précéder d'un ambassadeur. Je connais justement un jeune homme qui cherche une place : c'est le frère de Matthieu, le beau-frère d'Aimée ; du reste homme d'esprit et digne de représenter une grande puissance. Si vous êtes content de ses services, je vous indiquerai le moyen de vous acquitter. Voulez-vous que nous passions chez lui ? »

Quelques heures après, M. Bourgade, Léonce et Dorothée montèrent dans une belle chaise de poste que le chemin de fer conduisit à Angers. A Vannes, M. Bourgade descendit à l'hôtel. Les nouveaux mariés poursuivirent leur route et arrivèrent en carrosse, comme Léonce l'avait prédit. Lorsque Dorothée énonça, en termes vagues, l'idée que M. Bourgade n'était peut-être pas mort, la bonne veuve répondit : « Peut-être ! » Elle s'était si bien accoutumée au bonheur, que rien ne lui semblait impossible. Léonce rappela ce que l'élève de l'école centrale m'avait dit autrefois à propos du *séparateur*. Si l'invention avait survécu, l'inventeur pouvait avoir échappé au naufrage. L'espoir rentra par douces ondées dans ces braves cœurs, et le jour où M. Bourgade apparut à Auray, sa femme et sa fille s'écrièrent naïvement : « Nous le savions bien que tu n'étais pas mort ! »

M. Bourgade n'a pas la tournure d'un grand seigneur, tant s'en faut ! mais il n'a pas non plus les manières d'un parvenu. Si vous le rencontriez à pied, vous croiriez voir un bon bijoutier de la rue d'Orléans. Cet excellent petit homme méritait d'avoir un gendre comme Matthieu. Il a donné à sa fille une dot de deux millions, à la grande confusion de Matthieu, qui dit : « Je suis un intrigant ; j'ai abusé de mes avantages personnels pour faire un mariage riche. » Les Debay se sont construit une habitation princière; ce qui ajoute à la beauté de leur château, c'est qu'il n'y a pas de pauvres aux environs. Matthieu a terminé ses thèses et obtenu son diplôme de docteur; nous n'avons pas en France deux docteurs aussi riches que lui, nous n'en avons pas quatre aussi laborieux. Aimée donne à son mari un enfant tous les ans. Léonce ne songe plus à imiter M. de Marsay; il a deux filles et un peu de ventre. Par ces raisons, il vit en Bretagne, au milieu de la famille. Il a cent mille francs de rente, puisque Matthieu les a. M. et Mme Stock ont passé l'Océan; M. Bourgade leur a donné une place dans sa fabrique. Le père de Dorothée est toujours intelligent et toujours joueur; il gagne gros et perd tout ce qu'il gagne. Le Petit-Gris et sa femme n'habitent plus la rue Traversine; si vous voulez faire leur connaissance, il faudra prendre le chemin d'Auray. Ils n'ont pas perdu cet admirable coup de balai dont ils étaient si glorieux, ils tiennent le château propre et font une rude chasse à la poussière. Je reçois cinq ou six fois par an des nouvelles de mes amis. Hier encore ils m'ont envoyé une bourriche d'huîtres et une caisse de sardines. Les sardines étaient bonnes, mais les huîtres s'étaient ouvertes en chemin.

L'ONCLE ET LE NEVEU.

I

Je suis sûr que vous avez passé vingt fois devant la maison du docteur Auvray, sans deviner qu'il s'y fait des miracles. C'est une habitation modeste et presque cachée, sans faste et sans enseigne ; on ne lit pas même sur la porte cette inscription banale : *Maison de santé*. Elle est située vers l'extrémité de l'avenue Montaigne, entre le palais gothique du prince Soltikoff et le gymnase du grand Triat, qui régénère l'homme par le trapèze. Une grille peinte en bronze s'ouvre sur un petit jardin de lilas et de rosiers. La loge du concierge est à gauche : le pavillon de droite contient le cabinet du médecin et l'appartement de sa femme et de sa fille. Le corps de logis principal est au fond ; il tourne le dos à l'avenue et ouvre toutes ses fenêtres au sud-est, sur un petit parc bien planté en marronniers et en tilleuls. C'est là que le docteur soigne et souvent guérit les aliénés. Je ne vous introduirais pas chez lui, si l'on courait risque d'y rencontrer tous les genres de folie ; mais ne craignez rien, vous n'aurez pas le spectacle navrant de l'imbécillité, de la folie paralytique, ou même de la démence. M. Auvray s'est créé, comme on dit, une spécialité : il traite la monomanie. C'est un excellent homme, plein de savoir et d'esprit, philosophe et élève d'Esquirol et de Laromiguière. Si vous le rencontriez jamais avec sa tête chauve, son menton bien rasé, ses habits noirs et sa physionomie terne, vous ne sauriez s'il est médecin, professeur, ou prêtre. Lorsqu'il ouvre ses lèvres épaisses, vous devinez qu'il va vous dire : « mon enfant! » Ses yeux ne sont pas laids pour des yeux à fleur de tête ; ils promènent autour d'eux un large regard limpide et serein ; on aperçoit au fond tout un monde de bonnes pensées. Ces gros yeux sont comme des jours ouverts sur une belle âme. La vocation de M. Auvray s'est décidée lorsqu'il était encore interne à la Salpêtrière. Il étudia passionnément la monomanie, cette curieuse altération des facultés de l'esprit qui s'explique rarement par une cause physique, qui ne répond à aucune lésion visible du système nerveux, et qui se guérit par un traitement moral. Il fut secondé dans ses observations par une jeune surveillante de la division Pinel, assez jolie et fort bien élevée. Il se prit d'amour pour elle, et, aussitôt docteur, il l'épousa. C'était entrer modestement dans la vie. Cependant il avait un peu de bien, qu'il employa à fonder l'établissement que vous savez. Avec un peu de charlatanisme, il eût fait sa fortune; il se contenta d'y faire ses frais. Il évite le bruit, et, lorsqu'il a obtenu une cure merveilleuse, il ne le dit pas sur les toits. Sa réputation s'est faite toute seule, presque à son insu. En voulez-vous une preuve? Le traité de *Monomanie raisonnante*, qu'il a publié chez Baillière en 1842, en est à sa sixième édition, sans que l'auteur ait envoyé un seul exemplaire aux journaux. Certes la modestie est bonne en soi, mais il n'en faut pas abuser. Mlle Auvray n'a pas plus de vingt mille francs de dot, et elle aura vingt-deux ans en avril.

Il y a quinze jours environ (c'était, je crois, le jeudi 13 décembre), un coupé de louage s'arrêta devant la grille de M. Auvray. Le cocher demanda la porte, et la porte s'ouvrit. La voiture s'avança jusqu'au pavillon habité par le docteur, et deux hommes entrèrent vivement dans son cabinet. La servante les pria de s'asseoir et d'attendre que la visite fût terminée. Il était dix heures du matin.

L'un des deux étrangers était un homme de cinquante ans, grand, brun, sanguin, haut en couleur, passablement laid, et surtout mal tourné;

les oreilles percées, les mains épaisses, les pouces énormes. Figurez-vous un ouvrier revêtu des habits de son patron : voilà M. Morlot.

Son neveu, François Thomas, est un jeune homme de vingt-trois ans, difficile à décrire, parce qu'il ressemble à tout le monde. Il n'est ni grand ni petit, ni beau ni laid, ni taillé comme un hercule, ni ciselé comme un dandy, mais moyen en toutes choses, modeste des pieds à la tête, châtain de cheveux, d'esprit et même d'habit. Lorsqu'il entra chez M. Auvray, il semblait fort agité : il se promenait avec une sorte de rage, il ne tenait pas en place, il regardait vingt choses à la fois, et il aurait touché à tout s'il n'avait eu les mains liées.

« Calme-toi, lui disait son oncle ; ce que j'en fais, c'est pour ton bien. Tu seras heureux ici, et le docteur va te guérir.

— Je ne suis pas malade. Pourquoi m'avez-vous attaché ?

— Parce que tu m'aurais jeté par la portière. Tu n'as pas ta raison, mon pauvre François ; M. Auvray te la rendra.

— Je raisonne aussi bien que vous, mon oncle, et je ne sais ce que vous voulez dire. J'ai l'esprit sain, le jugement rassis et la mémoire excellente. Voulez-vous que je vous récite des vers ? Faut-il expliquer du latin ? Voici justement un Tacite dans cette bibliothèque.... Si vous préférez une autre expérience, je vais résoudre un problème d'arithmétique ou de géométrie.... Vous ne voulez pas?... Eh bien! écoutez ce que nous avons fait ce matin....

« Vous êtes venu à huit heures, non pas m'éveiller, puisque je ne dormais point, mais me tirer de mon lit. J'ai fait ma toilette moi-même, sans l'aide de Germain; vous m'avez prié de vous suivre chez le docteur Auvray, j'ai refusé; vous avez insisté, je me suis mis en colère. Germain vous a aidé à me lier les mains, je le chasserai ce soir. Je lui dois treize jours de gages, c'est-à-dire treize francs, puisque je l'ai pris à raison de trente francs par mois. Vous lui devrez une indemnité, vous êtes cause qu'il perd ses étrennes Est-ce raisonner, cela? et comptez-vous encore me faire passer pour fou?... Ah! mon cher oncle, revenez à de meilleurs sentiments! souvenez-vous que ma mère était votre sœur! Que dirait-elle, ma pauvre mère, si elle me voyait ici?... Je ne vous en veux pas, et tout peut s'arranger à l'amiable. Vous avez une fille, Mlle Claire Morlot....

— Ah! je t'y prends! tu vois bien que tu n'as plus ta tête! J'ai une fille, moi? Mais je suis garçon, et très-garçon!

— Vous avez une fille, reprit machinalement François.

— Mon pauvre neveu!... Voyons, écoute-moi bien. As-tu une cousine?

— Une cousine? non, je n'ai pas de cousine. Oh! vous ne me trouverez pas en défaut. Je n'ai ni cousins ni cousines.

— Je suis ton oncle, n'est-il pas vrai?

— Oui, vous êtes mon oncle, quoique vous l'ayez oublié ce matin.

— Si j'avais une fille, elle serait ta cousine; or, tu n'as pas de cousine, donc je n'ai pas de fille.

— Vous avez raison... J'ai eu le bonheur de la voir cet été aux eaux d'Ems avec sa mère. Je l'aime; j'ai lieu de croire que je ne lui suis pas indifférent, et j'ai l'honneur de vous demander sa main.

— La main de qui?

— La main de Mlle votre fille.

— Allons! pensa l'oncle Morlot, M. Auvray sera bien habile s'il le guérit! Je payerai six mille francs de pension sur les revenus de mon neveu. Qui de trente paye six, reste vingt-quatre. Me voilà riche. Pauvre François! »

Il s'assit et ouvrit un livre au hasard. « Mets-toi là, dit-il au jeune homme, je vais te lire quelque chose. Tâche d'écouter, cela te calmera. » Il lut :

« La monomanie est l'opiniâtreté d'une idée, l'empire exclusif d'une passion. Son siége est dans le cœur, c'est là qu'il faut la chercher et la guérir.

Elle a pour cause l'amour, la crainte, la vanité, l'ambition, les remords. Elle se trahit par les mêmes symptômes que la passion ; tantôt par la joie, la gaieté, l'audace et le bruit ; tantôt par la timidité, la tristesse et le silence. »

Pendant cette lecture, François parut se calmer et s'assoupir : il faisait chaud dans le cabinet du docteur. « Bravo! pensa M. Morlot ; voici déjà un prodige de la médecine : elle endort un homme qui n'avait ni faim ni sommeil. » François ne dormait pas, mais il jouait le sommeil dans la perfection. Il penchait la tête en mesure, et réglait mathématiquement le bruit monotone de sa respiration. L'oncle Morlot y fut pris : il poursuivit sa lecture à voix basse, puis il bâilla, puis il cessa de lire, puis il laissa glisser son livre, puis il ferma les yeux, puis il s'endormit de bonne foi, à la grande satisfaction de son neveu, qui le lorgnait malicieusement du coin de l'œil.

François commença par remuer sa chaise ; M. Morlot ne bougea pas plus qu'un arbre ; François se promena en faisant craquer ses bottes sur le parquet : M. Morlot se mit à ronfler. Alors le fou s'approche du bureau, trouve un grattoir, le pousse dans un angle, l'appuie solidement par le manche et coupe la corde qui attachait ses bras. Il se délivre, rentre en possession de ses mains, retient un cri de joie et vient à petits pas vers son oncle. En deux minutes M. Morlot fut garrotté solidement, mais avec tant de délicatesse, que son sommeil n'en fut pas même troublé.

François admira son ouvrage et ramassa le livre, qui avait glissé jusqu'à terre. C'était la dernière édition de la *Monomanie raisonnante*. Il l'emporta dans un coin et se mit à lire, comme un sage, en attendant l'arrivée du docteur.

II

Il faut pourtant que je raconte les antécédents de François et de son oncle. François était le fils unique d'un ancien tabletier du passage du Saumon, appelé M. Thomas. La tabletterie est un bon commerce ; on y gagne cent pour cent sur presque tous les articles. Depuis la mort de son père, François jouissait de cette aisance qu'on appelle honnête, sans doute parce qu'elle nous dispense de faire des bassesses, peut-être aussi parce qu'elle nous permet de faire des honnêtetés à nos amis : il avait trente mille francs de rente.

Ses goûts étaient extrêmement simples, comme je crois vous l'avoir dit. Il avait une préférence innée pour ce qui ne brille pas, et il choisissait naturellement ses gants, ses gilets et ses paletots dans cette série de couleurs modestes qui s'étend entre le noir et le marron. Il ne se souvenait pas d'avoir rêvé panache même dans sa plus tendre enfance, et les rubans qu'on envie le plus n'avaient jamais troublé son sommeil. Il ne portait pas de lorgnon, par la raison, disait-il, qu'il avait de bons yeux ; ni d'épingle à sa cravate, parce que sa cravate tenait sans épingle ; mais le fait est qu'il avait peur de se faire remarquer. Le vernis de ses bottes l'éblouissait. Il aurait été fort en peine si le hasard de la naissance l'eût affligé d'un nom remarquable. Si pour l'achever, son parrain l'eût appelé Améric ou Fernand, il n'aurait signé de sa vie. Heureusement ses noms étaient aussi modestes que s'il les eût choisis lui-même.

Sa timidité l'empêcha de prendre une carrière. Après avoir franchi le seuil du baccalauréat, il s'adossa à cette grande porte qui conduit à tout, et il resta en contemplation devant les sept ou huit chemins qui lui étaient ouverts. Le barreau lui semblait trop bruyant, la médecine trop remuante, l'enseignement trop imposant, le commerce trop compliqué, l'administration trop assujettissante.

Quant à l'armée, il n'y fallait pas songer : ce n'est pas qu'il eût peur de l'ennemi ; mais il tremblait à l'idée de l'uniforme. Il s'en tint donc à son premier métier, non comme au plus facile, mais comme au plus obscur : il vécut de ses rentes.

Comme il n'avait pas gagné son argent lui-même, il prêtait volontiers. En retour d'une vertu si rare, le ciel lui donna beaucoup d'amis. Il les aimait tous sincèrement, et faisait leur volontés de très-bonne grâce. Lorsqu'il en rencontrait un sur le boulevard, c'était toujours lui qui se laissait prendre le bras, faisait un demi-tour sur lui-même et cheminait où l'on voulait le conduire. Notez qu'il n'était ni sot, ni borné, ni ignorant. Il savait trois ou quatre langues vivantes; il possédait le latin, le grec et tout ce qu'on apprend au collége; il avait quelques notions de commerce, d'industrie, d'agriculture et de littérature, et il jugeait sainement un livre nouveau, lorsque personne n'était là pour l'écouter.

Mais c'est avec les femmes que sa faiblesse se montrait dans toute sa force. Il fallait toujours qu'il en aimât quelqu'une, et si le matin, en se frottant les yeux, il n'avait pas vu quelque lueur d'amour à l'horizon, il se serait levé maussade et il eût mis infailliblement ses bas à l'envers. Lorsqu'il assistait à un concert ou à un spectacle, il commençait à chercher dans la salle un visage qui lui plût, et il s'en éprenait jusqu'au soir. S'il avait trouvé, le spectacle était beau, le concert délicieux; sinon, tout le monde parlait mal ou chantait faux. Son cœur avait une telle horreur du vide, qu'en présence d'une beauté médiocre,

il se battait les flancs pour la trouver parfaite.
Vous devinerez sans moi que cette tendresse universelle n'était point débauche, mais innocence.
Il aimait toutes les femmes sans le leur dire, parce qu'il n'avait jamais osé parler à aucune. C'était le plus candide et le plus inoffensif des roués ; don Juan, si vous voulez, mais avant dona Julia.

Lorsqu'il aimait, il rédigeait en lui-même des déclarations hardies qui s'arrêtaient régulièrement sur ses lèvres. Il faisait sa cour : il montrait le fond de son âme ; il poursuivait de longs entretiens, des dialogues charmants dont il faisait les demandes et les réponses. Il trouvait des discours assez énergiques pour amollir des rochers, assez brûlants pour fondre la glace ; mais aucune femme ne lui sut gré de ses aspirations muettes : il faut *vouloir* pour être aimé. La différence est grande entre le désir et la volonté, le désir qui vogue mollement sur les nuages, la volonté qui court à pied dans les cailloux ; l'un qui attend tout du hasard, l'autre qui ne demande rien qu'à elle-même ; la volonté qui marche droit au but à travers les haies et les fossés, les ravins et les montagnes ; le désir qui reste assis à sa place et crie de sa voix la plus douce :

.... Clocher, clocher, arrive, ou je suis mort !

Cependant, au mois d'août de cette année, quatre mois avant de lier les bras de son oncle, François avait osé aimer en face. Il avait rencontré aux eaux d'Ems une jeune fille presque aussi farouche que lui, et dont la timidité frissonnante lui avait donné du courage : c'était une Parisienne frêle et délicate, pâle comme un fruit mûri à l'ombre, transparente comme ces beaux enfants dont le sang bleu coule à ciel ouvert sous l'épiderme. Elle tenait compagnie à sa mère, qu'un mal invétéré (une laryngite chronique, si je ne me trompe) condamnait à prendre les eaux. Il fallait que la mère et la fille eussent vécu loin du monde, car elles promenaient sur la foule bruyante des baigneurs un long regard étonné. François leur fut présenté à l'improviste par un convalescent de ses amis qui se rendait en Italie par l'Allemagne. Il les vit assidûment pendant un mois, et il fut, pour ainsi dire, leur unique compagnie. Pour les âmes délicates, la foule est une grande solitude ; plus le monde fait de bruit autour d'elles, plus elles se serrent dans leur coin pour se parler à l'oreille. La jeune Parisienne et sa mère entrèrent de plain-pied dans le cœur de François, et s'y trouvèrent bien. Elles y découvraient tous les jours de nouveaux trésors, comme les premiers navigateurs qui mirent le pied en Amérique ; elles foulaient avec délices cette terre vierge et mystérieuse. Elles ne s'enquirent jamais s'il était riche ou pauvre : il leur suffisait de le savoir bon, et nulle trouvaille ne pouvait leur être plus précieuse que celle de ce cœur d'or. De son côté, François fut ravi de sa métamorphose. Vous a-t-on jamais raconté comment le printemps éclôt dans les jardins de la Russie? Hier la neige couvrait tout; aujourd'hui arrive un rayon de soleil qui met l'hiver en déroute. A midi les arbres sont en fleur, le soir ils se couvrent de feuilles, le lendemain ils ont presque des fruits. Ainsi fleurit et fructifia l'amour de François. Sa froideur et sa gêne furent emportées comme les glaçons dans une débâcle; l'enfant honteux et pusillanime se fit homme en quelques semaines. Je ne sais qui prononça d'abord le mot de *mariage*, mais qu'importe? il est toujours sous-entendu lorsque deux cœurs honnêtes parlent d'amour.

François était majeur et maître de sa personne, mais celle qu'il aimait dépendait d'un père dont il fallait obtenir le consentement. C'est ici que la timidité du malheureux jeune homme reprit le dessus. Claire avait beau lui dire : « Écrivez hardiment; mon père est averti : vous recevrez son consentement par le retour du courrier. » Il fit et refit sa lettre plus de cent fois, sans se décider à l'envoyer. Cependant la tâche était facile, et l'esprit le plus vulgaire s'en fût tiré glorieusement. François connaissait le nom, la position, la fortune et jusqu'à l'numeur de son futur beau-père. On l'avait initié à tous les secrets de la famille; il était presque de la maison. Que lui restait-il à faire? A indiquer en quelques mots ce qu'il était et ce qu'il avait: la réponse n'était pas douteuse. Il hésita si longtemps, qu'au bout d'un mois Claire et sa mère furent réduites à douter de lui. Je crois qu'elles auraient encore pris quinze jours de patience, mais la sagesse paternelle ne le leur permit pas. Si Claire aimait, si son amant ne se décidait pas à déclarer officiellement ses intentions, il fallait, sans perdre de temps, mettre la jeune fille en lieu sûr, à Paris. Peut-être alors M. François Thomas prendrait-il le parti de venir la demander en mariage : il savait où la trouver.

Un matin que François allait prendre ces dames pour la promenade, le maître d'hôtel lui annonça qu'elles étaient parties pour Paris. Leur appartement était déjà occupé par une famille anglaise. Un si rude coup, tombant à l'improviste sur une tête si faible, égara sa raison. Il sortit comme un fou, et se mit à chercher Claire dans tous les endroits où il avait l'habitude de la conduire. Il rentra chez lui avec une violente migraine qu'il soigna Dieu sait comment! Il se fit saigner, il prit des bains d'eau bouillante, il s'appliqua des sinapismes féroces; il vengeait sur son corps les souffrances de son âme. Lorsqu'il se crut guéri, il repartit pour la France, bien décidé à demander la main de

Claire avant même de changer d'habit. Il court à
Paris, saute hors du wagon, oublie ses bagages,
monte dans un fiacre, et crie au cocher :

« Chez *Elle*, et au galop !

— Où cela, bourgeois ?

— Chez monsieur..., rue.... Je ne sais plus ! »

Il avait oublié le nom et l'adresse de celle qu'il
aimait. « Allons chez moi, pensa-t-il ; je retrouve-
rai.... » Il tendit sa carte au cocher qui le conduisit chez lui.

Son concierge était un vieillard sans enfants,
appelé Emmanuel. En arrivant devant lui, François
le salua profondément et lui dit :

« Monsieur, vous avez une fille, Mlle Claire Emmanuel. Je voulais vous écrire pour vous demander sa main ; mais j'ai pensé qu'il serait plus convenable de faire cette démarche en personne. »

On reconnut qu'il était fou, et l'on courut chercher son oncle Morlot au faubourg Saint-Antoine.

L'oncle Morlot était le plus honnête homme de la
rue de Charonne, qui est une des plus longues de
Paris. Il fabriquait des meubles anciens avec un talent ordinaire et une conscience extraordinaire. Ce
n'est pas lui qui aurait donné du poirier noirci pour
de l'ébène, ou livré un bahut de sa fabrique pour
un meuble du moyen âge ! Et cependant il possédait, tout comme un autre, l'art de fendiller le bois
neuf et de simuler des piqûres de vers, dont les

vers étaient innocents. Mais il avait pour principe et pour loi de ne faire tort à personne. Par une modération presque absurde dans les industries de luxe, il limitait ses bénéfices à cinq pour cent en sus des frais généraux de sa maison : aussi avait-il gagné plus d'estime que d'argent. Lorsqu'il écrivait une facture, il recommençait l'addition jusqu'à trois fois, tant il avait peur de se tromper à son profit.

Après trente ans de ce commerce, il était à peu près aussi riche qu'en sortant d'apprentissage : il avait gagné sa vie comme le plus humble de ses ouvriers, et il se demandait avec un peu de jalousie comment M. Thomas s'y était pris pour amasser des rentes. Si son beau-frère le regardait d'un peu haut, avec la vanité des parvenus, il le regardait de bien plus haut encore, avec l'orgueil d'un homme qui n'a pas voulu parvenir. Il se drapait superbement dans sa médiocrité, et disait avec une morgue plébéienne : « Au moins, je suis sûr de n'avoir rien à personne. »

L'homme est un étrange animal : je ne suis pas le premier qui l'ait dit. Cet excellent M. Morlot, dont l'honnêteté méticuleuse amusait tout le faubourg, sentit au fond du cœur comme un chatouillement agréable lorsqu'on vint lui annoncer la maladie de son neveu. Il entendit une petite voix insinuante qui lui disait tout bas : « Si François est fou, tu deviens son tuteur. » La probité se hâta de répondre : « Nous n'en serons pas plus riches. — Comment! reprit la voix : mais la pension d'un aliéné n'a jamais coûté trente mille francs par an. D'ailleurs nous prendrons de la peine ; nous négligerons nos affaires ; nous méritons une compensation; nous ne faisons tort à personne. — Mais, répliqua le désintéressement, on se doit gratis à sa famille. — Vraiment! murmurait la voix. Alors, pourquoi notre famille n'a-t-elle jamais rien fait pour nous? nous avons eu des moments de gêne, des échéances difficiles : ni le neveu François, ni feu son père n'ont jamais songé à nous. — Bah! s'écria la bonté d'âme, cela ne sera rien ; c'est une fausse alerte, François guérira en deux jours. — Peut-être aussi, poursuivit la voix obstinée, la maladie tuera son malade, et nous hériterons sans faire tort à personne. Nous avons travaillé trente ans pour le souverain qui règne à Potsdam; qui sait si un coup de marteau sur la tête d'un étourdi ne fera pas notre fortune? »

Le bonhomme se boucha l'oreille; mais cette oreille était si large, si ample, si noblement évasée en forme de conque marine, que la petite voix subtile et persévérante s'y glissait toujours malgré lui. La maison de la rue de Charonne fut confiée aux soins du contre-maître; l'oncle prit ses quartiers d'hiver dans le bel appartement de son neveu.

Il dormit dans un bon lit, et s'en trouva bien. Il s'assit à une table excellente, et les crampes d'estomac dont il se plaignait depuis nombre d'années furent guéries par enchantement. Il fut servi, coiffé, rasé par Germain, et il en prit l'habitude. Peu à peu il se consola de voir son neveu malade; il se fit à l'idée que François ne guérirait peut-être jamais. Tout au plus s'il se répétait de temps en temps, par acquit de conscience : « Je ne fais tort à personne ! »

Au bout de trois mois, il s'ennuya d'avoir un fou au logis, car il croyait être chez lui. Le perpétuel radotage de François et sa manie de demander Claire en mariage lui parurent un fléau intolérable : il résolut de faire maison nette et d'enfermer le malade chez M. Auvray. « Après tout, se disait-il, mon neveu sera mieux soigné et je serai plus tranquille. La science a reconnu qu'il était bon de dépayser les fous pour les distraire : je fais mon devoir. »

C'est dans ces pensées qu'il s'était endormi, lorsque François s'avisa de lui lier les mains : quel réveil !

III

Le docteur entra en s'excusant. François se leva, remit son livre sur le bureau, et exposa l'affaire avec une grande volubilité, en se promenant à grands pas.

« Monsieur, dit-il, c'est mon oncle maternel que je viens confier à vos soins. Vous voyez un homme de quarante-cinq à cinquante ans, endurci au travail manuel et aux privations d'une vie laborieuse; du reste, né de parents sains, dans une famille où l'on n'a jamais vu un cas d'aliénation mentale. Vous n'aurez donc pas à lutter contre une maladie héréditaire. Son mal est une des monomanies les plus curieuses que vous ayez eu l'occasion d'observer : il passe avec une incroyable rapidité de l'extrême gaieté à l'extrême tristesse, c'est un mélange singulier de monomanie proprement dite et de mélancolie.

— Il n'a pas complétement perdu la raison?

— Non, monsieur, il n'est pas en démence; il ne déraisonne que sur un point; et il appartient bien à votre spécialité.

— Quel est le caractère de sa maladie?

— Hélas! monsieur, le caractère de notre siècle, la cupidité! Le pauvre malade est bien de son temps. Après avoir travaillé depuis l'enfance, il se trouve sans fortune. Mon père, parti du même point que lui, m'a laissé un bien assez considérable. Le cher oncle a commencé par être jaloux; puis il a songé qu'étant mon seul parent, il deviendrait mon héritier en cas de mort, et mon tuteur en cas de folie, et comme un esprit faible croit aisément ce qu'il désire, le malheureux s'est persuadé que j'avais perdu la tête. Il l'a dit à tout le monde, il vous le dira à vous-même. Dans la voiture, quoiqu'il eût les mains liées, il croyait que c'était lui qui m'amenait chez vous.

— A quelle époque remonte le premier accès ?

— A trois mois environ. Il est descendu chez mon concierge et lui a dit d'un air effaré : « Monsieur Emmanuel, vous avez une fille.... laissez-la dans votre loge et venez m'aider à lier mon neveu. »

— Juge-t-il bien de son état ? sait-il qu'il est malade ?

— Non, monsieur, et je crois que c'est bon signe. Je vous dirai, de plus, qu'il y a des dérangements notables dans les fonctions de la vie de nutrition. Il a perdu complétement l'appétit, et il est sujet à de longues insomnies.

— Tant mieux ! un aliéné qui dort et qui mange régulièrement est à peu près incurable. Permettez moi de le réveiller. »

M. Auvray secoua doucement l'épaule du dormeur, qui se dressa en pieds. Son premier mouvement fut de se frotter les yeux. Lorsqu'il vit ses mains liées, il devina ce qui s'était passé durant son sommeil, et il partit d'un grand éclat de rire. « La bonne plaisanterie ! » dit-il.

François tira le docteur à part.

« Vous voyez ! Eh bien, dans cinq minutes, il sera furieux.

— Laissez-moi faire. Je sais comment il faut les prendre. » Il sourit au malade comme à un enfant qu'on veut amuser. « Mon ami, lui dit-il, vous vous éveillez de bonne heure ; avez-vous fait de bons rêves ?

— Moi ! je n'ai pas rêvé. Je ris de me voir lié comme un fagot. On dirait que c'est moi qui suis le fou.

— Là ! dit François.

— Ayez la bonté de me débarrasser, docteur ; je m'expliquerai mieux quand je serai à mon aise.

— Mon enfant, je vais vous délier ; mais vous promettez d'être bien sage ?

— Ah çà, monsieur, est-ce qu'en bonne foi vous me prenez pour un fou ?

— Non, mon ami, mais vous êtes malade. Nous vous soignerons, nous vous guérirons. Tenez ! vos mains sont libres, n'en abusez pas.

— Que diable voulez-vous que j'en fasse ? Je vous amenais mon neveu....

— Bien ! dit M. Auvray ; nous parlerons de cela tout à l'heure. Je vous ai trouvé endormi ; vous arrive-t-il souvent de dormir le jour ?

— Jamais ! c'est ce bête de livre....

— Oh! oh! fit l'auteur, le cas est grave. Ainsi vous croyez que votre neveu est fou?

— A lier, monsieur; et la preuve, c'est que j'ai dû lui attacher les mains avec cette corde.

— Mais c'est vous qui aviez les mains attachées. Vous ne vous souvenez pas que je viens de vous délivrer?

— C'était moi, c'était lui. Laissez-moi donc vous expliquer toute l'affaire!

— Chut! mon ami, vous vous exaltez, vous êtes très-rouge : je ne veux pas que vous vous fatiguiez Contentez-vous de répondre à mes questions. Vous dites que votre neveu est malade?

— Fou! fou! fou!

— Et vous êtes content de le voir fou?

— Moi?

— Répondez-moi franchement. Vous ne voulez point qu'il guérisse, n'est ce pas?

— Pourquoi?

— Pour que sa fortune reste entre vos mains. Vous voulez être riche? Il vous fâche d'avoir travaillé si longtemps sans faire fortune? Vous pensez que votre tour est venu? »

M. Morlot ne répondait pas. Il avait les yeux fichés en terre. Il se demandait s'il ne faisait pas un mauvais rêve, et il cherchait à démêler ce qu'il y avait de réel dans cette histoire de mains liées, cet interrogatoire, et les questions de cet inconnu qui lisait à livre ouvert dans sa conscience.

« Entend-il des voix ? » demanda M. Auvray.

Le pauvre oncle sentit ses cheveux se dresser sur sa tête. Il se souvint de cette voix acharnée qui lui parlait à l'oreille, et il répondit machinalement : « Quelquefois. »

— Ah ! il est halluciné.

— Mais non ! je ne suis pas malade ! Laissez-moi sortir ! Je perdrais la tête ici. Demandez à tous mes amis, ils vous diront que j'ai tout mon bon sens. Tâtez-moi le pouls, vous verrez que je n'ai pas la fièvre.

— Pauvre oncle ! dit François. Il ne sait pas que la folie est un délire sans fièvre.

— Monsieur, ajouta le docteur, si nous pouvions donner la fièvre à nos malades, nous les guéririons tous.

M. Morlot se jeta sur son fauteuil. Son neveu continuait à arpenter le cabinet du docteur.

« Monsieur, dit François, je suis profondément affligé du malheur de mon oncle, mais c'est une grande consolation pour moi de pouvoir le confier à un homme tel que vous. J'ai lu votre admirable livre de *la Monomanie raisonnante :* c'est ce qu'on a écrit de plus remarquable en ce genre depuis le *Traité des maladies mentales* du grand Esquirol. Je sais, du reste, que vous êtes un père pour vos malades, je ne vous ferai donc pas l'injure de vous recommander M. Morlot. Quant au prix de sa pension, je m'en rapporte absolument à vous. » Il tira de son portefeuille un billet de mille francs qu'il posa lestement sur la cheminée. « J'aurai l'honneur de me présenter ici dans le courant de la semaine prochaine. A quel moment est-il permis de visiter les malades ?

— De midi à deux heures. Quant à moi, je suis toujours à la maison. Adieu, monsieur.

— Arrêtez-le, cria l'oncle Morlot, ne le laissez pas partir! C'est lui qui est fou; je vais vous expliquer sa folie.

— Du calme, mon cher oncle! dit François en se retirant. Je vous laisse aux mains de M. Auvray; il aura bien soin de vous. »

M. Morlot voulut courir après son neveu, le docteur le retint :

« Quelle fatalité! criait le pauvre oncle; il ne dira pas une sottise! S'il pouvait seulement déraisonner un peu, vous verriez bien que ce n'est pas moi qui suis fou. »

François tenait déjà le bouton de la porte. Il revint sur ses pas comme s'il avait oublié quelque chose, marcha droit au docteur et lui dit :

« Monsieur, la maladie de mon oncle n'est pas le seul motif qui m'amène.

— Ah! ah! » murmura M. Morlot, qui vit luire un rayon d'espérance.

Le jeune homme poursuivit :

« Vous avez une fille.

— Enfin! cria le pauvre oncle. Vous êtes témoin qu'il a dit : « Vous avez une fille! »

Le docteur répondit à François : « Oui, monsieur. Expliquez-moi....

— Vous avez une fille, Mlle Claire Auvray.

— L'y voilà! l'y voilà! Je vous l'avais bien dit.

— Oui, monsieur, dit le docteur.

— Elle était, il y a trois mois, aux eaux d'Ems avec sa mère.

— Bravo! bravo! hurla M. Morlot.

— Oui, monsieur, » répondit M. Auvray.

M. Morlot courut au docteur et lui dit : « Vous n'êtes pas le médecin; vous êtes un pensionnaire de la maison!

— Mon ami, répondit le docteur, si vous n'êtes pas sage, nous vous donnerons une douche. »

M. Morlot recula d'épouvante. Son neveu poursuivit :

« Monsieur, j'aime mademoiselle votre fille, j'ai quelque espoir d'en être aimé, et pourvu que ses sentiments n'aient pas changé depuis le mois de septembre, j'ai l'honneur de vous demander sa main. »

Le docteur répondit : « C'est donc à monsieur François Thomas que j'ai l'honneur de parler?

— A lui-même, monsieur, et j'aurais dû commencer par vous apprendre mon nom.

— Monsieur, permettez-moi de vous dire que vous vous êtes bien fait attendre. »

A ce moment, l'attention du docteur fut attirée par M. Morlot, qui se frottait les mains avec une sorte de rage.

« Qu'avez-vous, mon ami? lui demanda-t-il de sa voix douce et paternelle.

— Rien, rien; je me frotte les mains.

— Et pourquoi?

— J'ai quelque chose qui me gêne.

— Montrez : je ne vois rien.

— Vous ne voyez pas? là, là, entre les doigts. Je le vois bien, moi!

— Que voyez-vous?

— L'argent de mon neveu. Otez-le, docteur! Je suis un honnête homme; je ne veux rien à personne. »

Tandis que le médecin écoutait attentivement les premières divagations de M. Morlot, une étrange révolution s'opérait dans la personne de François. Il pâlissait, il avait froid, ses dents claquaient avec violence. M. Auvray se retourna vers lui pour lui demander ce qu'il éprouvait.

« Rien, répondit-il; elle vient, je l'entends;

c'est la joie.... mais j'en suis accablé. Le bonheur tombe sur moi comme de la neige. L'hiver sera rigoureux pour les amants. Docteur, regardez donc ce que j'ai dans la tête. »

M. Morlot courut à lui en criant :

« Assez! ne déraisonne plus! Je ne veux plus que tu sois fou. On dirait que c'est moi qui t'ai volé ta raison. Je suis honnête. Docteur, voyez mes mains; fouillez dans mes poches; envoyez chez moi, rue de Charonne, au faubourg Saint-Antoine; ouvrez tous les tiroirs; vous verrez que je n'ai rien à personne! »

Le docteur était fort embarrassé entre ses deux malades, lorsqu'une porte s'ouvrit, et Claire vint annoncer à son père que le déjeuner était sur la table.

François se leva comme par ressort; mais sa volonté seule courut au-devant de Mlle Auvray. Son corps retomba lourdement sur le fauteuil. A peine s'il put balbutier quelques mots.

« Claire! c'est moi. Je vous aime. Voulez-vous?... »

Il passa la main sur son front. Sa face pâle se colora d'un rouge vif. Les tempes battaient avec force; il sentait au-dessus des sourcils une compression violente. Claire, aussi morte que vive, s'empara de ses deux mains: il avait la peau sèche et le pouls si dur que la pauvre fille en fut épouvantée. Ce n'est pas ainsi qu'elle espérait le revoir. En quelques minutes, une teinte orangée se répandit autour des ailes du nez; les nausées vinrent ensuite, et M. Auvray reconnut tous les symptômes d'une fièvre bilieuse. « Quel malheur, dit-il, que cette fièvre ne soit pas échue à son oncle; elle l'aurait guéri ! »

Il sonna; la servante accourut; puis Mme Auvray, que François reconnut à peine, tant il était accablé. Il fallut coucher le malade, et sans retard. Claire offrit sa chambre et son lit. C'était un charmant petit lit de pensionnaire avec des rideaux blancs; une chambre mignonne et chastement coquette, tendue de percale rose, et fleurie de grandes bruyères dans des vases de porcelaine bleuâtre. On voyait sur la cheminée une grande coupe d'onyx : c'était le seul présent que Claire eût reçu de son amant. Si vous prenez la fièvre, ami lecteur, je vous souhaite une pareille infirmerie.

Pendant qu'on donnait les premiers soins à François, son oncle exaspéré s'agitait dans la chambre, arrêtant le docteur, embrassant le malade, saisissant la main de Mme Auvray, et criant à tue-tête : « Sauvez-le vite, vite ! je ne veux pas qu'il meure; je mettrai opposition à sa mort, c'est mon droit : je suis son oncle et son tuteur ! Si vous ne le guérissez pas, on dira que c'est moi qui l'ai tué. Vous êtes témoins que je ne demande pas sa succession. Je donne tous ses biens aux pauvres. Un verre d'eau, s'il vous plaît, pour laver mes mains ! »

On le transféra dans la maison de santé. Là, il s'agita tellement, qu'il fallut lui mettre une veste de forte toile qui se lace par derrière et dont les manches sont cousues à l'extrémité : c'est ce qu'on appelle la camisole de force. Les infirmiers prirent soin de lui.

Mme Auvray et sa fille soignèrent François avec amour, quoique les détails du traitement ne fussent pas toujours agréables; mais le sexe le plus délicat se complaît dans l'héroïsme. Vous me direz que ces deux femmes voyaient dans leur malade un gendre et un mari, mais je crois que s'il eût été un étranger il n'y aurait presque rien perdu. Saint Vincent de Paul n'a inventé qu'un uniforme, car il y a dans la femme de tout rang et de tout âge l'étoffe d'une sœur de charité.

Assises nuit et jour dans cette chambre pleine de fièvre, la mère et la fille employaient leurs moments de repos à deviser ensemble de leurs souvenirs et de leurs espérances. Elles ne s'expliquaient ni le long silence de François, ni son brusque retour, ni l'occasion qui l'avait conduit à l'avenue Montaigne. S'il aimait Claire, pourquoi s'être fait attendre pendant trois mois? Avait-il donc besoin, pour s'introduire chez M. Auvray, de la maladie de son oncle? S'il avait oublié son amour, pourquoi n'avait-il pas conduit son oncle chez un autre médecin? On en trouve assez dans Paris. Peut-être avait-il cru sa passion guérie, jusqu'au moment où la présence de Claire l'avait détrompé? Mais non, puisque, avant de la revoir, il l'avait demandée en mariage.

A toutes ces questions, ce fut François qui répondit dans son délire. Claire, penchée sur ses lèvres, recueillait avidement ses moindres paroles; elle les commentait avec sa mère et le docteur, qui ne tarda pas à entrevoir la vérité. Pour un homme exercé à démêler les idées les plus confuses et à lire dans l'âme des fous comme dans un livre à demi effacé, les rêvasseries d'un fiévreux sont un langage intelligible, et le délire le plus confus n'est pas sans lumières. On sut bientôt qu'il avait perdu la raison et dans quelles circonstances; on s'expliqua même comme il avait causé innocemment la maladie de son oncle.

Alors commença pour Mlle Auvray une nouvelle série de craintes. François avait été fou. La crise terrible qu'elle avait provoquée sans le savoir guérirait-elle le malade? Le docteur assurait que la fièvre a le privilége de juger, c'est-à-dire de terminer la folie : cependant il n'y a pas de règle sans exception, en médecine surtout. Supposé qu'il guérit, n'aurait-on pas à craindre les rechutes? M. Auvray voudrait-il donner sa fille à un de ses malades?

« Pour moi, disait Claire en souriant tristement, je n'ai peur de rien : je me risquerais. Je suis la cause de tous ses maux; ne dois-je pas le consoler? Après tout, sa folie se réduisait à demander ma main : il n'aura plus rien à demander le jour où je serai sa femme; nous n'aurons donc rien à craindre. Le pauvre enfant n'était malade que par un excès d'amour; guéris-le bien, cher père, mais pas trop. Qu'il reste assez fou pour m'aimer comme je l'aime !

— Nous verrons, répondit M. Auvray. Attends que la fièvre soit passée. S'il est honteux d'avoir été malade, si je le vois triste ou mélancolique après la guérison, je ne réponds de rien. Si, au contraire, il se souvient de sa maladie sans honte et sans regrets, s'il en parle avec résignation, s'il revoit sans répugnance les personnes qui l'ont soigné, je me moque des rechutes!

— Eh! mon père, pourquoi serait-il honteux d'avoir aimé jusqu'à l'excès? C'est une noble et généreuse folie, qui n'entrera jamais dans les petites âmes. Et comment aurait-il de la répugnance à revoir ceux qui l'ont soigné?... C'est nous! »

Après six jours de délire, une sueur abondante emporta la fièvre, et le malade entra en convalescence. Lorsqu'il se vit dans une chambre inconnue, entre Mme et Mlle Auvray, sa première idée fut qu'il était encore à l'hôtel des Quatre-Saisons, dans la grande rue d'Ems. Sa faiblesse, sa maigreur et la présence du médecin le ramenèrent à d'autres pensées : il se souvint, mais vaguement. Le docteur lui vint en aide. Il lui versa la vérité avec prudence, comme on mesure les aliments à un corps affaibli par la diète. François commença par écouter son histoire comme un roman où il ne jouait aucun rôle ; il était un autre homme, un homme tout neuf, et il sortait de la fièvre comme d'un tombeau. Peu à peu les lacunes de sa mémoire se comblèrent. Son cerveau était plein de cases vides qui se remplirent une à une, sans secousse. Bientôt il fut maître de son esprit ; il rentra en possession du passé. Cette cure fut œuvre de science et surtout de patience. C'est là qu'on admira les ménagements paternels de M. Auvray. L'excellent homme avait le génie de la douceur. Le 25 décembre, François, assis sur son lit, lesté d'un bouillon de poulet et de la moitié d'un jaune d'œuf, raconta sans interruption, sans trouble et sans divagation, sans honte, sans regrets, et sans autre émotion qu'une joie tranquille, l'histoire des trois mois qui venaient de s'écouler. Claire et Mme Auvray pleuraient en l'écoutant. Le docteur avait l'air de prendre des notes ou d'écrire sous la dictée, mais il tombait autre chose que de l'encre sur son papier.

Quand le récit fut achevé, le convalescent ajouta en forme de conclusion :

« Aujourd'hui, 25 décembre, à trois heures de relevée, j'ai dit à mon excellent docteur, à mon bien-aimé père, M. Auvray, dont je n'oublierai plus ni la rue, ni le numéro : « Monsieur, vous
« avez une fille, Mlle Claire Auvray ; je l'ai vue cet
« été aux eaux d'Ems, avec sa mère ; je l'aime ;
« elle m'a bien assez prouvé qu'elle m'aimait,
« et, si vous ne craignez pas que je retombe
« malade, j'ai l'honneur de vous demander sa
« main. »

Le docteur ne fit qu'un petit signe de tête, mais Claire passa ses bras autour du cou du malade et le baisa sur le front. Je ne désire pas une autre réponse lorsque je ferai pareille demande.

Le même jour, M. Morlot, plus calme et délivré de la camisole, se leva à huit heures du matin. En sortant du lit, il prit ses pantoufles, les tourna, les retourna, les sonda soigneusement, et les passa à l'infirmier en le suppliant de voir si elles ne contenaient pas trente mille livres de rente. C'est alors seulement qu'il consentit à se chausser. Il se peigna pendant une bonne demi-heure en répétant : « Je ne veux pas qu'on dise que la fortune de mon neveu est passée sur ma tête. » Il secoua chacun de ses vêtements par la fenêtre, après les avoir fouillés jusque dans leurs derniers replis. Habillé, il demanda un crayon et écrivit sur les murs de sa chambre :

BIEN D'AUTRUI NE DÉSIRERAS.

Puis il commença à se frotter les mains avec une incroyable vivacité, pour se convaincre que la fortune de François n'y était pas attachée. Il se gratta les doigts avec son crayon, en les comptant depuis le premier jusqu'au dixième, tant il avait peur d'en oublier un. M. Auvray lui fit sa visite quotidienne : il se crut en présence d'un juge d'instruction, et demanda instamment à être fouillé. Le docteur se fit reconnaître et lui apprit que François était guéri. Le pauvre homme demanda si l'argent était retrouvé. « Puisque mon neveu va sortir d'ici, disait-il, il lui faut son argent : où est-il? Je ne l'ai pas. A moins qu'il ne soit dans mon lit! » Et il culbuta son lit si lestement qu'on n'eut pas le temps de l'en empêcher. Le docteur sortit en lui serrant la main ; il frotta cette main avec un soin scrupuleux. On lui apporta son déjeuner; il commença par explorer sa serviette, son verre, son couteau, son assiette, en répétant qu'il ne voulait pas manger la fortune de son neveu. Le repas fini, il se lava les mains à grande eau. « La fourchette est en argent, disait-il ; s'il m'était resté de l'argent après les mains ! »

M. Auvray ne désespère pas de le sauver, mais il faudra du temps. C'est surtout en été et en automne que les médecins guérissent la folie.

TERRAINS A VENDRE.

I

Henri Tourneur, qui vient d'obtenir une première médaille à l'Exposition universelle, n'est pas un peintre de génie, mais il ne fait que d'excellents tableaux. Il dessine presque aussi bien que M. Ingres, et sa couleur est presque aussi riche que celle de M. Diaz. Sa peinture est à la mode depuis quatre ou cinq ans, et elle n'a rien à redouter des caprices de la mode. Il la vend à des prix anglais, c'est-à-dire exorbitants. *Les Dames de la cour visitant l'atelier de Jean Goujon* ont été payées dix-huit mille francs pour un musée de Paris. Un banquier de Rouen a donné six mille francs du *Baiser d'Alain Chartier*, petite toile de 4, fausse mesure ; et *Mlle Doze écoutant les confidences de Mlle Mars* vient d'être achetée onze mille francs par un riche amateur belge. Il a plus de commandes qu'il n'en peut exécuter en deux ans, et je ne vois pas ce qui l'empêcherait de gagner quarante mille francs par année

Ses premiers succès datent de l'Exposition de 1850. Jusque-là il avait gagné obscurément sa vie. M. Tourneur père, commissionnaire en vins, retiré des affaires avec dix mille francs de rente, n'avait ni aidé ni contrarié la vocation de son fils; il l'avait livré à lui-même, sans argent, avec ces paroles encourageantes : « Si tu as du talent, tu te tireras d'affaire; si tu n'en as point, tu renonceras à la peinture, et je te placerai dans le commerce. » De vingt à trente ans, Henri dessina des bois pour les éditions à bon marché; il peignit des éventails, des boîtes de confiseur, des porcelaines et même des devants de cheminée. *L'enfant au pot-au-feu*, qui se vend encore en province, est un de ses péchés de jeunesse. Ces dix années de gêne lui furent profitables : il y apprit l'économie. Le jour où il vit son pain assuré pour dix-huit mois, il tourna le dos à l'industrie et se mit à la peinture

Son atelier est le plus grand de l'avenue Frochot et un des plus beaux de Paris. C'est un musée où l'on voit un peu de tout, excepté des tableaux. La raison en est fort simple. Lorsque Tourneur veut peindre une jeune dame du temps de Louis XIII cachetant un billet doux, il commence par courir les marchands de curiosités : il achète, soit une tapisserie du temps, soit une tenture de cuir gaufré pour remplir le fond du tableau. Il choisit un beau meuble ancien, qu'il fait porter chez lui. Il déterre au fond d'une boutique un petit bureau richement incrusté, il le paye et l'emporte sous son bras. Il se procure, n'importe à quel prix, les vieilles soieries et les guipures deux fois centenaires dont il composera le costume ; il guette aux ventes publiques l'écritoire de Marion Delorme et le cachet de Ninon de Lenclos. Tel est son amour de l'exactitude. Il habille son mannequin avec un soin scrupuleux, il fait venir un beau modèle pour la tête et pour les mains, et il peint tout d'après nature. Il ne fait qu'un tableau à la fois, l'achève sans interruption et le livre aussitôt verni. On ne voit chez lui ni esquisses, ni pochades, ni croquis, ni ce pêle-mêle d'études interrompues, d'imaginations ébauchées et de tableaux invendus qu'on aime à rencontrer dans un atelier. On n'y trouve qu'une toile en voie d'exécution et déjà placée dans le cadre. Mais les murs sont couverts de tentures splendides et hérissés d'armes magnifiques dont plus d'une a coûté mille francs. Les vieux meubles et les étagères supportent une multitude de porcelaines, de faïences, de grès, d'émaux précieux, de bronzes rares, et de bijoux artistiques. Sa maison est comme une succursale du musée de Cluny.

Quant à lui, ceux qui n'ont pas vu son portrait gravé par Calamatta ne le reconnaîtront jamais dans la rue. Il ressemble beaucoup moins à un artiste qu'à un jeune négociant anglais. Sa figure est régulière, un peu froide ; sa peau très-blanche, ses cheveux châtain clair. Il se coiffe à l'anglaise, sur les tempes, et ne porte que les favoris. Il est petit, mais bien pris dans sa petite taille. Je connais peu d'hommes qui s'habillent mieux que lui; il a les draps les plus beaux et les habits les mieux coupés. Jamais de couleurs claires, jamais de formes excentriques, et point de bijoux hormis sa montre, qui est de Breguet. S'il porte une canne, c'est un jonc de cent francs, avec une petite pomme d'écaille noire qui vaut cent sous. Je l'ai rencontré bien des fois, dans le temps où il était son propre valet de chambre, et je ne me souviens pas d'avoir vu sur lui un grain de poussière. Il s'est couché souvent sans dîner, mais il n'est jamais sorti sans gants frais. Lorsqu'il prenait ses repas dans une laiterie de la rue Pigalle, il commandait ses chapeaux rue Richelieu, et ses chaussures chez le bon faiseur. Dans l'atelier, il s'habille de blanc, soit en laine, soit en coutil, suivant la saison, et ne se tache jamais; il est propre et soigné comme sa peinture. Depuis un an il s'est donné le luxe d'un noir. C'est un jeune nubien de dix-huit ans, oublié à Paris par un

Anglais qui revenait d'Égypte. Il n'était pas baptisé : Tourneur lui a donné le nom de Boule-de-Neige. Il lui a enseigné tous les arts libéraux qui sont à la portée des races noires : frotter le parquet, épousseter les meubles, brosser les habits, vernir la chaussure, et porter les lettres à leur adresse. Grâce aux soins qu'il a pris, il est, pour dix francs par mois, l'homme le mieux servi de tout Paris.

On prétend qu'il a déjà fait de notables économies ; mais moi qui le connais, je puis vous assurer qu'il n'en est rien. Les artistes exagèrent tout, et particulièrement les économies des autres artistes. Tourneur a trop dépensé en achats de toute sorte pour qu'il lui soit resté beaucoup d'argent liquide. Notez, de plus, que Boule-de-Neige dévore trois kilogrammes de pain par jour, et vous comprendrez pourquoi la fortune de son maître se réduit à cinquante mille francs, placés en rentes sur l'État.

Si modeste que le chiffre paraisse, il prouve à tout homme de sens que M. Henri Tourneur est un artiste de bonne vie. Il ne court ni les bals ni les théâtres, et ne va qu'à la Comédie-Française, où il a ses entrées. Sa conduite est aussi régulière que peut l'être celle d'un homme de trente-cinq ans. Cependant je ne voudrais point jurer qu'il soit indifférent à la beauté de Mellina Barni. Lorsqu'elle rompit son engagement avec le directeur de la Scala pour venir chanter à Paris, il la décida à retarder ses débuts, qui se font encore attendre. On le voit souvent chez elle, et même, ce qui est plus grave, on la rencontre quelquefois chez lui. Mais ce ne sont pas mes affaires.

Le 15 mai de cette année, une heure après l'ouverture de l'Exposition des beaux-arts, Henri Tourneur était en contemplation devant lui-même, et souriait à son tableau d'*Alain Chartier*, lorsqu'il reçut dans l'épaule une de ces tapes familières qui ébranleraient l'équilibre d'un bœuf. Il se retourna, comme si on l'avait touché sur un ressort; mais sa colère ne tint pas devant le gros sourire rougeaud de M. de Chingru : il se mit à rire.

« Bonjour, Van Ostade, Miéris, Terburg, Gérard Dow! » s'écria M. de Chingru, si haut que cinq ou six personnes profitèrent de son discours. « J'ai vu tes trois tableaux, ils n'ont rien perdu, ils sont magnifiques; au fait, il n'y a que cela ici. Tu as battu la France, la Belgique et l'Angleterre, Meissonnier, Willems et Mulready. Tu peins le genre comme *genre* lui-même, et tu es savant comme *pinxit*. Si le gouvernement ne te donne pas cent mille francs de commande et la croix, je démolis la Bastille ! »

Il prit Henri par le bras, et ajouta à voix basse :

« Veux-tu te marier?

— Laisse-moi donc tranquille!

— Un million!

— Tu es fou! un million ne voudrait pas de moi.

— Pourquoi cela? un million et toi, vous vous valez. Qu'est-ce qu'un million gagne par an? cinquante mille francs. Tu peux en faire autant : tu es donc de la force d'un million.

— Où as-tu déterré cela?

— Ah! ah! le récit t'intéresse. Écoute donc. Il existe de par le monde un M. Gaillard....

— Qui joue à la Bourse? Merci. J'ai vu *Ceinture dorée*.

— Il ne joue pas plus que moi; il est archiviste au ministère de....

— Une place de dix mille francs?

— Non; trois mille six cents, plus quatre cents francs de gratification qui ne manquent jamais; total quatre mille. Voilà le beau-père.

— Et mon million?

— Ah! *mon* million! Tu mords, Van Ostade, tu mords! M. Gaillard est un employé modèle. Depuis trente ans, il arrive à son bureau à dix heures moins cinq, il en sort à quatre heures cinq minutes, et dans l'intervalle il ne se fait pas remplacer par son chapeau pour aller jouer au billard.

— Chingru, tu m'agaces.

— Un peu de patience ! Cet archiviste comme on n'en trouve plus habite vers le haut de la rue d'Amsterdam avec sa fille, sa sœur et sa bonne. Leur appartement est au quatrième; trois chambres à coucher, pas de salon. Les fenêtres....

— Adieu, Chingru.

— Adieu, Gérard Dow. Les fenêtres donnent sur un terrain de dix mille mètres. Tu n'es pas encore parti?

— Va donc !

— Dix mille mètres à cent francs font un million. Celui qui nierait cela donnerait un fier démenti à Pythagore ! Ce million, mon cher Terburg, est la propriété de M. Gaillard.

— Mais comment se fait-il...?

— Sois tranquille, il ne l'a pas volé. On vole un portefeuille, cela se voit tous les jours ; mais on ne vole pas un terrain d'un hectare : il faudrait des poches trop grandes. En l'an de grâce 1830, quelques jours après les histoires de Juillet, M. Gaillard, surnuméraire de cinquième année, se vit à la tête d'une somme de soixante-quinze mille francs, l'héritage d'un oncle de Narbonne. Il cherchait un placement à l'abri des révolutions, lorsqu'il découvrit ces bienheureux terrains, qui valaient alors sept francs le mètre. Son compte fut bientôt fait : soixante et dix mille francs d'achat, cinq mille pour le notaire et pour le fisc. Il paya comptant et fut considéré.

— Mais depuis, pourquoi n'a-t-il pas vendu?...

— Depuis? il n'a jamais déplacé l'écriteau, et je te le montrerai quand tu voudras : *Terrains à vendre en totalité ou par lots*. Et je te prie de croire que les acheteurs n'ont pas manqué. Le lendemain de la signature de l'acte, on lui offrit dix mille francs de bénéfice. Il se dit: « Bon! je n'ai pas fait « un sot marché. » Et il garda son terrain. Lorsqu'on bâtit la gare de Saint-Germain, un spéculateur lui apporta deux cent mille francs. Il se gratta le nez (c'est le seul défaut que je lui connaisse), et il répondit que sa femme ne voulait pas vendre. En 1842, sa femme était morte; une compagnie de gaz lui fit des offres éblouissantes: un demi-million! « Ma foi, répondit-il, puisque j'ai attendu « douze ans, j'attendrai bien encore. Je vois avec « plaisir que le temps travaille pour moi; il ne « faut pas le déranger. Quand ma fille sera en âge « de se marier, nous verrons! » Il est bon de te dire que sa fille est contemporaine du célèbre terrain. En 1850, sa fille avait vingt ans, un bel âge, et le terrain valait huit cent mille francs, un bon prix. Mais il s'est si bien accoutumé à garder l'un et l'autre, qu'il faudra la croix et la bannière pour le décider soit à vendre, soit à marier. On a beau lui prêcher que le cas est tout différent, que les terrains ne perdent pas pour attendre, mais que les filles, passé un certain âge, sont sujettes à dépréciation : il se bouche les oreilles et retourne à son bureau gratter du papier.

— Et sa fille?

— Elle s'ennuie à cent francs par jour, et de si bon cœur, qu'elle aimera le premier homme qu'elle verra luire à l'horizon.

— Elle ne voit personne?

— Personne qui ait figure humaine : un vieux notaire de province et cinq ou six employés qui ressemblent à des garçons de bureau. Tu comprends qu'on ne va pas donner des bals dans un appartement composé de trois chambres à coucher ! Je suis le seul homme présentable qui ait accès dans la maison.

— Elle n'est pas trop laide?

— Elle est magnifique! Je ne te dis que ça.

— A-t-elle un nom humain? Je t'avertis que si elle s'appelle Euphrosyne....

— Rosalie : cela te va-t-il?

— Oui, Rosalie.... Rosalie..., c'est un joli nom. Est-elle un peu élevée?

— Elle? Artiste, mon cher, comme toi et moi.

— Distinguons, je te prie.

— Ingrat! Elle ne joue d'aucun instrument, et elle ne va pas copier de tableaux au Louvre ; mais elle comprend la peinture, elle sent la musique comme celui qui l'a inventée. Du reste, éducation sévère : le spectacle six fois par an, les monuments deux fois par mois, quatre concerts en carême, une bibliothèque sérieuse, peu de romans, et tous anglais ; pas de tourterelles dans la maison, pas un cousin dans la famille !

— Parle, parle, Chingru ; je te supporte ! Quand me présenteras-tu ?

— Demain, si tu veux. Je lui ai déjà parlé de toi.

— Et que lui as-tu dit ?

— Que tu étais le seul de nos grands peintres dont je n'eusse pas de tableaux.

— Je t'en commencerai un le lendemain du mariage.

— Merci. Je te demanderai encore un service.

— Si ce n'est pas un service d'argenterie....

— Tu sais, mon cher, que j'ai près de quarante ans, et point de place. A mon âge, tout le monde est casé, c'est la coutume. Il me fâche de faire exception, et d'entendre murmurer autour de moi : « M. de Chingru : un beau nom ; qu'est-ce qu'il « fait ? — Il a de quoi vivre : c'est un homme qui « ne demande rien à personne. — Oui ; mais « qu'est-ce qu'il fait ? » Parbleu ! je ferais comme tout le monde, si j'avais seulement une place de trois mille francs ! Voyons, mon petit Tourneur, je ne te demande rien maintenant ; plus tard, si tu es content. Tu as du crédit, tu connais les hommes haut placés, tu vas chez les ministres; tu diras un mot pour moi, pas vrai?

— A quoi es-tu bon?

— A tout, car je n'ai rien étudié spécialement.

— Eh bien! je ne dis pas non. A quelle heure demain?

— A deux heures. Elle sera seule avec sa tante; tu viendras pour acheter un lot de terrain.

— Veux-tu que j'aille te prendre?

— Non, non; c'est moi qui passerai à ton atelier; je ne suis jamais chez moi. Sais-tu seulement où je demeure?

— Je ne me rappelle plus au juste.

— Là, quand je te le disais! Eh bien! tous mes amis sont aussi avancés que toi. Je ne loge pas; je perche. Tout au plus si je sais mon adresse, tant je vis peu à la maison! Adieu. »

M. de Chingru (Louis-Théramène), sans profession avouée et sans domicile connu, est ce qu'on appelle vulgairement une peste d'atelier. Son talent consiste à s'introduire chez les artistes, à leur donner de son gros encensoir dans le visage, à médire de l'un chez l'autre, à se faire tutoyer, et à décrocher çà et là une esquisse qu'on lui laisse prendre. Sans être ni artiste ni critique, il a cependant un nez de brocanteur, et il flaire assez bien les toiles qui sont de défaite. Dans les ateliers où il est reçu, il se pose en point d'admiration le long des murs, célébrant tout, le bon et le mauvais, jusqu'à ce qu'il ait jeté son dévolu sur un ouvrage auquel l'artiste n'attache que peu de prix. Il y reporte tout l'effort de son admiration, il y donne de toute l'impétuosité de son enthousiasme Il s'en écarte, puis il revient; il déprécie un chef-d'œuvre au profit de sa passion dominante; il s'en va. Mais il ajuste son dernier coup d'œil sur l'objet de sa convoitise. Le lendemain, on le revoit, mais il ne voit personne; il dit à peine bonjour, il va droit au tableau de la veille. C'est son pôle : vous diriez un homme aimanté. Il ne craint pas de dire à l'artiste : « Voilà ton premier chef-d'œuvre; le jour où tu as fait cela, tu es sorti du pair; la veille, tu n'étais qu'un peintre comme les autres, un Delacroix, un Troyon, un Corot; le lendemain, tu étais toi. » Et il regarde encore, et il décroche cette toile sans cadre, il la porte à la fenêtre, il l'essuie du revers de sa manche, il la remet en place en maugréant contre les bourgeois qui ne viennent pas la couvrir d'or. Huit jours après, il revient, mais il regarde ailleurs; il évite ce coin-là, il n'y jette les yeux qu'à la dérobée en étouffant un soupir. Un matin, il arrive avec le soleil : il a rêvé que son cher tableau était vendu à la reine d'Angleterre; il veut l'admirer encore une fois. Pour le coup l'artiste perd patience et lui dit des injures : « Tu n'es qu'un âne ; il y a ici vingt tableaux pas mal, et tu vas t'épater devant une croûte. Cette esquisse est stupide, on n'en fera jamais rien ; je ne veux plus la voir ; emporte-la, mais ne m'en reparle plus. » Chingru ne se le fait pas dire deux fois : il court au tableau avec des cris de pygargue affamé, il le montre à l'artiste, il le célèbre à grand renfort de superlatifs, et il finit par y faire mettre une signature qui en triple la valeur. On ne regarde pas trop à lui donner un tableau, parce qu'on sait qu'il en a plusieurs, et des bons peintres ; on se dit qu'on ne sera pas compromis dans sa galerie. Mais sa galerie, personne ne la connaît. Sa maison est l'antre du lion : on sait ce qui y entre, on ne sait pas ce qui en sort. Tous les tableaux qu'on lui donne sont immédiatement vendus sous main à un brocanteur, qui les expédie en province, en Belgique ou en Angleterre. Si le hasard en rapportait quelqu'un à Paris, Chingru répondrait sans se troubler : « Je l'ai donné ; je n'ai rien à moi ; je suis si bon vivant ! » ou bien : « Je l'ai échangé contre un Van Dyck. » Quel est le peintre qui se plaindrait d'avoir été échangé contre un Van Dyck ? C'est ainsi que Louis-Théramène de Chingru s'est fait un bureau de bienfaisance de tous les ateliers de Paris.

Henri Tourneur ne lui avait jamais rien donné,

et pour cause : lorsqu'on vend sa peinture, à quoi bon la donner? Mais il se promit de le récompenser largement s'il menait à bonne fin l'affaire du mariage.

L'un et l'autre furent exacts au rendez-vous, et deux heures sonnaient au chemin de fer de la rue Saint-Lazare, lorsque Chingru étendit la main vers le pied de biche de M. Gaillard. Ce fut Rosalie qui leur ouvrit : la vieille tante était au marché avec la bonne. Elle les fit entrer dans la salle à manger, donna à Chingru des nouvelles de toute la famille, se laissa présenter M. Tourneur comme on reçoit un homme dont on a beaucoup entendu parler, et écouta gracieusement les explications qu'il lui donnait sur le choix d'un terrain et la construction d'un atelier. Elle ne savait ni à quelles conditions son père voulait vendre, ni s'il consentirait à couper un lot en deux moitiés; mais elle montra un plan lithographié, qu'Henri demanda la permission d'emporter chez lui pour un jour ou deux ; il reviendrait pour s'entendre avec M. Gaillard. L'entrevue dura dix minutes et le peintre sortit ébloui.

« Eh bien? lui demanda Chingru dans l'escalier.

— Laisse-moi tranquille; j'ai des picotements dans les yeux, il me semble que je viens de faire un voyage en Italie.

— Tu ne te trompes pas de beaucoup : la dynastie des Gaillard est originaire de Narbonne, cité romaine. Le père Gaillard se pique de descendre des conquérants du monde. On l'humilierait fort en lui prouvant que son nom n'est qu'un adjectif très-français parvenu au rang de nom propre. Lorsqu'on lui chante, comme à l'Opéra-Comique :

Bonjour, bonjour, monsieur Gaillard !

il entame une dissertation de tous les diables pour vous prouver qu'il existait des soldats ou valets d'armée, chargés de prendre soin des casques, *galea*, casque, *galearius*, d'où Gaillard; voir la Stratégie de Végèce, tel chapitre, tel paragraphe.... Voilà comme tu m'écoutes? »

Henri avait les yeux cloués sur la maison de M. Gaillard. Chingru poursuivit :

« Ne prends pas tant de peine; ses fenêtres donnent sur la cour. Elle est donc de ton goût?

— Ce n'est pas une femme, Chingru; c'est une déesse. Je m'attendais à voir une pauvre Eugénie Grandet, étiolée par les privations et séchée par l'ennui. Je ne l'aurais jamais crue si grande, si bien faite, si riche en beauté, et d'une couleur si éblouissante. Tu dis qu'elle a vingt-cinq ans? Oui, elle doit avoir vingt-cinq ans, l'âge de la perfection des femmes. Toutes les statues grecques ont **vingt-cinq ans!**

— Brrr! tu pars comme une compagnie de perdrix. As-tu remarqué ses yeux?

— J'ai tout vu : ses grands yeux noirs, ses beaux cheveux châtains, ses sourcils divinement dessinés, sa bouche fière, ses lèvres épaisses et rouges, ses petites dents transparentes, ses belles mains effilées, ses bras puissants, son pied grand comme la main et large comme deux doigts, son oreille rose comme un coquillage des Antilles. Si j'ai remarqué ses yeux! Mais j'ai remarqué sa robe, qui est en alpaga anglais; son col et ses manches, qu'elle a dessinés elle-même, car on ne fait pas de pareils dessins chez les marchands. Elle n'a pas de bagues aux doigts, et ses oreilles ne sont pas percées : tu vois bien que je la sais par cœur.

— Diantre! si le cœur s'en mêle déjà, je n'ai plus rien à faire ici.

— J'ai dû dire un millier de sottises; je ne m'entendais pas parler; j'étais tout dans mes yeux; j'éprouvais pour la première fois de ma vie le bonheur de contempler une beauté parfaite.

— Voilà qui va bien; maintenant viens contempler autre chose.

— Quoi donc?

— Les terrains.

— Je me soucie bien des terrains! Que cette

fille-là soit sans le sou et qu'elle veuille de moi,
e l'épouse !

— Ne te gêne pas, mon cher; si les terrains t'ennuient, tu me les donneras. Il y a longtemps que je regrette de n'être pas né propriétaire. »

Lorsque M. Gaillard revint de son bureau, Rosalie lui raconta que M. de Chingru avait amené un jeune artiste, M. Henri Tourneur, pour voir les terrains; qu'elle avait donné le plan; que ce monsieur reviendrait lui parler. « Mais, ajouta-t-elle en riant, je parierais qu'il a une autre idée en tête, car il n'a regardé que moi; il a parlé sans savoir ce qu'il disait; et d'ailleurs.... il est beaucoup trop bien pour un simple acheteur de terrains. »

M. Gaillard ne fronça pas le sourcil; il se gratta familièrement le nez, qu'il avait fort beau, et répondit :

« M. de Chingru devrait bien se mêler de ses affaires. J'irai demain matin redemander mon plan à ce jeune homme, et savoir ce qu'il veut de nous. »

II

Le lendemain, à huit heures du matin, Henri endossait sa veste d'atelier, lorsque Boule-de-Neige introduisit un homme très-grand, très-sec, très-poli, un peu timide, et précédé d'un nez magnifique : c'était M. Gaillard. Il s'assit, et expliqua, avec force circonlocutions, que son terrain avait été divisé une fois pour toutes, pour la plus grande commodité des acquéreurs; qu'il était impossible de partager un lot en deux moitiés d'égale valeur, puisque chaque lot n'avait que quinze mètres en façade, qu'il serait fort difficile de calculer la valeur de la fraction restante qui ne donnerait pas sur la rue, et que, si M. Tourneur n'était pas en mesure ou en humeur d'acheter un lot entier, sauf à en revendre partie, mieux valait en rester là.

« Monsieur, reprit Henri, presque aussi troublé que M. Gaillard, je ne suis ni acheteur très-habile, ni vendeur très-expérimenté. Je suis artiste, comme vous le voyez. M. de Chingru..., mais, tenez! j'aime mieux vous parler franchement, quoique les choses que j'ai à vous dire ne soient pas faciles à expliquer. Monsieur, vous n'êtes pas seulement propriétaire; vous êtes père. J'avais entendu parler en termes si avantageux de Mademoiselle votre fille, qu'il m'est venu un incroyable désir de la connaître et de lui parler. J'ai pris prétexte de ces terrains; j'ai choisi, je l'avoue, un moment où j'espérais la trouver seule; j'ai obtenu par surprise l'honneur de causer dix minutes avec elle; elle m'a paru merveilleusement belle et tout à fait bien élevée ; et puisque vous êtes venu de vous-même à un entretien que j'aurais sollicité aujourd'hui ou demain, permettez-moi de vous dire que ma plus chère ambition serait d'obtenir la main de Mlle Rosalie Gaillard. »

M. Gaillard porta vivement la main à son nez. Henri poursuivit :

« Je sais, monsieur, tout ce qu'il y a d'inusité dans une demande si directe et si peu prévue. C'est tout au plus si vous connaissez mon nom. J'ai trente-quatre ans ; le public aime ma peinture et la paye fort bien. J'ai amassé, en cinq années, une somme de cinquante mille francs, et j'ai acheté sur mes économies le mobilier que voici : il vaut à peu près autant. Je puis justifier de quatre-vingt mille francs de commandes, que j'exécuterai avant le 1er janvier 1857, sans me presser. Voilà mon actif, comme dirait mon père. Quant au passif, pas un centime de dettes. Je pourrais compter à mon avoir la fortune de mon père, dix mille francs de rente, amassée honorablement dans le commerce : je n'en parle que pour mémoire. Mon père a pris la douce habitude de me laisser travailler à ma guise et de ne m'aider en rien : je ne lui causerai pas l'ennui de lui demander une dot. De votre côté, si vous me faisiez l'honneur de m'accorder Mademoiselle votre fille, je vous supplierais de garder tout votre bien pour en user à votre gré ; je gagnerai la vie de ma femme et de mes enfants. Je ne me dissimule pas que ces conditions ne remédient point à l'inégalité de nos fortunes. Il faudrait, pour bien faire, que je fusse plus riche ou que vous fussiez plus pauvre ; mais je ne sais pas le moyen de m'enrichir en un jour, et je ne suis pas assez égoïste pour désirer votre ruine. Ce que je crois pouvoir vous promettre, c'est que, le jour où Mademoiselle votre fille entrera en possession de son bien, j'aurai amassé une assez belle aisance pour qu'un million gagné sans travail ne me fasse pas rougir.... Je ne sais, monsieur, si je me suis fait comprendre....

— Oui, monsieur, répondit M. Gaillard, et, tout artiste que vous êtes, vous m'avez l'air d'un fort honnête homme. »

Henri Tourneur rougit jusqu'au blanc des yeux.

« Excusez-moi, reprit vivement le bonhomme ; je ne veux pas dire de mal des artistes : je ne les connais pas. Je voulais simplement vous faire entendre que vous raisonnez comme un homme d'ordre, un employé, un négociant, un notaire, et que vous ne professez point la morale cavalière des gens de votre état. Du reste, vous êtes bien de votre personne, et je crois que vous plairiez à ma fille si elle vous voyait souvent. Elle a toujours eu un goût prononcé pour la peinture, la musique, la broderie et tous ces petits talents de société. Votre âge s'accorde avec celui de Rosalie. Votre caractère me semble bon, à la fois sérieux et enjoué. Vous paraissez entendre les affaires, et je vous crois capable d'administrer une fortune de quelque importance. Enfin, vous me plaisez, monsieur! C'est pourquoi je vous prie de ne pas remettre les pieds chez moi, jusqu'à nouvel ordre. »

Henri rêva qu'il tombait de la cathédrale de Strasbourg. M. Gaillard s'empressa d'ajouter :

« Je ne vous dirais pas cela si je vous croyais un homme sans conséquence, comme, par exemple, M. de Chingru. Mais je suis prudent, monsieur, et, dans votre intérêt comme dans l'intérêt de ma fille, j'ai besoin de prendre des renseignements. Je crois que vous menez une bonne conduite ; mais si, par hasard, vous aviez quelque liaison qui ferait plus tard le malheur de ma fille, ce n'est pas vous qui m'en avertiriez, n'est-il pas vrai? Vous me dites que vous gagnez des montagnes d'or, et je vous crois, bien qu'il me semble assez extraordinaire qu'un seul homme puisse fabriquer pour quatre-vingt mille francs de tableaux en dix-huit mois. Je vous crois ; mais, pour la décharge de ma conscience, il faut que j'aille aux informations. J'ai besoin de causer avec M. votre père, pour savoir s'il n'a jamais eu à se plaindre de vous. Il sera bon que je m'informe dans le quartier si vous ne devez rien à personne....

— Monsieur....

— Je vous crois; mais on a quelquefois des dettes sans le savoir. Où avez-vous fait vos études ?

—Au collège Charlemagne, institution Jauffret.

—Bon ! j'irai voir votre proviseur et votre chef d'institution : je ne vous prends pas en traître, mais je suis prudent, monsieur. C'est ma qualité ; mon défaut, si vous voulez. Je m'en suis toujours bien trouvé. Si j'étais moins prudent, j'aurais vendu mes terrains à la compagnie de Saint-Germain, en 1836 : voyez un peu la belle affaire ! Si j'étais un père étourneau comme on en voit tant, j'aurais donné ma fille l'an dernier à un agent de change qui vient de se brûler la cervelle. Patience, jeune homme, vous ne perdrez rien pour attendre. Si vous méritez ma fille, vous l'aurez ; mais il faut que les affaires suivent leur cours. Je suis prudent.... ne me reconduisez pas.... Si mon père avait eu ma prudence, je serais plus riche que je ne suis.... Allez travailler, allez.... je suis prudent ! »

Henri passa huit jours à exécuter des variations sur ce thème connu : Peste soit de la prudence et des hommes prudents ! Toutefois, il fit acte de prudence en dénouant les liens qui l'attachaient à Mellina. Il lui envoya un piano à queue qu'il lui avait promis, et il la consigna sévèrement à sa porte.

Le huitième jour, Chingru vint lui annoncer la visite de M. Gaillard. Il conta que M. Gaillard avait couru tout Paris, interrogé tous les ministères, et surtout la division des beaux-arts, questionné les marchands de tableaux, compulsé les livrets des expositions précédentes, relu les cinq derniers salons de Théophile Gautier, et recueilli tout un dossier de renseignements admirables. « Il sait tout ; il sait que tu as obtenu un prix d'histoire au concours général en quatrième, sur l'organisation des colonies romaines : ceci l'a particulièrement touché. C'est moi qu'il a interrogé sur la question délicate : inutile de te dire que nous n'avons pas parlé de Mellina. »

M. Gaillard vint à quatre heures et demie. Il entra en matière par une vigoureuse poignée de main, dont le peintre fut tout réjoui. « Mon jeune ami, dit-il, je sors de quarante ou cinquante maisons où l'on m'a beaucoup parlé de vous : il me reste à vous étudier un peu par moi-même. Je ne serais pas fâché non plus que vous fissiez plus ample connaissance avec ma fille, car ce n'est pas moi que vous épouserez, si vous épousez. Il faut, avant tout, que nous nous voyions tous les jours pendant deux ou trois mois ; après quoi, nous parlerons d'affaires. »

Henri le remercia avec effusion. « Que vous êtes bon, monsieur ! Vous m'autorisez à aller faire ma cour à Mlle Rosalie ?

— Non pas, non pas ! Comme vous y allez ! On en dirait de belles dans la maison ! Un jeune homme chez moi tous les soirs ! Et si l'affaire tombait dans l'eau ! Tout Paris saurait que M. Henri Tourneur a dû épouser Mlle Rosalie Gaillard, qu'il lui a fait la cour, et que le mariage a manqué. On chercherait des pourquoi ; on inventerait des raisons : qui peut prévoir ce qu'on dirait ? »

Henri retint fort à propos un mouvement d'impatience. « Monsieur, dit-il, savez-vous quelque autre endroit où nous puissions nous rencontrer tous les jours ?

— Ma foi, non, et c'est ce qui m'embarrasse. Cherchez, vous êtes jeune, vous dites que vous êtes amoureux : c'est à vous de trouver des idées !

— S'il ne s'agissait que de cinq ou six entrevues, nous aurions les théâtres, les concerts ; mais on n'y peut pas aller tous les jours. Une idée ! Vous ne voulez pas que j'aille chez vous ? Venez chez moi

— Jeune homme ! avec ma fille !

— Pourquoi pas ? Je suis artiste avant d'être homme. Vous n'avez jamais vu d'atelier ?

— Non, et voici le premier....

— Sachez donc que l'atelier d'un artiste est comme un terrain neutre, une place publique ombragée en été, chauffée en hiver, où l'on vient quand on veut, d'où l'on sort quand on en a assez, où l'on se rencontre, où l'on se donne des rendez-vous, où chacun est chez soi depuis le lever jusqu'au coucher du soleil. Un étranger qui vient à Paris visite les ateliers comme les palais et les églises, sans billets à montrer, sans permissions à obtenir, à la seule condition de saluer en entrant et de remercier en sortant. Il y a mieux, c'est l'artiste qui remercie.

— Mais je ne veux pas que la France et l'étranger viennent ici défiler devant ma fille!

— N'est-ce que cela? Je condamnerai ma porte.

— Mais encore faut-il que ses visites aient un prétexte plausible.

— Rien de plus simple : je ferai son portrait.

— Jamais, monsieur! Je suis incapable d'accepter....

— Vous me le payerez!

— Je ne suis pas assez riche pour me passer cette fantaisie.

— Mon Dieu! vous croyez peut-être qu'un portrait coûte bien cher!

— Je sais à quel prix vous vendez votre peinture.

— Les tableaux, oui, mais pas les portraits! J'espère que vous ne confondez pas un portrait avec un tableau !

— La différence n'est pas si grande.

— Comment, pas si grande? Mon cher monsieur Gaillard, qu'est-ce qui fait le prix d'un tableau? Est-ce la couleur? non. Est-ce la toile? non. C'est l'invention. Les tableaux ne sont si chers que parce qu'il y a peu d'hommes qui sachent inventer. Mais, dans un portrait, l'invention est inutile, je dis plus, dangereuse : il ne faut que copier exactement le modèle. Le premier peintre venu fait un portrait. Un photographe, un ouvrier, un homme qui ne sait ni lire ni écrire vous bâcle en dix minutes un portrait admirable : prix vingt francs, avec le cadre. Devant cette concurrence, nous avons bien été forcés de baisser nos prix, sauf à nous rattraper sur les tableaux. Promenez-vous sur les boulevards, le prix des portraits est affiché partout. On ne les vend plus, on les donne ; un petit, cinquante francs ; un grand, cent francs ; mais le cadre n'est pas compris !

— Ce n'est pas ce qui m'arrêterait. Mais que diront mes amis, lorsqu'ils verront chez moi le portrait de ma fille sorti des pinceaux du célèbre Henri Tourneur?

— Vous leur direz que vous l'avez fait faire sur le boulevard.

— Alors vous me promettez de ne pas signer?

— Je vous promets tout ce qu'il vous plaira. A quand la première séance?

— Écoutez; j'ai droit tous les ans à un congé de quinze jours, sans retenue. Il y a deux ans que je n'ai profité de mon droit; j'économisais du temps pour un voyage en Italie. Je puis donc, en prévenant mes chefs, prendre six semaines de congé. Donnez-moi cinq ou six jours pour négocier cette affaire en douceur. Je ne veux pas attirer l'attention de tout le ministère : je suis prudent. »

Il sortit, et le peintre médita joyeusement sur le néant de la sagesse humaine. « Voici, pensait-il, un père de famille qui, par prudence, amène sa fille dans un atelier! »

On ne sait pas combien le spectacle d'un bel atelier peut troubler l'imagination d'une femme. Je parle d'un atelier de peinture; car le froid, l'humidité, le baquet de terre glaise, le ton criard des plâtres et la poussière du marbre qui envahit tout, nuisent à l'effet des plus beaux ateliers de sculpteurs. Chez un peintre, pour peu qu'il soit riche et qu'il ait du goût, on est ébloui dès le seuil de la porte. Une lumière franche et décidée, qui tombe du ciel en droite ligne, se joue à travers les étoffes, les tentures, les costumes accrochés à la muraille, les vieux meubles et les trophées. Une personne habituée aux ameublements convenus, où chaque chose a son emploi marqué, où tout se comprend et s'explique, reste délicieusement ébahie devant ce pêle-mêle organisé. Son regard avide court d'objets en objets, de mystères en mystères; il sonde la profondeur des vieux bahuts de chêne; il glisse légèrement sur les porcelaines rebondies de la Chine et du Japon; il se pose sur un carquois bourré de longues flèches; il retombe sur une large épée à deux mains; il s'arrête sur une cuirasse romaine grignotée par la rouille de vingt siècles. Une guzla sans cordes, un cor de chasse émaillé de vert-de-gris, la cornemuse d'un pifferaro, un tambour de basque grossièrement bariolé, deviennent des objets de haute curiosité. Pour une femme intelligente (et toutes les femmes le sont), chacun de ces riens doit avoir un sens, chaque tapisserie exprime une légende, chaque pot à bière un *lied*, chaque vase étrusque un roman, chaque lame d'acier une épopée. Toutes les flèches doivent avoir été trempées dans le *curare*, ce poison de l'Afrique centrale qui donne la mort dans une piqûre. Les mannequins accroupis dans les coins semblent des sphinx mystérieux qui se taisent, parce qu'ils auraient trop à dire. Le possesseur de toutes ces merveilles, le roi de ce lumineux empire, ne saurait être un homme comme les autres. Lorsqu'on le voit, souriant et hospitalier, au milieu de tant d'hiéroglyphes qu'il comprend, on l'admire. Ses habits quels qu'ils soient, ajoutent au charme. C'est un costume à part, exempt des ridicules de la mode, et bien en harmonie avec ce qui l'entoure. S'il est en colonnade, il doit venir de l'Inde ; s'il est en flanelle, il a été tissé en Écosse avec les laines de l'Australie, on ne s'avisera jamais qu'il sort de la *Belle-Jardinière*. Les pantoufles rouges, achetées rue Montmartre, se transforment en babouches du Caire ou de Beyrout. La petite chambre à coucher, dont la porte entr'ouverte laisse voir un lit couvert d'algérienne, a comme un faux air de harem. On ne s'étonnerait qu'à moitié si l'on en voyait sortir cinq ou six oudals, une gargoulette à la main ou une amphore sur la tête. Pour peu qu'on voie rôder dans l'atelier un beau nègre, comme Boule-de-neige, vêtu à l'orientale, l'illusion est complète. Il n'est pas jusqu'à l'odeur capiteuse des vernis et des essences qui ne contribue pour sa part à cet enivrement. Ajoutez quelques gouttes de vin de Malaga dans un verre de Venise, et Rosalie Gaillard, qui n'a jamais bu que de l'eau, se croira transportée à mille lieues de Paris.

La première séance fut décisive. Henri avait fait transplanter dans son jardin tout le fonds d'un fleuriste de Neuilly ; il avait mis des plates-bandes jusque dans l'atelier. « Si j'allais chez elle, pensait-il, je lui porterais un bouquet tous les jours ; je ne veux pas qu'elle perde. » Rosalie adorait les fleurs, comme toutes les Parisiennes, et elle vivait depuis longues années dans l'espérance d'un jardin. Par un singulier caprice de la nature, cette enfant, née de parents ineptes, avait tous les besoins de la vie élégante. Elle se serait passée de pain plus volontiers que de musique, et elle jugeait les fleurs plus utiles que les chaussures. Ses yeux s'allumaient à la vue d'un bel attelage, quoiqu'elle ne fût jamais sortie qu'à pied ou en omnibus. Elle aimait la toilette, sans jamais avoir fait de toilette ; elle dansait un peu tous les soirs en imagination, quoiqu'on ne l'eût jamais conduite au bal ; elle achetait tous les parcs et tous les châteaux qu'elle voyait à vendre sur la quatrième page du *Constitutionnel*. Avec de pareils goûts, elle eût été fort à plaindre sans les espérances bien fondées qui la soutenaient. Une vie de privations, ses instincts perpétuellement froissés auraient aigri son cœur jusqu'au fond et donné à ses idées cette teinte grisâtre qu'on observe chez les vieilles filles. Mais elle connaissait la fortune de son père ; elle était sûre de l'avenir ; elle se consolait en jetant un coup d'œil sur ce grand terrain nu qui était tout son horizon. Elle avait pris pour devise : *Un temps viendra!* et elle vivait d'espoir. Elle s'était fait, au fond de son âme, une retraite délicieuse où rien ne lui manquait, pas même l'amour d'un beau jeune homme, qui ne tarderait pas à se présenter. Ainsi retranchée, elle prenait en patience les soins du ménage, les travaux de couture, la conversation des amis de son père, et l'éternelle partie de piquet dont ils égayaient leurs soirées. Depuis un an, M. de Chingru lui était apparu comme un être intermédiaire, classé entre ces messieurs et les gens du monde, de même que dans l'échelle animale le singe est placé entre le chien et l'homme. Lorsqu'elle vit Henri Tourneur, elle se dit qu'elle avait trouvé, et elle ne chercha plus. Sa personne, son jardin, son esprit, son atelier lui représentaient la perfection idéale; si on était venu lui dire : « Il y a mieux, » elle aurait cru qu'on se moquait.

Le peintre, tout en esquissant un portrait en pied, au quart de nature, étudia jusque dans les moindres détails cette complète beauté qui l'avait d'abord ébloui. Son premier coup d'œil ne l'avait pas trompé. Il faut être un peu artiste pour juger si une jeune fille est véritablement belle. L'éclat de la jeunesse, la fraîcheur de la peau et une certaine mesure d'embonpoint composent souvent une beauté factice qui dure un ou deux ans, et que la première grossesse emporte. On a épousé une fille adorable, et l'on promène à travers la vie une femme laide. La vraie beauté n'est pas dans l'épiderme, mais dans la structure, qui ne change jamais ; de là vient qu'une femme vraiment belle l'est pour toute la vie, en dépit des ravages extérieurs de la vieillesse. Rosalie a cette beauté inaltérable qui ne craint pas les rides et qui défie le temps. Ceux qui ont voyagé en Italie se la représenteront aisément, si je leur dis que c'est une Romaine aux petits pieds.

La glace fut bientôt rompue, au grand étonnement de M. Gaillard, qui ne reconnaissait plus sa fille. Jamais il ne l'avait vue aussi gaie, aussi parleuse, aussi vivante. Rosalie se livrait sans contrainte au penchant d'un amour permis. Elle courait dans le jardin, elle sautait dans l'atelier, elle touchait à tout ; elle questionnait, riait et babillait comme une grive en vendange. Elle n'avait plus que quatorze ans : sa jeunesse, longtemps comprimée, éclatait. Henri, un peu plus retenu, vivait en extase. Après toutes les privations auxquelles la misère et l'économie l'avaient condamné, tout lui tombait du ciel en même temps, fortune et bonheur. Il avait formé, en quinze ans, quelques liaisons agréables qui lui avaient coûté passablement cher, et il s'étonnait un peu d'être aimé pour rien par une fille plus jolie et plus spirituelle que toutes celles qu'il avait connues. Il avait bien prévu la possibilité d'un mariage d'argent, mais comme un soldat en campagne prévoit les Invalides ; il ne supposait pas la fortune si belle, et il n'avait jamais entendu dire qu'un million eût de si petites mains et de si grands yeux. La joie illumina sa figure un peu effacée, et il fut véritablement beau pendant deux mois. Lorsqu'il prenait son violon, dans les intervalles de la pose, et qu'il jouait les plus jolis motifs des *Noces de Jeannette*, ou les plus joyeuses mélodies des *Trovatelles*, Rosalie croyait voir un artiste inspiré. M. Gaillard remplissait consciencieusement son rôle de trouble-fête : il faisait causer Henri Tourneur. Le bonhomme appartenait à la déplorable catégorie des ignorants qui veulent apprendre dans un âge où l'on n'apprend plus. Épris de l'histoire romaine, comme on s'éprend de l'histoire naturelle des insectes ou des coquillages, il avait lu et relu deux ou trois volumes d'érudition surannée; il les citait à tout propos, interrogeant, discutant, et cherchant, comme il disait, à étendre le modeste champ de ses connaissances. Henri faisait sa partie avec tout le respect qu'on doit à l'âge, à la fortune et à la qualité d'un futur beau-père. Quand il était las de disserter, et que les jeunes gens se rejetaient sur le chapitre de leur amour et de leurs espérances, il reprenait bientôt la parole et s'embarquait dans de longues recommandations filandreuses qui pourraient se résumer ainsi : « Ne vous aimez pas trop; vous savez que rien n'est encore décidé. » En dépit de ces petites précautions, l'atelier de Henri était un paradis terrestre, sous la garde de Boule-de-Neige. M. de Chingru essaya plusieurs fois de s'y introduire; il soupçonnait quelque mystère. Mais il trouva toujours visage de bronze. Boule-de-Neige lui répondit imperturbablement : « Monsieur sortir dehors, — maître à moi dîner en ville. — Bon petit blanc partir campagne, chasser les bêtes, tirer fusil. » C'est son maître qui lui a enseigné la langue pittoresque de Vendredi. Au lieu de l'envoyer à l'école où on lui eût appris le français, il s'est imposé à lui-même les fonctions d'instituteur. « Prends bien garde de devenir trop savant et de parler comme tout le monde, lui dit-il quelquefois : tu perdrais ta couleur! » Et Boule-de-Neige tient à conserver sa couleur, la plus belle qui soit au monde, selon lui.

Le portrait fut terminé avec les vacances de M. Gaillard, vers la fin du mois de juillet. On n'eut garde de l'envoyer chez l'encadreur, où vingt artistes auraient pu le voir. Un ouvrier vint prendre les mesures, et apporta, trois semaines après, une bordure de 500 francs que M. Gaillard paya un louis sans marchander. Tandis qu'il y était il versa les 50 francs du portrait contre quittance.

Le dimanche suivant, il offrit une soirée de bière et d'échaudés à tous ses amis : c'était un ancien notaire de Villiers-le-Bel, trois vieux expéditionnaires, le maître d'écriture de Rosalie et un ex-fabricant de visières de casquettes retiré des affaires avec mille écus de rente. On se réunit à sept heures et demie. A neuf heures, M. Gaillard annonça une surprise : il enleva délicatement l'abat-jour de la lampe tandis que sa sœur tirait un rideau de serge verte et découvrait le portrait de Rosalie. Il n'y eut qu'un cri d'admiration :

« Le beau cadre! s'écria le fabricant de visières.

— Eh! mais, c'est le portrait de votre demoiselle! fit le notaire.

— Et ressemblant! dit le chœur des employés.

— Voilà comme je fais les choses, ajouta M. Gaillard en baisant le front de sa fille.

— Je me permettrai une observation, reprit le maître d'écriture, qui n'avait encore rien dit : pourquoi M. Gaillard n'a-t-il pas attendu, pour faire cette surprise à Mademoiselle, que nous fussions au 4 septembre, jour de sainte Rosalie?

— Parce que je lui en ménage une autre pour sa fête, répliqua résolûment M. Gaillard.

— Vous avez le moyen! dit le chœur.

— Oserait-on demander, dit le notaire, à combien cette image vous revient?

— A 70 francs, tout compris.

— C'est cher, et cela n'est pas cher. Et de qui est-ce?

— Cela n'est de personne ; c'est un portrait.

— Cela ! s'écria une grosse voix qui fit tressaillir tout le monde, c'est un Tourneur, deuxième manière, et cela vaut 8000 francs ! »

M. Gaillard tomba foudroyé sur une chaise.

« Bonsoir, papa Gaillard ! Mesdemoiselles, j'ai bien l'honneur ! Messieurs, je suis le vôtre ! ajouta M. de Chingru, que la bonne avait introduit sans l'annoncer. Il fait un chaud de tous les diables.

— Le temps est lourd, dit le notaire haletant.

— L'atmosphère est électrique, reprit le maître d'écriture, sérieusement oppressé.

— Il pleuvra demain, » dit le chœur.

La conversation continua sur ce ton jusqu'à dix heures. M. de Chingru battit en retraite, et tout le monde le suivit. Il y avait eu scandale chez M. Gaillard.

Le lendemain matin, Chingru se présenta à l'atelier, et Boule-de-Neige lui ouvrit la porte : il raconta l'événement de la veille et félicita chaudement son ami. « Après un pareil éclat, dit-il, l'affaire est dans le sac. Le vieux Romain a passé le Rubicon, et je t'en félicite. Sans moi !...

— Je sais ce que je te dois, et je ne l'oublierai pas.

— Ma foi ! mon cher, si tu veux être reconnaissant, je t'apporte une belle occasion. J'ai déniché, moi aussi, un mariage d'or.

— Peste ! Il y en a donc pour tout le monde !

— Une affaire magnifique, te dis-je.... Je commence à faire ma cour.

— Bravo !

— Le diable est qu'il y a des avances à faire, des bouquets, des cadeaux, et je suis momentanément sans le sou.

— Je te croyais à ton aise.

— On ne me paye pas mes rentes. Ah ! mon cher ami, te préserve le ciel d'avoir jamais des fermiers !

— Tu veux de l'argent ? Voici.

— Deux cents francs ! que veux-tu que je fasse de deux cents francs ?

— On a pas mal de bouquets pour ce prix-là. Mais s'il te faut les cinq cents reviens à midi, je te les remettrai.

— Mon cher bon, je vois avec douleur que nous sommes loin de compte. Il faudrait, pour bien faire, que tu pusses me prêter dix billets de mille.

— Pour tes bouquets ?

— Pour mes bouquets et pour autre chose. As-tu peur de moi ? Ne suis-je pas bon pour dix mille francs ?

— Tout beau ! ne te fâche pas. Tu sais que je puis me marier d'un moment à l'autre. J'ai annoncé cinquante mille ; si je n'ai pas mon compte, le père Gaillard poussera les hauts cris.

— Tu lui présenteras mon titre.

— Voilà qui change la thèse. Ah! si tu me donne un titre, je n'ai plus d'objection à faire. Où sont tes propriétés?

— Une hypothèque! Pour qui me prends-tu? On donne une hypothèque à un usurier; mais je croyais qu'avec un ami il suffisait d'une signature. Je t'offre ma signature!

— Bien obligé!

— Tu me refuses?

— Positivement.

— Tu ne sais pas ce qui peut arriver!

— Advienne que pourra!

— Ton mariage n'est pas encore fait.

— Qu'est-ce à dire? et sur quel ton le prends-tu?

— Je te donne vingt-quatre heures de réflexion. Si demain.... »

Le peintre n'en entendit pas davantage. Il ouvrit la porte, saisit Chingru par les épaules et le lança horizontalement sur une corbeille d'hortensias qui ne s'en releva jamais.

III

M. Gaillard se répandit en doléances après le départ de ses amis. Sa fille et sa sœur le consolèrent. « Où est le mal? disait la vieille Mlle Gaillard. Un peu plus tôt, un peu plus tard, il aurait fallu leur annoncer le mariage.

« Quel mariage?

— Le mien, papa, reprit hardiment Rosalie.

— Tu en parles comme s'il était fait. Tu n'as peur de rien, toi!

— Il faudrait être bien poltronne pour s'effrayer du bonheur.

— Tu aimes donc ce jeune artiste? (Le nom d'*artiste* écorchait encore un peu cette bouche vénérable.)

— Je crois l'aimer de tout mon cœur.

— Il ne suffit pas de croire, il faudrait être bien sûre. Réfléchis encore; pèse bien le pour et le contre.

— C'est tout pesé, mon père.

— Tu n'éprouves pas le besoin de te recueillir un mois ou deux avant une affaire aussi importante?

— Voici vingt-cinq ans et trois mois que je me recueille, mon bon père.

— Oh! les enfants! Si ce mariage se fait, tu commenceras par me signer une déclaration olographe, c'est-à-dire entièrement écrite de ta main, comme quoi c'est toi qui veux épouser M. Tourneur.

— Je signerai des deux mains, mon cher père.

— De cette façon, ma responsabilité sera cou-

verte ; et si tu viens me dire dans dix ans : « Pour-
« quoi m'avez-vous mariée à un artiste ? je te ré-
« pondrai, preuves en main : C'est toi qui l'as
« voulu ! »

— Je ne me plaindrai jamais, mon excellent
père. Mais qu'est-ce qu'ils vous ont donc fait, ces
pauvres artistes, pour que vous les jugiez si mal ?

— Tu as beau dire, ils forment une caste en
dehors de la société. Je comprends les fabricants
qui produisent, les négociants qui débitent, les
soldats qui illustrent leur pays, les fonctionnaires
qui l'administrent. L'artiste est en dehors de tout ;
les Romains, nos ancêtres, n'en faisaient aucun
cas ; ils le considéraient comme une superfétation
du corps social.

— Fi ! les vilains grands mots ! Lorsque ce
pauvre Henri s'enferme dans son atelier devant
ses toiles ou ses panneaux, que fait-il ?

— Ce qu'il fait ? pas grand'chose : il fabrique
des tableaux.

— Ah ! je vous y prends. Il fabrique. Il est fa-
bricant. Un peintre est un fabricant de tableaux.
Il produit des toiles peintes, comme votre ami
M. Cottinet a produit des visières de casquettes !

— C'est bien différent !

— J'en conviens. Et lorsqu'il a fini un tableau,
qu'en fait-il ? le garde-t-il en magasin ?

— Non, il le vend.

— Vous voyez bien ! il le vend. Il écoule ses produits, il débite sa marchandise, il fait du commerce ; il est négociant !

— Tu joues sur les mots.

— Pas du tout, je raisonne ; et lorsqu'il aura fait une centaine de chefs-d'œuvre (car il fait des chefs-d'œuvre), que dira-t-on dans le monde ? On dira : « Paris s'honore d'avoir donné naissance au « célèbre Henri Tourneur ; Henri Tourneur, dont « les tableaux ont humilié la vieille Hollande et il-« lustré la France moderne. » Cela vaut bien une épaulette de sous-lieutenant. Il sera décoré avant deux ans, le ministre le lui a promis. Qu'entendez-vous donc par la gloire ?

— Tu auras beau dire, ce n'est pas....

— Non, non, je ne vous ferai pas grâce d'une syllabe, et vous entendrez tout. Vous avez parlé des fonctionnaires ! mais Henri l'est dix fois plus que vous, fonctionnaire !

— Ah ! je voudrais bien voir cela.

— Qu'est-ce qu'un fonctionnaire ? un homme au service de l'État, et payé sur le budget ; plus cher on est payé, plus on est fonctionnaire. Et maintenant, lorsque Henri reçoit une commande du ministère qui l'occupera durant toute une année, se met-il au service de l'État, oui ou non ? Et lorsqu'au bout de l'année il s'en va au trésor toucher 40 000 francs, n'est-il pas dix fois plus fonctionnaire que vous, qui n'en touchez que 4000 ?

— Grand enfant ! ceci nous prouve....

— Qu'il faut me marier à mon cher Henri, si vous voulez que j'épouse à la fois un fabricant, un marchand et un fonctionnaire !

— Mais, fille terrible, est-ce que j'ai le temps de te marier ? Voici encore mes terrains qui reviennent sur le tapis : on parle d'y fonder une cité ouvrière. J'ai vu la liste du conseil d'administration ; tous hommes très-bien. Ils m'ont fait parler par un de mes chefs ; je recevrais un million, argent sur table, et l'on me laisserait un lot de 20 mètres sur 15 pour bâtir. C'est fort beau : que faire ?

— Accepter, puisque c'est fort beau.

— Mais dans dix ans cela serait superbe !

— Mais dans cent ans, papa, cela serait magnifique ! Il est vrai que ni vous ni moi n'en profiterions.

— Tout cela me rompt la tête. Bonsoir, je me couche.

— Sans rien décider, papa ?

— La nuit porte conseil. »

Le digne homme dormit comme à l'ordinaire, d'un sommeil profond et retentissant, dont le bruit rappelait tantôt les grondements de la foudre, tantôt le roulement d'une diligence sur un pont.

Il y a en lui deux choses que les soucis rongeurs n'ont jamais pu entamer : l'appétit et le sommeil. Il partit pour son bureau plus irrésolu qu'il ne l'avait jamais été, mais lesté d'une livre de pain et d'une énorme jatte de café au lait. Il était à peine arrivé à la rue Saint-Lazare, lorsque sa fille et sa sœur entendirent le plus formidable carillon qui, de mémoire de sonnette, eût retenti dans la maison. Rosalie courut à la porte, en criant : « Il est arrivé quelque chose à papa ! »

Le sonneur était M. de Chingru, boutonné jusqu'au cou, dans un grand air de discrétion importante. On le reçut : Rosalie et sa tante se tenaient habillées dès huit heures du matin, comme en province. A neuf, les traces du déjeuner avaient disparu, et la salle à manger se transformait en ouvroir.

— Mesdames, dit Chingru, pardonnez-moi de vous déranger à pareille heure. Je viens remplir près de vous un devoir d'honnête homme. C'est moi qui ai conduit ici M. Henri Tourneur, à l'occasion d'un terrain qu'il prétendait acheter : puissé-je arriver à temps pour arrêter les suites de mon imprudence !

— Hâtez-vous, monsieur, parlez ; qu'y a-t-il ? dit Rosalie.

— Mademoiselle, vous êtes témoin que j'ai toujours fait l'éloge de M. Tourneur.

— Oui, monsieur ; ensuite ?

— Je vous ai dit, à vous comme à Mlle votre tante et à M. votre père, que Tourneur était un artiste de talent, un excellent cœur, et ce que nous appelons, nous autres hommes de plaisir, un vrai bon enfant. Je le jugeais en camarade, et mon opinion n'a pas changé ; vous m'interrogeriez encore sur ces points-là, je vous répondrais la même chose. Mais pourquoi n'ai-je pas su plus tôt que M. votre père avait d'autres idées, et qu'il voulait vous marier à lui? Certes, je ne vous aurais pas crié : « Ne l'épousez pas, il est indigne « de vous, vous vous en repentiriez plus tard ! » Non, je ne suis pas homme à desservir un ami. Mais je vous aurais dit tout doucement, là, dans votre intérêt: « Voilà l'obstacle ; il y a des femmes « qui s'en épouvanteraient ; il y en a d'autres qui « croiraient que ce n'est rien ; à vous de voir si « vous voulez engager la lutte avec cette per- « sonne, et le souvenir d'une longue liaison, et « les gages réciproques, et tout ce qui s'ensuit. Si « vous espérez être la plus forte, mariez-vous! »

M. de Chingru n'eut pas plutôt parlé, qu'il recueillit les fruits de son discours. Les larmes ne tombèrent pas des yeux de Rosalie, elles jaillirent devant elle, comme lancées par une force invisible. Mais ce fut l'affaire d'un instant. La courageuse fille contint sa douleur.

« Je vous remercie de vos bonnes intentions, dit-elle, nous savions tout. » Elle ajouta, pour assurer l'effet de son mensonge trop évident : « M. Tourneur nous a confié l'histoire de la liaison dont vous parlez, et votre zèle ne nous apprend rien. Du reste, tout est rompu, n'est-il pas vrai ?

— Je le crois, mademoiselle, autant qu'on peut rompre....

— Il suffit, monsieur ; et si aucun autre devoir à remplir ne vous retient chez nous....

— Je.... Si vous.... Vous comprenez, mademoiselle, que, placé entre la nécessité de parler ou de me taire....

— Vous vous êtes tu quand il fallait parler, et vous avez parlé quand il fallait vous taire. Adieu, monsieur. »

C'est en ces termes que M. de Chingru fut remis à la porte.

Le même jour, à quatre heures du soir, M. Gaillard venait de serrer ses plumes, son canif et ses manches de percale noire. Une grande et belle femme, jaune comme une orange, fit invasion dans son bureau.

« Monsieur, s'écria-t-elle avec un accent très-marqué, *il* est un monstre ! Je l'aimais, je l'aime encore ; j'ai quitté pour lui mon pays, ma famille et le théâtre de la Scala où j'étais *prima donna* absolue. Il veut se marier; il m'abandonne avec nos deux pauvres enfants, *Enrico* et Henriette. C'est un monstre, monsieur, un père dénaturé. Je vous défends de lui donner votre fille! Mon cher Gaillard, tu as l'air d'un honnête homme : promets-moi que tu ne lui donneras pas ta fille! Je suis folle, vois-*tou; comprends*-moi bien, mon bon Gaillard, je ne sais pas le français, je *mi spiego mal*; mais tu vois bien que je.... je n'ai plus ma tête. S'il se marie, je *l'ammazzero*.... je le tuerai avec sa femme; je me tuerai ensuite, je mettrai le feu à l'église, et j'irai faire pénitence à Rome! Jure-moi que tu ne lui donneras pas ta fille! »

M. Gaillard essuya un déluge de paroles où l'italien et le français se mêlaient agréablement. Il démêla comme il put ce fatras d'exclamations, et il apprit que son futur gendre avait séduit et abandonné Mellina Barni. Il consola comme il put la belle inconsolable, et il écrivit séance tenante, le billet suivant qu'il fit porter par un commissionnaire:

« Paris, ce lundi 30 juillet 1855, quatre heures un quart.

« Monsieur,

« J'ai reçu à mon bureau la visite de Mlle Mellina Barni; je n'ai rien de plus à vous dire. Cette jeune dame paraît fort intéressante, et je ne suis pas assez dénaturé pour vouloir la séparer du père de ses enfants.

« Veuillez agréer, monsieur, les assurances de ma considération la plus distinguée

« Gaillard. »

La signature était parafée de main de maître. Le papier était ce beau papier à forme, papier épais, pesant, vergé, papier seigneurial, que le gouvernement fait fabriquer tout exprès pour l'usage de ses bureaux et la correspondance de ses employés.

Henri Tourneur n'entra pas dans tant de détails. Il s'habilla en un tour de main, prit sa canne et courut chez Mellina, qui le reçut à bras ouvert.

Mellina est une petite femme blonde, fluette, et blanche comme une goutte de lait. Elle parle le français sans aucun accent, puisqu'elle doit débuter à l'Opéra-Comique dans une pièce en un acte et trois tableaux, un petit chef-d'œuvre de Meyerbeer.

Elle était en peignoir blanc et répétait l'*allegro* d'un morceau magnifique. Henri lui fit une scène à laquelle elle ne comprit rien, sinon qu'on avait abusé de son nom. Elle ne connaissait ni M. de Chingru, ni M. Gaillard. Elle devinait bien que Henri avait rompu avec elle pour se marier, et elle avait de bonnes raisons pour s'affliger de son mariage; mais à aucun prix elle n'eût voulu l'entraver. L'intervention des deux enfants la mit en fureur. Elle s'indigna qu'on lui eût fait jouer à son insu un rôle de la Limousine ou de la Picarde de *M. de Pourceaugnac.* Pour un rien, elle aurait couru avec Henri chez M. Gaillard; et le peintre eut quelque peine à lui faire entendre que le remède serait pire que le mal.

Il s'en alla droit à la rue d'Amsterdam, et trouva la porte close : on était au spectacle, du moins la servante le dit. Pendant huit jours, il revint à la charge, et rencontra toujours même réponse. Il vint dans la journée : on était au concert. Tant de spectacles et de concerts équivalaient à un congé en règle. Si, en descendant l'escalier, il avait rencontré M. de Chingru, il en eût fait des morceaux. Il écrivit à M. Gaillard, puis à sa sœur : on lui renvoya ses lettres sous enveloppe. Il perdit patience, et se fit conduire au palais chez le substitut de service. C'était un jeune homme de trente ans, initié avant l'âge à tous les mystères de la vie parisienne

« Monsieur, lui répondit le magistrat, ce n'est pas la première fois que le parquet a connaissance d'une pareille affaire. Vous avez entendu parler des agences de mariages dont les menées publiques ont été quelquefois tolérées, quelquefois réprimées par les tribunaux. En dehors des grandes maisons qui affichent leur prospectus, il existe toute une classe d'individus dont la profession unique est de dépister les grandes fortunes, les dots colossales et les millions logés au quatrième étage pour en prélever une part. Ils s'associent entre eux et forment des compagnies anonymes dont l'intrigue est le seul capital, et dont les statuts n'ont jamais été publiés. Les unes exigent jusqu'à dix pour cent de la dot, les autres se contentent d'un bénéfice modique, car là, comme partout, vous trouverez la concurrence. M. de Chingru, quel que soit son véritable nom, s'est montré, à coup sûr, un des plus modérés. Lorsqu'il s'est vu refuser la rétribution qu'il espérait, il aura fait jouer par quelqu'une de ses associées, ou plutôt de ses complices, la petite scène que vous nous signalez. Nous rechercherons la comédienne et l'auteur de la pièce ; mais il n'est pas probable que l'on découvre une femme sur qui vous avez si peu de renseignements, et, quand on la trouverait, il serait assez difficile d'établir la complicité de Chingru. »

En rentrant chez lui, le peintre trouva la lettre suivante, datée du Havre :

« Mon pauvre Tourneur, si je t'avais offert de te donner 990 000 francs et une femme adorable par-dessus le marché, tu m'aurais mis au rang des dieux. J'ai fait la sottise de te présenter l'affaire autrement; je t'ai offert un million dont 10 000 francs pour moi. Tu t'es fâché, il t'en cuit. Je me suis vengé en artiste. J'ai trouvé le moyen de persuader à M. Gaillard que tu étais le père de deux enfants et le mari ou à peu près d'une femme jaune. C'est un coup dont tu ne te relèveras jamais, pauvre Tourneur! Mais moi, quand tu m'as couché sur les hortensias, étais-je donc sur un lit de roses?

Chingru et Cie. »

Henri allait déchirer le papier, dans un mouvement de colère; mais, comme il était blond, il se ravisa : « Ce bon Chingru ! pensa-t-il, il va me réconcilier avec M. Gaillard ! Il ne s'agit plus que de le forcer à lire cette lettre. »

Il chercha une grande enveloppe, il y insinua la lettre de Chingru, cacheta avec une énorme cornaline aux armes de Ninon de Lenclos, et écrivit l'adresse en belle ronde :

A Monsieur
Monsieur Gaillard, *archiviste,*
Au ministère de....

M. Gaillard ouvrit la lettre aussi pieusement que s'il eût décacheté une dépêche. La signature de Chingru piqua sa curiosité : il s'était promis de renvoyer les lettres de Tourneur, mais non celles de Chingru. Ce singulier document lui mit l'esprit à l'envers. Il se taxa d'injustice et de cruauté, et il demanda la permission de quitter le bureau à deux heures : c'était la première fois depuis trente ans !

Rosalie mouilla de ses larmes l'autographe de Chingru. « J'en étais sûre, dit-elle, et si vous m'aviez crue, vous auriez écouté la défense du pauvre Henri. » On convint d'aller le trouver à son atelier le lendemain matin, tous ensemble, Rosalie, son père et sa tante. On lui devait bien cette réparation. Rosalie était folle de joie.

« Comment ! tu l'aimais encore ? lui demanda son père.

— Plus que jamais. Quelque chose me disait là qu'on nous l'avait calomnié. »

La porte s'ouvrit brusquement et la servante annonça Mlle Mellina Barni. Rosalie et sa tante n'eurent que le temps de s'enfuir dans la chambre voisine. Je ne sais pas ce qu'elles y disaient, mais je crois qu'entre l'oreille de Rosalie et la porte de la salle à manger il eût été difficile de passer un cheveu.

M. Gaillard regardait la véritable Mellina comme un enfant chez Séraphin regarde les ombres chinoises. L'idée lui vint un instant qu'on avait formé un complot contre lui, et qu'on lui enverrait tous les jours une nouvelle Mellina Barni. Il songea à déménager sans donner son adresse.

Mellina eut beaucoup de peine à lui persuader qu'elle s'appelait véritablement Mellina, qu'elle avait dix-neuf ans, qu'elle n'était pas mère de famille, qu'elle vivait avec sa mère, et qu'elle ne venait pas se plaindre de M. Henri Tourneur. Elle lui expliqua en fort bon français qu'elle était sage, quoiqu'elle sortît du théâtre de la Scala et qu'elle entrât à l'Opéra-Comique. Elle lui apprit qu'une fille de théâtre peut faire des visites, recevoir des présents et avoir des amis, sans être ni compromise ni compromettante. Elle avoua qu'elle avait aimé M. Henri Tourneur et qu'elle avait espéré se marier avec lui, mais que, depuis le milieu du mois de mai, il avait cessé toutes visites et dénoué honorablement une liaison qui n'avait jamais rien eu que d'honorable. « Je ne vous dirai pas, monsieur, ajouta-t-elle, que j'ai renoncé sans regret à mes espérances; mais c'est une destinée à laquelle nous devons toutes nous attendre. Nous sommes toutes un peu courtisées par des jeunes gens riches qui nous trouvent assez belles pour être aimées, qui ne nous aiment pas assez pour se marier avec nous, et qui, lorsqu'ils se sont assurés de notre vertu, nous tournent le dos et se marient en ville. Voilà précisément l'histoire de

M. Tourneur; et comme on vous en a conté une autre qui n'est ni à sa louange ni à la mienne, comme vous lui avez fermé votre porte, comme je sais qu'il est malade de chagrin, j'ai pris mon courage à deux mains, je suis venue, et j'espère que vous saurez distinguer les inventions de la calomnie du langage de la vérité. »

Quand Mellina fut sortie, Rosalie accourut. Peut-être aurait-elle préféré que les mensonges de Chingru fussent sans aucun fondement; et cependant je ne jurerais pas que la visite de Mellina ait produit un mauvais effet sur elle. Mellina, vue à travers la serrure, lui avait paru fort jolie, et elle pardonnait au peintre de l'avoir aimée. Elle savait qu'une fille qui épouse un homme de trente-quatre ans a toujours des rivales dans le passé, et elle aimait mieux ne point les avoir laides : dix-neuf femmes sur vingt raisonneront comme elle. Elle avait reconnu à l'accent de Mellina qu'elle parlait vrai et que cet amour était irréprochable. Enfin elle apprenait à n'en pouvoir douter qu'elle avait détrôné la belle Italienne dès le milieu de mai, c'est à-dire dès le premier coup d'œil.

Mais M. Gaillard était retombé dans toutes ses perplexités. Il ne voulait plus aller voir M. Tourneur; il reprochait à sa fille l'obstination de son amour « Je veux bien, disait-il, que ce jeune

homme soit moins coupable qu'on ne me l'a dit;
mais il a fréquenté les actrices, et qui a bu boira.
Tu crois qu'il te sera fidèle; mais il a abandonné
cette jeune Italienne; il pourrait bien te jouer le
même tour. D'ailleurs, tant que mes terrains ne
seront pas vendus, il ne faut pas songer à ce mariage. » Quand on le pressait de vendre ses terrains, il répondait : « Rien ne presse; je les vendrai pour donner une dot à ma fille, et ma fille
n'est pas encore mariée. » La vue du portrait le
chagrinait; il songeait avec dépit qu'il était l'obligé de Henri Tourneur.

« Que ferons-nous de ce maudit portrait? demandait-il à Rosalie. Nous ne pouvons pas le garder ici après une rupture. Si on le lui renvoyait?

— Y songez-vous, mon père? Je serais en permanence dans son atelier?

— Le vendre et lui faire remettre l'argent serait
indélicat. Le donner? à qui? Je ne veux ni donner
ni vendre le portrait de ma fille. Il pourrait tomber dans le commerce, et à chaque vente de l'hôtel Drouot, je craindrais de lire dans mon journal:
« Portrait de Mlle R. G., par M. Henri Tourneur :
8000 fr. » J'aimerais mieux le gratter de mes propres mains.

— Détruire mon portrait! tout ce qui me reste
des plus heureux moments de ma vie!

— Tais-toi! Maudit peintre! maudit Chingru!

Maudits terrains ! je les donnerais pour rien à qui voudrait les prendre ! Si nous étions moins riches, tout cela ne serait pas arrivé ! »

M. Gaillard perdit l'appétit; il mangea comme un homme ordinaire. Son sommeil devint beaucoup plus léger et infiniment moins bruyant. Il fut inexact à son bureau ; il arriva deux fois après dix heures, le 17 et le 18 août. Lorsqu'il rentrait à la maison, la vieille tante disait à Rosalie : « Il faut que ton père ait beaucoup réfléchi, son nez est tout rouge d'un côté. »

Henri ne travaillait plus; il vivait sur le trottoir de la rue d'Amsterdam. M. Gaillard l'évitait avec soin, et il n'osait aborder M. Gaillard. Il aurait bien osé parler à Rosalie, mais elle ne sortait pas sans son père. Enfin, le 3 septembre, il reçut une lettre de M. Gaillard qui l'invitait à venir toucher 7950 francs pour solde du portrait. On l'attendrait à cinq heures avec les fonds. Il se rendit à cette étrange invitation, non pour l'argent, mais pour Rosalie. A la même heure, les trois principaux fondateurs de la cité ouvrière étaient réunis chez M. Gaillard pour conclure l'affaire des terrains. Le bonhomme n'avait voulu se charger de rien : il s'était reposé de tout sur Rosalie, et c'est elle qui avait traité avec les acquéreurs. Henri arriva comme le notaire lisait le dernier paragraphe de l'acte de vente.

« Les acquéreurs s'engagent à faire construire sur le lot F, appartenant au vendeur, une maison d'habitation pour M. Gaillard et sa famille, avec un atelier de peintre au premier étage. »

M. Gaillard regarda sa fille, qui regarda Henri, qui ne regardait personne : il était horriblement pâle et s'appuyait au mur.

« Allons ! dit le bonhomme en prenant la plume, voici un parafe qui me délivrera de tous mes soucis !

— Monsieur, remarqua le notaire, vous avez une bien belle écriture. »

LE BUSTE.

I

Si vous avez de bonnes jambes et si les voyages au long cours ne vous font pas peur, nous irons de notre pied jusqu'au château du marquis de Guéblan. Il est situé à six grands kilomètres de Tortoni, plus loin que la rue Mouffetard, plus loin que les Gobelins et le Marché aux chevaux, dans ces régions ouvrières où la Bièvre promène son filet d'encre. Cependant il est dans l'enceinte de la ville, et le vin qu'on y boit a payé l'entrée. C'est un palais contemporain du premier empire, construit par Fontaine, dans le style grec, et entouré de la colonnade de rigueur. Son premier emploi fut de loger les plaisirs d'un fournisseur enrichi aux armées : on l'appelait alors la Folie-Sirguet. Il fut inauguré en 1804 par la belle Thérèse Cabarrus, qui n'était point encore comtesse de Caraman, et qui n'était plus Mme Tallien. En 1856. la Folie-Sirguet est une des plus belles villas qui se rencontrent dans l'intérieur de Paris : elle a pour jardin un parc de vingt hectares où l'on chasse le lapin, le faisan, et même, en se serrant un peu, le chevreuil. La pièce d'eau renferme de magnifiques échantillons de tous les poissons d'Europe, sans excepter le silure. La pêche et la chasse! que peut-on désirer de plus? N'est-ce pas en deux mots la campagne à Paris? Les dedans du château sont grandioses, comme on les aimait **autrefois, et élégants comme on les préfère aujourd'hui. Le luxe mignon de 1856 se joue à l'aise dans les vastes salles de 1804.** Je n'ai vu que l'appartement de réception, c'est-à-dire le rez-de-chaussée, et j'en suis sorti émerveillé. La salle à manger, lambrissée de vieux chêne noir et luisant, s'ouvre d'un côté sur la salle de billard, la salle d'armes et le fumoir; de l'autre, sur une enfilade de salons très-riches et du meilleur goût. Un seul a conservé sa décoration primitive, les fauteuils à tête de sphinx et les chaises en forme de lyre : il est placé entre un boudoir Pompadour et un salon chinois dont les meubles, les tapis, le lustre, la tenture et même les tableaux sont rapportés de Macao. Tous les plafonds sont peints à fresque ou tendus de vieilles tapisseries. Le salon russe, encombré de meubles confortables, est revêtu d'un lierre qui s'enroule autour des glaces et fait aux tableaux comme un second cadre de verdure. Je me suis reposé avec délices dans une belle salle pavée en mosaïque et décorée dans le goût élégant des maisonnettes de Pompéi. On s'y croirait au pied du Vésuve, si l'on n'apercevait dans la pièce voisine un énorme pouff de tapisserie couronné par un groupe de Pradier.

Cet appartement hospitalier s'ouvre à l'art de toutes les nations et de tous les siècles : il accueille également la peinture charnue de Rubens et les poétiques rêveries d'Ary Scheffer ; on y voit un blond paysage de Corot à quatre pas d'une marine du Lorrain ; les nymphes joyeuses de Clodion semblent y sourire aux lions de Barye et *le Don Juan naufragé* de Daniel Fert se cramponne à la roche humide, sans faire lever les yeux à *la Pénélope* de Cavalier.

Le premier étage comprend les appartements du marquis, de sa sœur et de sa fille, et je ne sais combien de chambres d'amis. Le château est si loin de tout qu'on y dîne rarement sans y coucher, quoique M. de Guéblan ait fait faire deux omnibus pour ramener ses convives à Paris.

M. de Guéblan est un gentilhomme comme on n'en voyait pas il y a cent ans, comme on en connaît peu, même de nos jours. Je m'empresse de vous dire que sa noblesse est de bon aloi, et que ses titres ne sortent point d'une de ces petites officines souterraines qui sont moins rares qu'on ne le pense. Nous avons des faux-monnayeurs de noblesse qui prélèvent un revenu sur la sottise et la vanité de leurs contemporains, mais les Guéblan n'ont rien à démêler avec l'industrie de ces messieurs : ils datent de saint Louis. Ils ont fait les deux dernières croisades ; ils ont porté les armes de père en fils, jusqu'à la Révolution, et ils n'ont pas émigré, ce que je loue. Par un hasard dont l'histoire offre peu d'exemples, le sang de cette noble famille ne s'est point appauvri, et le dernier des Guéblan pourrait se mesurer en champ clos avec ses ancêtres. Il est grand, large, vigoureux, haut en couleur, et de force à porter la cuirasse. Il tire l'épée comme un mousquetaire, monte à cheval comme un reître, mange comme un lansquenet et boit comme M. de Bassompierre. Ses cinquante ans ne lui pèsent pas plus qu'une plume. Du reste, il porte fièrement son nom ; il n'est pas fâché d'être fils de quelqu'un ; il lit volontiers l'histoire de France et met à part tous les livres qui parlent de sa famille ; il conserve son honneur avec un soin jaloux ; il est plein de droiture ; il sait donner, prêter et perdre son argent ; bref, il a le cœur noble. Si vous trouvez dix hommes plus aristocrates que lui entre le quai d'Orsay et la rue de Vaugirard, vous aurez de bons yeux.

Mais que dirait Guéblan I*er*, écuyer de la reine

Blanche, s'il pouvait ressusciter dans le cabinet de son arrière-neveu ? Il s'écrierait en se frottant les yeux : « Oh ! oh ! le monde est devenu beau fils, depuis ma connaissance première ! Il me semble, marquis, que vous gagnez de l'argent. »

Le grand mot est lâché ; je peux tout vous dire : le marquis gagne énormément d'argent. Il fait ses affaires lui-même, il n'a pas d'intendant, il n'est volé par personne, il ne se ruine pas plus que le dernier des bourgeois, et il travaille comme un prolétaire à doubler son revenu. Et comment ? En tout honneur, je vous supplie de le croire. Le marquis a passé deux ans à l'École polytechnique, trois ans à l'École des ponts et chaussées ; il a pris des leçons d'agriculture à Grignon ; il va souvent écouter les professeurs des arts et métiers. Il suit pas à pas les progrès de la science, et il en fait son profit. Autant ses ancêtres auraient été honteux de savoir, autant il serait humilié si on le prenait en flagrant délit d'ignorance. C'est lui qui a drainé le premier champ en Normandie, et il a triplé la valeur de ses terres. Il fabrique, à vingt kilomètres de Lisieux, des tuyaux de drainage qu'il livre à ses voisins avec un bénéfice de 75 0/0. Il a acheté une des premières machines à battre qui se soient vendues en France, et il l'a perfectionnée. Il songe à acclimater le ver à soie du chêne dans ses forêts de Bretagne, il fabrique de l'opium indigène dans sa propriété du Plessis-Piquet; avant cinq ans, il en exportera en Chine.

La pisciculture a quadruplé le produit de ses étangs du département de l'Ain; ses vignes de Langres, qui n'avaient jamais donné qu'une piquette médiocre, fournissent aujourd'hui un vin de Champagne estimé, qui vient en ligne immédiatement après les marques célèbres. Je parierais que vous avez goûté de ses ananas; il en livre pour 4000 francs par an au commerce de Paris : les restes de sa table! Ce gentilhomme bourgeois, très-superbement gentilhomme et très-spirituellement bourgeois, ne dédaigne pas d'imprimer ses armoiries sur le blé qu'il récolte et le vin qu'il fabrique. Si ses aïeux y trouvaient à redire, il leur répondrait en bon français : « Nous sommes au xixe siècle, la vie est chère, on a découvert des mines d'or; ce qui coûtait cent francs de votre temps, en vaut mille aujourd'hui; les plus grandes fortunes se défont en cinquante ans; le droit d'aînesse est aboli, et pour que mes petits-fils aient un peu d'argent, il faut que j'en gagne beaucoup. » Il pourrait ajouter que la France lui sait autant de gré de ses conquêtes pacifiques que de vingt coups de lance reçus en bataille rangée, car il est officier de la Légion d'honneur sans avoir gagné la moindre épaulette.

Ses ancêtres, qui ne portaient la plume qu'à

leur chapeau, ne seraient pas médiocrement surpris de lire les livres qu'il a signés. Le dernier en date (Paris, 1854, chez Dentu) a pour titre : Du Petit Bétail, *traité comprenant l'éducation des lapins russes et des poules cochinchinoises.* Et pourquoi pas? Le vieux Caton a bien légué à son fils et à la postérité une recette pour faire la soupe aux choux! Le marquis de Guéblan, qui écrit fort proprement sa langue, est membre de la Société des gens de lettres ; il en était questeur vers 1850. Les écrivains et les artistes ont toujours trouvé en lui un protecteur sans morgue et un créancier sans mémoire. Il a pour eux des bontés, et, ce qui vaut mieux, des égards. Je pourrais citer un peintre qu'il a littéralement retiré de la Seine, et deux romans qui n'auraient jamais été publiés sans lui. Quel beau dîner il nous a offert à la fin de décembre ! J'espère cependant que vous me dispenserez de transcrire ici la carte de trois services.

Les propriétés immenses qui rapportent à M. de Guéblan un demi-million par année ne sont pas précisément à lui. Elles appartiennent à sa sœur et à sa commensale, Mme Michaud. Le marquis s'est marié fort jeune à une demoiselle noble qui l'a laissé veuf avec dix mille francs de rente et une fille à élever. Vers la même époque, sa sœur épousa un démolisseur de châteaux, un chevalier de la bande noire, dont la profession était d'abattre des chênes pour en faire des bûches, et de défricher les parcs pour planter des légumes. Cet honnête industriel mourut deux ans après Mme de Guéblan. Sa veuve, riche et sans enfants remit toutes ses affaires aux mains du marquis en lui disant : « Administre mes biens, j'élèverai ta fille : tu me serviras de fermier, je te servirai de gouvernante. » Marché fait, on s'établit dans le beau château que M. Michaud n'avait pas eu le temps de démolir. En travaillant pour sa sœur, M. de Guéblan s'occupait de sa fille, puisque Victorine était l'unique héritière de Mme Michaud.

C'est une excellente femme que cette Mme Michaud, mais originale ! En la plaçant dans un musée, on ne ferait que lui rendre justice. D'abord, elle est presque aussi grande que son frère, c'est-à-dire qu'avec un peu plus de moustache, elle ferait un cent-garde très-présentable. Ses mains et ses pieds sont terribles : nous préserve le ciel de recevoir un soufflet de sa main ! et si elle meurt debout, comme je le prévois, il faudra quatre hommes pour la coucher dans la bière. Du reste, elle est charpentée aussi solidement qu'un drame de Frédéric Soulié, et sa tête n'est pas laide. Elle a le nez arqué, la bouche fière et des dents blanches qui ne lui ont rien coûté. Un double menton adoucit la sévérité de ses traits. Ses cheveux sont tout gris, quoiqu'elle ait à peine quarante ans ; mais cette nuance lui va bien, et elle l'exagère en mettant de la poudre. Ses épaules sont de celles qu'on peut montrer ; aussi la verrez-vous décolletée dès quatre heures du soir. Ce n'est pas qu'elle veuille plaire à personne : elle s'habille pour elle, et cela se voit assez. L'opinion des autres lui est tellement indifférente, qu'elle ne fait rien qu'à sa tête et ne se met jamais qu'à sa mode. Elle coupe ses robes elle-même et paye double façon à la couturière pour être vêtue à sa fantaisie. Quand la modiste lui apporte un chapeau neuf, son premier soin est de le défaire. Sous ses mains redoutables un petit chef-d'œuvre de goût est bientôt transformé en guenille : c'est l'affaire de deux coups de ciseaux et de trois coups de poing. Lorsqu'elle reçoit chez elle, c'est dans des toilettes inexplicables, que Champollion lui-même ne déchiffrerait pas. Je l'ai vue coiffée d'une écharpe en crêpe de Chine, avec des fleurs naturelles semées çà et là, et des dentelles de toute provenance, blanches et rousses, lourdes et légères, point de Venise et point d'Angleterre, le tout fagoté à grand renfort d'épingles, et dans un si beau désordre qu'une chatte n'y aurait pas retrouvé ses petits. Chère Mme Michaud ! ses armoires sont un capharnaüm de chiffons magnifiques que nulle femme de chambre n'a jamais pu mettre en ordre ;

et son esprit ressemble un peu à ses armoires. La faute en est sans doute à la famille de Guéblan, qui pensait qu'un homme n'en sait jamais trop, mais qu'une femme en sait toujours assez. Non-seulement Mme Michaud est rebelle aux lois les plus paternelles de l'orthographe, mais elle a le malheur d'écorcher autant de mots qu'elle en prononce. C'est une infirmité dont son mari ne s'est jamais aperçu, et pour cause ; son frère y est si bien accoutumé qu'il ne s'en aperçoit plus. Heureusement, elle parle si vite, qu'on a rarement le temps de l'entendre ; elle conte vingt choses à la fois, sans lien, sans ordre, sans transition : elle ne sait le plus souvent ni ce qu'elle dit, ni ce qu'elle fait, ni ce qu'elle veut, bonne femme du reste, et qui se serait ruinée vingt fois sans l'autorité de son frère. Tantôt prodigue, tantôt avare ; aujourd'hui payant sans marchander, demain marchandant sans payer ; allumant un billet de cent francs pour ramasser un sou, et querellant toute la maison pour une allumette : refusant du pain à un pauvre, parce que la mendicité est interdite, et jetant un louis à un chien affamé qui cherche des os dans un tas ; pleine de respect pour son frère et guettant toutes les occasions de le faire enrager ; passionnément dévouée à sa nièce, et pressée de s'en défaire par un mariage : telle était, au mois de juin 1855, la sœur de M. de Guéblan et la tante de Mlle Victorine

On s'étonnera peut-être qu'un homme de grand sens comme M. de Guéblan ait confié son enfant à une institutrice aussi déraisonnable. Mais le marquis a trop d'affaires pour méditer le traité de Fénelon sur *l'Education des filles,* et d'ailleurs on doit un peu de condescendance à une parente qui personnifie en elle une dizaine de millions. Enfin, M. de Guéblan se persuade, à tort ou à raison, que le vrai précepteur d'une femme est son mari. Il sait que Victorine n'apprendra pas au château tout ce qu'elle devrait savoir, mais il est sûr qu'elle ne saura rien de ce qu'elle doit ignorer. Plein de cette confiance, il dort sur les deux oreilles.

Le fait est que Mme Michaud n'a donné à sa nièce que des maîtres de soixante ans sonnés ; je n'excepte pas le maître de danse. De tous les auteurs qu'elle lui a permis, le plus dangereux est sir Valter Scott, traduit par Defauconpret. Elle y a joint *Numa Pompilius* et les œuvres complètes de Florian, *la Case de l'Oncle Tom,* quelques-uns des petits chefs-d'œuvre de Dickens, cinq ou six volumes de Mme Cottin, et un choix des romans de chevalerie qui ont charmé l'enfance de Mme Michaud et qui n'attristent pas la jeunesse de Victorine.

La belle héritière a seize ans tout au plus. C'est une enfant, mais une enfant de la plus belle venue, grande, bien faite, et dans le plein de ses charmes. Je confesse que ses joues sont un peu trop roses : sa figure ressemble à une pêche en septembre. Ses mains sont tout à fait rouges ; mais l'écarlate des mains ne messied pas aux jeunes filles. Elle a les dents un peu trop courtes : c'est un genre de laideur que j'apprécierais assez. Sa bouche est moitié chair et moitié perle, un mélange charmant de pulpe transparente et de nacre étincelante : aimez-vous les grenades ? Son pied n'est pas ce qu'on appelle un petit pied : une Chinoise n'en voudrait pas, et les mandarins lettrés n'écriraient pas des vers à sa louange ; mais il est mince, cambré et d'une exquise élégance ; la semelle de ses bottines a tout juste les dimensions d'un biscuit à la cuiller. Ne craignez pas que Victorine atteigne jamais les proportions colossales de sa terrible tante : elle tient de sa mère, qui était blonde et délicate. Lorsqu'on veut savoir combien durera la beauté d'une fille, il est prudent de regarder le portrait de sa mère.

Cette enfant, fort séduisante par le dehors, est pourvue d'une âme inexplicable. Elle parle rarement, peut-être parce qu'on ne la questionne jamais. Son père n'a pas le temps de causer avec elle, et Mme Michaud, qui cause avec tout le monde, se fait toujours la part du lion. Les hommes qui viennent au château sont trop de leur siècle pour s'amuser à déchiffrer l'esprit d'une petite fille. Enfin, elle n'a pas d'amies de pension, n'ayant jamais été mise en pension. On la croit un peu sotte, parce qu'elle a contracté l'habitude du silence; mais son cœur chante en dedans. Une jeune fille qui se tait est comme une volière dont les portes sont fermées. Approchez-vous tout près, vous n'entendez rien. Appliquez votre oreille à la porte, pas un murmure. Ouvrez! il s'élève un concert de gazouillements frais et sonores qui remplit les airs et monte jusqu'au ciel. Lorsque Victorine s'en allait dans le parc, un livre à la main, sous l'escorte de sa femme de chambre ou du vieux Perrochon, Mme Michaud murmurait en la suivant des yeux : « Pauvre petite ! elle ne dit rien, mais je veux que le loup me croque si elle en pense davantage. » Mme Michaud ne soupçonnait pas que sa nièce, à force de lire dans les livres et en elle-même, se substituait à l'héroïne de tous ses romans, et qu'elle avait déjà couru plus d'aventures que la belle Angélique et Mme de Longueville.

Le jour où commence cette histoire, M. de Guéblan courait à Lisieux pour se reposer d'un voyage à Nantua. Mme Michaud était sortie comme une flèche en disant : « J'ai de l'argent mignon, j'ai touché le dividende de mes actions des Quatre-Canaux; je vais me commander **un buste à Paris!** »

Victorine, suivie de Perrochon, mais à distance respectueuse, s'était avancée jusqu'à l'extrémité du parc, vers le boulevard extérieur, dans un endroit où le mur est remplacé par un saut-de-loup large de quatre mètres. Elle s'était assise, comme une héroïne de roman, à l'ombre d'un vieil arbre, célèbre dans les chansons du xve siècle sous le nom du *Chêne rond :*

> Le seigneur tient sa justice
>   Sous le chêne rond :
> Répondez sans artifice,
>   Tout rond, rond, rond !
>
> On y boit et on y mange
>   Sous le chêne rond ;
> On y danse le dimanche
>   En rond, rond, rond !

Je vous fais grâce des autres couplets. La romance en a neuf fois neuf, tous aussi poétiques et aussi richement rimés. Mlle de Guéblan tira de sa poche un petit livre à tranche rouge relié aux armes de sa famille, et intitulé *Histoire véridique des adventures merveilleuses de l'incomparable Atalante.*

Elle chercha le signet, et reprit sa lecture au point où elle l'avait laissée la veille :

« Or sachiés que la saige et subtive princesse fut requise en mariaige par le filz puîné du roi des Daces et par le caliphe de Schiraz. » Pauvre moi ! dit Victorine. Je voudrais bien ne choisir ni l'un ni l'autre. Mais que dirait la reine du pays de Michaud? Elle poursuivit : « Et moult se douloyt la belle Atalante, et n'avoit nul soulas en ce monde, d'autant que le caliphe estoit d'estrange visaige, car il avoit le nez court et large et les oreilles si tres-grandes comme les mamielles d'ung vau. » Bon ! fit-elle : M. Lefébure, le candidat de mon père ! Voyons l'autre : « Et le prince des Daces estoit chétif de son corps et pasle de son visaige, comme qui auroit eaue et non sang dans les venes. » Eh mais ! il ne ressemble pas médiocrement à M. de Marsal, le protégé de ma tante. Écoutons un peu ce qui en arriva : « A tant commencèrent les joustes, et devoient ces deux seigneurs courir l'ung contre l'aultre à qui auroit la princesse. Et lors la princesse et plusieurs aultres dames furent montées sur eschafaulx moult noblement parées de drap battu en or, perles et pierres pretieuses. Mais devant que les princes rivaulx ne vinssent aux mains, entra dans la lice un chevalier richement aorné, et de blanc tout couvert, lequel leur dit : « Point ne mettez vos « lances en arroy que je ne vous aye défaicts « l'ung et l'aultre, et bouttés en terre tout à plat. » Et ce disant, sa voix estoit si rude que chevaliers et chevaulx tressaillirent de grand'peur ; mais non la princesse. Et incontinent le chevalier aux blanches armes courut sus au caliphe de Schiraz, et

du premier poindre qu'il fit à son chevau, il le ferit de telle force que le paoure caliphe ne sceut si il estoit jour ou nuyt. Ce que voyant le chevalier se tourna contre le prince des Daces en reboutant son espée au fourel, et le print parmy le corps et le tira hors de son chevau, et le jeta si roidement encontre la terre que peu faillist que il ne lui crevast son cueur ou son ventre. Et les dames battirent des mains; et leur sembloit-il que le chevalier aux blanches armes fust aussi beau que l'archange Gabriel. Lors vint le noble chevalier vers l'eschafaulz des dames, et mit un genouil en terre devant la belle Atalante, disant :
« Dame, je suis le prince de Fer ; et, comme au
« feu le fer se laisse fondre, ainsi faict mon cueur
« à la flamme de vos yeux. »

Atalante — je veux dire Victorine — continua sa lecture en fermant les yeux. La journée était lourde ; et la chaleur de juin se glissait en rampant sous les grands arbres du parc. La jolie lectrice touchait à cet instant délicieux où la veille et le sommeil, la rêverie et le rêve, le mensonge et la réalité semblent se donner la main. Elle voyait le gros M. Lefébure, avocat à la cour d'appel, emmaillotté dans une lourde cuirasse, sous laquelle passait un pan de robe noire, et coiffé d'une marmite dont les anses étaient figurées par ses oreilles. Un peu plus loin, M. le vicomte de

Marsal, pâle et blême, faisait la plus piteuse grimace à travers la visière d'un casque empanaché. Elle apercevait aussi le prince de Fer, mais sans pouvoir découvrir sa figure, qu'il tenait obstinément cachée.

« Ne le verrai-je donc jamais ? demandait-elle. Il est temps qu'il se hâte, s'il veut me délivrer du calife Lefébure et du prince de Marsal. Je l'ai déjà bien assez attendu. »

Et dans son demi-sommeil, elle murmurait le refrain d'une ronde paysanne qu'elle avait apprise dans son enfance :

> Ah ! j'attends, j'attends, j'attends
> Attendrai-je encor longtemps ?

Tout à coup il lui sembla qu'une fusée passait devant ses yeux. Un grand jeune homme à barbe noire avait franchi d'un bond le saut-de-loup, et était venu tomber devant elle. Elle se leva en sursaut, tandis que Perrochon accourait de ses vieilles jambes. Sa première idée fut qu'il lui était enfin permis de voir la figure du prince de Fer. Elle balbutia quelques paroles incohérentes :

« Prince.... mon père.... vos rivaux.... la reine du pays de Michaud.... »

Le jeune homme salua poliment et lui dit :

« Pardonnez-moi, mademoiselle, d'entrer chez vous comme une bombe à Sébastopol. J'ai sonné un quart d'heure à une vieille grille qui est probablement condamnée, et, faute de pouvoir trouver la porte, j'ai pris au plus court. Je me nomme Daniel Fert et je viens pour faire le buste de Mme Michaud. »

II

J'ai connu, il y a treize ou quatorze ans, un petit Espagnol que ses parents avaient envoyé à l'institution M***. C'est la mieux disciplinée de toutes les maisons qui entourent le lycée Charlemagne. Aucun livre nouveau n'y pénètre en contrebande; tout volume broché en jaune est sévèrement consigné à la porte; les élèves y lisent en récréation les tragédies de Racine les moins légères, et les oraisons funèbres de Bossuet les moins frivoles. Le jeune Madrilène s'ennuyait comme à la tâche, et effaçait les jours un à un sur son petit calendrier. Un de nos camarades, touché de sa peine, lui demanda :

« Pourquoi le temps te semble-t-il si long? Est-ce ta famille que tu regrettes, ou simplement ta patrie?

— Ni l'une, ni l'autre. répondit l'enfant. J'ai commencé, dans un journal de Madrid, la lecture d'un roman admirable, et j'attends à retourner en

Espagne pour en lire la fin. Dans trente mois et dix-sept jours !

— Et comment est-il intitulé, ton roman espagnol?

— *Los Tres Mosqueteros*, les Trois Mousquetaires. »

Je ne sais pourquoi cette anecdote me revient en mémoire toutes les fois que je parle de Daniel Fert. C'est peut-être parce que Daniel ressemble à un mousquetaire égaré dans le xixe siècle. Mettez ensemble la tournure de d'Artagnan, la fierté d'Athos, la vivacité d'Aramis, et un peu de la naïveté de Porthos, et vous aurez une idée assez exacte du jeune sculpteur. Sa personne haute et svelte a l'apparence d'un ressort d'acier; il a le jarret nerveux, le bras puissant, la taille cambrée, et la moustache en croc. Ses grands yeux bleus s'enchâssent dans deux orbites bronzées, sous des sourcils du plus beau noir. Son front large, saillant et poli, est couronné d'une ample chevelure admirablement plantée, qui se rejette en arrière comme la crinière d'un lion. Ajoutez un cou blanc comme l'ivoire, des dents nacrées, riantes, et qui semblent heureuses de vivre dans une jolie bouche; le nez long et mince de François Ier, des mains d'enfant, un pied de femme, voilà, je pense, un héros de roman assez présentable. Et pourtant ceci n'est pas un roman.

Cet homme ainsi bâti est compatriote du petit

vin d'Arbois, et fils d'un vigneron sans vignes qui travaillait à la journée A quatre ans, Daniel courait pieds nus sur la route, glanant çà et là le fumier des chevaux et demandant un sou aux voyageurs de la diligence. A douze ans, il cassait des pierres comme un homme; à quinze, il maniait la serpe et portait la hotte en vendange. L'ambition le fit entrer chez un maître marbrier de Besançon, qui lui confia d'abord des dalles à polir, puis des épitaphes à graver, puis des monuments à sculpter. Il avait du goût et de l'adresse : on devina qu'il pourrait remporter le grand prix de Rome et illustrer son département. Le conseil général prouva sa munificence en l'envoyant à Paris avec une pension de 600 francs. Il partit avec sa mère : son père venait de mourir. Mme Fert, vieille avant l'âge, comme toutes les femmes de la campagne, mais forte et patiente, se fit la ménagère de son fils. Daniel fut assidu à l'École des beaux-arts, et gagna quelque argent dans ses loisirs. Il faisait de l'art le matin, du métier le soir. Après avoir travaillé d'après l'académie, il dessinait des ornements ou ébauchait des sujets de pendule. En 1853, à l'âge de vingt-cinq ans, après deux entrées en loge, il renonça spontanément au grand prix, et renvoya les 600 francs qu'il recevait de Besançon. « Décidément, dit-il à sa mère, je suis trop grand pour me remettre à l'école; et, d'ailleurs, que deviendrais-tu sans moi? » Il était arrivé, non sans peine, à gagner sa vie, et il avait plus de talent que d'argent. Ses bustes et ses médaillons sont d'un travail fin et serré, qui rappelle la manière exquise de Pradier; ses compositions, qu'il eût exécutées en grand s'il avait été riche, et qu'il livrait, faute de mieux, aux marchands de bronze, sont toutes d'un jet hardi, qui procède du génie de David. Il travaillait passionnément; ce n'était ni pour l'argent ni pour la gloire, mais pour le plaisir de travailler. L'attachement de l'artiste pour son œuvre ne peut se comparer qu'à la tendresse maternelle : un père même ne sait pas aimer ainsi. Nous adorons de toute la chaleur de notre âme ces créatures vivantes qui sont sorties de nous. Mais, lorsque Daniel s'était rassasié de son ouvrage, il le donnait. Les marchands avaient bientôt fait de traiter avec lui : il ne faisait payer ni ses progrès, ni sa vogue, ni sa gloire naissante. La sagesse paysanne de Mme Fert luttait en vain contre cet esprit de détachement.

Elle avait beau rappeler à son fils ses dettes à payer, les maladies à prévoir et les vacances qu'il s'adjugeait de temps en temps, car il travaillait par accès, comme tous ceux qui méritent le nom d'artiste. Un moulin peut moudre tous les jours, mais un cerveau qui essayerait d'en faire autant ne donnerait qu'une triste farine. Lorsque Daniel était à l'ouvrage, il ne se serait pas dérangé pour entendre chanter la statue de Memnon ; mais lorsqu'il se trouvait dans une veine de plaisir, aucune puissance ne l'eût fait rentrer à l'atelier, pas même la faim qui a la réputation de chasser les loups hors des bo s. Il n'avait qu'une habitude régulière, celle des exercices du corps. Il se faisait réveiller par son maître d'armes, et c'est au gymnase qu'il digérait son déjeuner : aussi était-il d'une force incroyable, et violent à proportion. Il est le dernier Français qui ait conservé l'habitude de jeter les gens par la fenêtre. Je me souviens du jour où il lança du premier étage un porteur d'eau qui avait répondu grossièrement à sa mère. Depuis cette époque, il n'a plus rencontré de fournisseurs impolis. Avec ses amis, et surtout avec sa mère, il est d'une douceur attendrissante. Il serre la bonne femme contre son cœur avec autant de précaution que s'il craignait de la casser. Il n'a jamais pu la décider à prendre une servante : mais, chaque fois qu'il a de l'argent, il lui achète une belle robe de droguet, un chapeau de paille d'Italie, ou quelques bouteilles d'anisette, qu'elle apprécie mieux.

Lorsque Mme Michaud vint le chercher, il entrait dans une période de travail : il était temps !

Depuis le commencement de mai, il s'était reposé sans débrider. Il avait complétement oublié qu'il devait payer au 15 juillet mille francs à son praticien, et deux cents à son propriétaire : on ne s'avise pas de tout. Mme Michaud, le livret de l'Exposition à la main, le trouva par delà le faubourg Saint-Honoré, au fond d'un jardin, dans une petite colonie d'artistes et de gens de lettres, qu'on appelle l'Enclos des Ternes. Daniel et sa mère occupaient un pavillon assez élégant entre Mme Noblet et Mme Persiani. Il fut un peu surpris, lui qui recevait peu de visites, de voir entrer cette grande femme échappée. Elle marcha droit à lui, et lui tendit une grosse main qu'il n'osa prendre. Il modelait, et il avait de la terre au bout des doigts.

« Touchez-là, lui dit elle ; vous ne me connaissez pas, mais je vous connais. J'ai acheté le naufrage de Don Juan. Vous êtes un grand artiste.

— Mon naufrage de Don Juan ? reprit Daniel encore tout ébahi.

— Oui, votre naufrage de Don Juan. Il est dans un de mes salons, sur la pendule. Mais ce n'est pas tout : il me faudrait mon buste pour ma nièce, qui va épouser M. Lefébure ou M. de Marsal, je ne sais pas lequel, mais bientôt. Combien me prendrez-vous ?

— Douze ou quinze séances, madame.

— Ce n'est pas de l'argent, cela. Comment, douze séances! Mais je n'aurai jamais le temps. Où voulez-vous que je prenne douze séances? D'abord, vous demeurez trop loin. Quelle idée avez-vous eue de vous loger dans ce pays de sauvages? Il faudra que vous veniez chez moi. Deux mille francs, est-ce assez? Cela vous fera presque deux cents francs par jour. Comment me trouvez-vous? C'est en marbre que je veux être: les portraits en bronze sont trop tristes: on a l'air de vieux Romains. Vous prendrez un marbre bien propre, et vous le ferez porter au château. Je vous avertis que si vous ne me flattez pas énormément, je vous laisse votre portrait pour compte. Il ne faut pas que Victorine en fasse un épouvantail à moineaux

— Madame, je crois pouvoir vous faire un beau buste qui sera ressemblant.

— Ne dites donc pas des sottises! S'il est ressemblant, il sera affreux. Je ressemble à la Bérézina, avec mes moustaches. C'est vous qui êtes beau! Que je vous voie un peu de profil! mais, mon cher monsieur, vous êtes tout bêtement magnifique! Moi qui me figurais les sculpteurs comme des maçons! Il faut absolument que vous veniez loger au château. Ma nièce est bien aussi; vous verrez. Je ferai prendre vos outils. Elle ne me ressemble pas, mais pas du tout, et c'est heureux. Je suis curieuse de savoir si vous serez de mon avis sur le mari. M. Lefébure est affreux : une hure de sanglier et des genoux énormes. Mais riche! voilà pourquoi mon frère en tient pour lui. M. de Marsal est mieux. Et puis, un beau nom! Je suis pour les beaux noms. Comme le vôtre est singulier! Fert! Fert! Pourquoi pas caillou? Vous me direz que quand on s'appelle Mme Michaud!... C'est précisément pour cela. Voici mon adresse : A la Folie-Sirguet, derrière les Gobelins. Il n'y a qu'un parc de ce côté-là : c'est le nôtre. Venez de bonne heure ; nous avons quelques personnes à dîner, entre autres M. de Marsal. Ah çà, n'allez pas lui faire la cour! vous nous mettriez dans de beaux draps! Mais je suis folle : on ne se marie pas dans votre état. Est-ce dit? A ce soir. »

Les chutes d'eau les plus renommées, depuis les cascatelles de Tivoli jusqu'à la cataracte du Niagara, seraient d'une lenteur ridicule si on les comparait au parlage torrentiel de Mme Michaud. Daniel se conduisit comme le voyageur surpris par la pluie : il s'enveloppa dans son silence comme dans un manteau. L'averse passée et Mme Michaud partie, il recueillit ses souvenirs et conclut qu'il avait trouvé l'occasion de gagner 1500 francs en quinze jours : il comptait 500 francs de marbre et de praticien. La figure de Mme Michaud ne lui déplaisait pas : la vie de château lui agréait fort, et il entrevoyait le moyen de payer délicieusement ses dettes.

Il conta l'aventure à sa mère tout en s'habillant. « Voilà qui va bien, dit Mme Fert. Cette malheureuse échéance m'empêchait de dormir. Je t'enverrai demain la selle, les pains de terre, les ébauchoirs et tout le reste. Je passerai la revue de tes habits, je vérifierai les boutons, et je serrerai tout dans la grande ma..e ; il faut que tu sois présentable. Ils ont peut-être l'habitude de jouer le soir, comme au château d'Arbois ; tu auras des pourboires à donner aux domestiques : prends l'argent que nous avons à la maison et laisse-moi 50 francs : c'est assez pour moi. Tu sais que je n'ai jamais faim quand tu n'y es pas. Tâche d'avoir bientôt fini, et ne te laisse pas déranger. Mais surtout observe-toi : il y a une demoiselle dans la maison et tu es un grand fou.

— Ne craignez rien, maman, répondit Daniel. J'emporte 200 francs qui sont toute notre fortune, ou peu s'en faut. La petite chanson maigrelette de ces dix louis qui se poursuivent dans mon gousset me rendrait la raison si je pouvais la perdre. Pour un pauvre diable comme moi, une demoiselle riche n'est d'aucun sexe. »

« Ainsi se partit le prince de Fer pour le royaume de l'incomparable Atalante. »

Victorine ne supposa pas un instant qu'un jeune homme si beau et dont la mine était si fière, fût un simple artiste condamné à faire le buste de Mme Michaud. Elle construisit sur l'heure un petit roman tout aussi vraisemblable que le dernier qu'elle avait lu.

« Assurément, pensait-elle, il est de grande naissance ; il suffit de voir ses pieds et ses mains. Riche ? il doit l'être aussi, pourvu qu'un enchanteur jaloux ou un tuteur malhonnête ne l'ait point dépossédé de l'héritage de ses pères. Au moins lui a-t-on laissé quelque château délabré sur les bords du Rhin ou sur un sommet des Pyrénées ? un nid d'aigle est la seule demeure qui soit digne de lui. Où m'a-t-il rencontrée ? Au bal, l'hiver dernier. Peut-être à l'ambassade d'Espagne ! oui, je l'ai déjà vu, je le reconnais ; c'est bien lui. Ma tante m'a emmenée à minuit comme Cendrillon : elle avait sa maudite migraine. Pauvre prince ! Quel désespoir lorsqu'il s'est aperçu que j'étais partie ! Depuis ce moment fatal, il m'a cherchée partout ; il m'a demandée au ciel et à la terre : je vois bien qu'il a souffert. Hier enfin, le hasard ou plutôt sa bonne étoile, l'a conduit dans l'atelier d'un sculpteur. L'artiste était absent, il l'a attendu ; ma tante est arrivée : qui ne devinerait le reste ? Mais saura-t-il pousser la ruse jusqu'au bout ? Comment déjouer la surveillance de ses rivaux ? On verra bien que ce buste ne se fait pas. M. Lefébure a de l'esprit; M. de Marsal n'est sot qu'à moitié; et mon père qui va revenir! Certes, je puis l'aider à cacher son rang et sa fortune, moi qui suis un peu dans le secret; mais s'il fait des imprudences! »

Elle craignait qu'en ôtant son pardessus, le bel inconnu ne découvrît une étoile de diamants.

Daniel la suivit jusqu'au château en causant de choses indifférentes et en admirant par contenance la beauté des arbres du parc. Il ne fut pas aveugle à la beauté de Victorine, et il pensa chemin faisant qu'il lui ferait volontiers son buste pour rien, s'il avait de l'argent. Mais il se gourmanda bientôt d'une idée si intempestive, et les recommandations de sa mère lui revinrent en mémoire.

Il trouva au pied du perron Mme Michaud qui descendait de voiture. « Par où diable êtes-vous passé? » lui demanda-t-elle. Il raconta comment il avait fait son entrée dans le domaine des Guéblan. « Sabre de bois! dit la bonne femme émerveillée, les chamois du Tyrol ne sautent pas mieux que vous. Cette histoire-là fera le bonheur de mon frère et le désespoir de M. Lefébure. On va vous installer chez vous. Perrochon, conduisez monsieur à la chambre verte. Tiens! vous coucherez entre les deux maris de Victorine : empêchez-les de se battre. » Daniel salua, et suivit Perrochon.

« Hé bien! demanda Mme Michaud à sa nièce, comment trouves-tu mon sculpteur? C'est pour mon buste; une surprise que je me fais à moi-même. Nous commençons demain, dans le petit salon du bout. Avoue qu'il n'a pas l'air d'un artiste. Il est cent fois mieux que tous ces messieurs. La femme qu'il épousera pourra se vanter d'avoir un beau mari! Mais je te défends de le remarquer : si tu t'apercevais qu'il est joli garçon, je le mettrais proprement à la porte. Après tout, M. de Marsal n'est pas un magot

« Ma tante serait-elle du complot? » pensa Victorine.

Daniel prit possession d'une jolie chambre meublée avec la simplicité la plus élégante. La tenture était de perse vert clair à bouquets roses et blancs. Le lit, à colonnes torses, s'enfonçait dans une sorte d'alcôve formée par deux cabinets de toilette. Le secrétaire, la commode, les chaises et la fumeuse étaient tout bourgeoisement en palissandre, mais d'une forme heureuse et d'un travail irréprochable. La bibliothèque renfermait une cinquantaine de romans nouveaux et quelques-uns de ces bons livres sérieux qu'on aime à feuilleter le soir pour s'endormir. Le tapis avait été remplacé par une natte bien fraîche. La fenêtre s'ouvrait sur un horizon magnifique : c'était d'abord le parterre, puis le parc et ses hautes futaies, puis quelques jardins de blanchisseuses, tout fleuris de serviettes blanches et de camisoles gonflées par le vent ; enfin Paris, les dômes du Panthéon et du Val-de-Grâce, et la vieille tour du collége Henri IV. Le jeune artiste se trouva si bien dans son nouveau domicile, qu'il regrettait déjà d'avoir à le quitter. Il se serait hâté lentement, suivant le précepte de Boileau, et il aurait traîné son buste jusqu'au mois d'octobre, sans la nécessité pressante de gagner quinze cents francs. Mais les quinze cents francs étaient indispensables, et il n'y avait pas de bonheur qui tînt contre ces quinze cents francs. Dans ces rêveries qui auraient étonné Victorine, il avança un fauteuil auprès de la fenêtre, regarda le paysage, songea au profil de Mme Michaud, ferma les yeux, et dormit du sommeil des athlètes jusqu'à la cloche du dîner.

Il trouva une compagnie de vingt personnes assises dans le parterre sur des siéges de fer imitant le roseau. Mme Michaud n'était pas encore descendue : elle se poudrait. Il chercha dans cette foule un visage de connaissance, et ne trouva que Victorine : aussi courut-il à elle avec un empressement qui fut remarqué. Un homme dépaysé s'accroche à la personne qu'il connaît, comme un noyé à la perche. Victorine fut un peu troublée, d'autant plus qu'elle sentait tous les yeux braqués sur elle. Peu s'en fallut qu'elle ne dit à Daniel : « On nous épie, observez-vous. » Au second coup de cloche, Mme Michaud apparut avec trois volants d'Angleterre, et l'artiste respira plus librement. La reine du pays de Michaud lui demanda son bras, le mit à sa gauche, et ne lui dit pas quatre mots durant tout le dîner. L'autre voisine de Daniel était une douairière un peu sourde; aussi mangea-t-il sans distraction. On contait autour de lui les petits événements du faubourg Saint-Germain et les dernières nouvelles des châteaux : il laissait dire, et ne perdait pas un coup de dent. Sa seule étude fut de démêler M. Lefébure et M. de Marsal, ces deux prétendants que Mme Michaud lui avait annoncés. Il n'eut pas de peine à les reconnaître.

M. Francisque Lefébure est le fils unique du célèbre avocat Pierre Lefébure, qui se fit connaître dans le procès Cadoudal. Le père, qui ne possédait rien en 1804, fut enrichi par les libéralités de la branche aînée et la clientèle du faubourg Saint-Germain. A l'avènement de Charles X, il refusa des lettres de noblesse et la pairie. Il légua à son fils 200 000 francs de rente, un talent médiocre, plus d'emphase que d'éloquence, et une laideur héréditaire. M. Lefébure, deuxième du nom, est un homme ramassé, rougeaud et sans guin; gros nez, gros yeux de myope et grosses lèvres, le cou d'un apoplectique, les épaules hautes, les bras courts, les jambes massives. S'il ne se rasait tous les jours, il aurait de la barbe jusque dans les yeux. Je dois dire qu'il est rare de rencontrer un homme plus soigneux de sa personne. Il surveille son corps comme un Italien surveille son ennemi. Il suit un régime sévère, se nourrit de viandes blanches, s'interdit les farineux et les sucreries, et porte une ceinture élastique. Il s'adonne aux travaux les plus violents et étudie passionnément la gymnastique, la boxe anglaise et française, le bâton, la canne, le sabre et l'épée : le tout pour conjurer l'embonpoint qui le menace, et pour ne point ressembler à son père, qui ressemblait à un muid. Les exercices auxquels il se livre par nécessité ont fini par lui devenir un plaisir, puis une gloire. Il met son point d'honneur dans ses talents physiques, et il fait meilleur marché de son mérite d'avocat que de ses capacités de boxeur. Du reste, galant homme, et beaucoup plus spirituel que la majorité des maîtres d'armes.

M. de Marsal méprise la vigueur de M. Lefébure, qui méprise la faiblesse de M. de Marsal. S'il est vrai que chacun de nous soit soumis à une constellation, M. le vicomte de Marsal est né sous l'influence de la Voie lactée. Je n'exagère pas en affirmant qu'il est le plus blond des hommes, les Albinos exceptés. Sa personne pâle et maigrelette est de celles qui échappent aux maladies et à la vieillesse ; la maladie ne sait pas où les prendre, et les années n'y marquent pas. Il a quarante ans sonnés, comme son rival, et cependant, si vous le rencontrez jamais, vous direz avec Mme Michaud : « Pauvre jeune homme ! » Cette créature débile est capitaine de frégate et officier de la Légion d'honneur. M. de Marsal est entré à l'École navale à quatorze ans, et il a fait son chemin dans les ports. Sa seule expédition est un voyage autour du monde, voyage intéressant, peu dangereux, où il n'a pas rencontré d'autres ennemis que le mal de mer. Les pistolets qu'il avait achetés la veille de son départ n'ont pas été déchargés de 1840 à 1855. Cependant le jeune officier n'a pas perdu son temps en voyage : il a ramassé des coquilles. Sa collection est une des plus belles que nous ayons en France, et c'est la seule où l'on trouve *l'ostrea marsaliana* de Hong-Kong, découverte et baptisée par M. de Marsal. Ce n'est pas l'invention de ce précieux coquillage qui a permis au capitaine de prétendre à la main de Mlle de Guéblan : il a d'autres titres. Son nom est un des plus anciens de la noblesse lorraine ; la petite ville de Marsal, dans le département de la Meurthe, a appartenu longtemps à ses ancêtres. Les Marsal sont alliés aux La Rochefoucauld, aux Gramont, aux Montmorency, aux plus grandes familles du faubourg. Victorine prisait médiocrement ces avantages, et M. de Guéblan lui-même n'en faisait pas tout le cas qu'il aurait dû; mais Mme Michaud en était entichée. L'esprit de M. de Marsal n'était pas tout à fait à la hauteur de sa naissance, et, du côté de la fortune, il n'avait rien ou peu de chose. En revanche, son éducation était parfaite. Il avait cette politesse exquise et glacée qui distingue les officiers de marine. Car vous savez, je pense, que les loups de mer ont fait leur temps, que les marins ne jurent plus par mille sabords, et que le jour où l'étiquette sera bannie de tous les salons, elle se retrouvera à bord des navires de guerre.

M. de Marsal, petit mangeur, et M. Lefébure, qui vivait de régime, observèrent, de leur côté, la figure du nouveau venu. Depuis quelque temps ils avaient cessé de s'observer l'un l'autre. Chacun d'eux croyait être sûr de l'emporter sur son rival. L'un comptait sur son nom, l'autre sur sa fortune. Le gentilhomme s'étayait solidement sur Mme Michaud; le bourgeois ne doutait point de l'appui de M. de Guéblan. Mais l'arrivée d'un intrus leur mit la puce à l'oreille. Ce beau jeune homme que personne ne connaissait, et que Mme Michaud semblait avoir tiré d'une boîte, leur semblait de figure et de taille à jouer le rôle du troisième larron. L'appétit pantagruélique de Daniel les rassura tout d'abord : on n'avait rien à craindre d'un homme qui dévorait si rustrement. Cependant Victorine, assise au milieu de la table, en face de sa tante, levait bien souvent les yeux sur l'étranger. D'un autre côté, la bonne tante était si fantasque que son protégé lui-même ne devait pas faire grand fond sur son amitié, et qu'il fallait s'attendre à tout. Au sortir de table, les deux prétendants se rapprochèrent instinctivement de Mme Michaud. Elle leur présenta Daniel. « Voici, dit-elle, un nouveau pensionnaire, M. Fert, l'auteur de ma pendule ; il va faire ma tête. A propos, monsieur, demanda-t-elle à Daniel, avez-vous dit qu'on apportât le marbre ? »

Daniel ne put s'empêcher de sourire en répondant : « Oh ! madame, pour le marbre, nous avons le temps.

— Comment ! nous avons le temps ! mais c'est une chose pressée. Je comptais commencer demain. »

L'artiste apprit à son modèle qu'il faudrait d'abord faire son buste en terre, puis le mouler en plâtre, puis le réparer soigneusement avant de toucher au marbre.

« Dieu ! que c'est long ! » dit Mme Michaud.

« Il veut gagner du temps, » pensa Victorine,

qui ne perdait pas un mot de la conversation. Là-dessus on prit le café.

Il y avait cinq ou six jeunes femmes parmi les convives. M. de Marsal se mit au piano et joua une valse. Daniel dansa avec Mlle de Guéblan, et dansa bien.

« J'en étais sûre, se dit-elle ; mais il va se compromettre. Il n'y a pas un sculpteur qui sache danser ainsi. »

La valse finie, Daniel prit la place de M. de Marsal, et joua un quadrille. Il était musicien médiocre, car il avait commencé tard. Cependant il jouait aussi bien que M. de Marsal. Mme Michaud dansait en face de sa nièce. A la chaîne des dames, elle lui serra la main et lui dit :

« Entends-tu ? Pour un homme qui casse du marbre à coups de marteau !...

— Décidément, pensa Victorine, ma tante est dans le secret. »

A dix heures, une moitié de la compagnie se mit en route pour Paris, et les danseuses ne furent plus en nombre. On dressa deux tables de jeu. Daniel eut l'imprudence d'avouer qu'il jouait le whist et d'accepter une carte. Il se trouva le partenaire de M. Lefébure, contre M. de Marsal et M. Lerambert le banquier. M. Lerambert ne savait pas qu'il eût affaire à un artiste. Il demanda en mêlant les cartes :

« La partie ordinaire, en cinq, un louis la fiche ? »

M. Lefébure répartit vivement :

« C'est bien cher, pour un pauvre avocat.

— Oui, monsieur, dit Daniel, la partie ordinaire. »

Victorine rougit jusqu'aux oreilles. Que penserait-on lorsqu'on verrait le prince de Fer tirer une longue bourse pleine de pièces d'or à l'effigie de son père ? Elle s'avança vers lui et lui dit :

« Monsieur Fert, je ne vous permets qu'un *rubber*, après quoi j'aurai besoin de vous. »

Elle n'attendit pas longtemps. Daniel perdit triple et triple, et laissa ses dix louis sur la table. Il vida sa poche d'un air si détaché, que M. Lefébure et M. de Marsal échangèrent un regard rapide qui pouvait se traduire ainsi :

« 'l paraît qu'on gagne beaucoup d'argent à sculpter des pendules ! »

Mme Michaud ne s'aperçut de rien : elle jouait une *grande misère* à la table voisine. Daniel s'en alla tout pensif, en songeant que, si on lui apportait sa selle et ses outils, il n'aurait pas de quoi payer la voiture. Victorine lui prit le bras et lui dit :

« Monsieur, je suis honteuse de mon ignorance. Nous avons ici beaucoup de sculpture, bonne et mauvaise, et je ne sais pas distinguer le bien du mal. Voulez-vous me donner une leçon de critique, vous qui êtes du métier ? » Elle comptait bien lui prouver qu'elle n'était pas sa dupe, et qu'elle ne l'avait jamais pris pour un sculpteur.

Daniel était, comme la plupart des artistes, un critique tout à fait nul. Il savait reconnaître les belles choses, mais il était incapable de dire pourquoi elles étaient bonnes. Il parcourut docilement tous les salons du château, s'arrêtant à chaque bronze et à chaque marbre, et les jugeant d'un mot. Il disait : « Ceci est bien ; cela est détestable. Voici de la sculpture amusante ; voilà qui est bêtement fait. Ce groupe est d'un homme qui sait son métier ; celui-là est d'un âne.

— Comment trouvez-vous cette figure : l'Enfant-Dieu ?

— C'est gentillet.

— Et ce Philopœmen ?

— C'est le chef-d'œuvre de la sculpture moderne.

— Pourquoi ?

— Parce qu'on n'a encore rien fait de mieux.

— Ce Spartacus ?

— Bonne composition ; pauvre travail.

— Cette Pénélope ?

— Bien, très-bien.

— Ce Don Juan ?

— Médiocre.

— Comment, médiocre ?

— Oui, sculpture vide et ratissée.

— Mais c'est de vous!

— Je le savais.

— Arrêtons-nous ici; je vous remercie de la leçon. Maintenant, monsieur l'artiste, je suis aussi savante que vous. Ma foi, poursuivit-elle en forme d'*aparté*, je suis curieuse de voir comment il s'y prendra pour ébaucher le buste de ma tante, et je fais vœu de ne pas manquer une séance. »

Lorsqu'elle reparut appuyée sur le bras de Daniel, M. Lefébure et M. de Marsal se promirent de surveiller de près ce jeune intrus qui circonvenait la tante et qui vaguait en tête à tête avec la nièce. Mme Michaud quitta le boston et dit à intelligible voix : « Demain, après déjeuner, nous commencerons mon buste dans le salon que voici. Qui m'aimera y viendra.

— Madame..., » dirent les deux prétendants, tout d'une voix.

Ce soir-là, Daniel trouva sa chambre moins belle, ses meubles moins élégants, et son lit moins confortable qu'il ne l'avait jugé à première vue. C'est que son gousset était vide. L'homme est ainsi bâti : point d'argent, point d'illusions. Voilà sans doute pourquoi les pauvres sont moins heureux que les riches.

Le lendemain il se leva à huit heures et partit pour Paris avec sa montre et sa chaîne. Il se garda bien d'aller dire à sa mère comment il avait joué au whist et combien il avait perdu : un tel aveu ne lui aurait rien rapporté qu'une remontrance de dignité première. Il s'adressa de préférence à un commissionnaire du mont-de-piété, qui lui prêta 200 francs sans explication, sans reproches et sans conseils. D'ailleurs, à quoi servait une montre au château de Guéblan? Il y avait cinquante pendules et une horloge!

Cette horloge sonnait midi lorsqu'on se mit à table pour le déjeuner. Les convives de la veille étaient partis, et il ne restait plus que les hôtes du château, c'est-à-dire les prétendants et Daniel. M. Lefébure déjeuna d'une tasse de thé; M. de Marsal mangea du bout des lèvres une tranche de saumon; Victorine becqueta une assiette de cerises; le sculpteur et le modèle s'abattirent résolûment sur un énorme pâté. Mme Michaud apprit à Daniel que ses outils étaient arrivés avec un horrible baquet rempli de terre grasse, et qu'on avait tout installé. Les deux rivaux étaient trop curieux de surveiller Daniel pour ne pas faire le sacrifice de leurs plaisirs quotidiens. En temps ordinaire, le capitaine pêchait à la ligne; l'avocat faisait des armes avec M. de Guéblan, ou s'amusait à tirer des pies.

On fit un tour dans le parc avant la séance. Mme Michaud raconta à M. Lefébure le saut mémorable de Daniel. M. de Marsal s'amusa beaucoup de cette manière d'entrer sans être annoncé.

« Je crois, dit-il, que maître Lefébure a trouvé son maître.

— Je ne me fais pas gloire de sauter les fossés, répondit l'avocat. Si habile que nous soyons à ce genre d'exercice, il y a toujours un petit animal qui y est plus fort que nous.

— Comment l'appelez-vous? demanda Mme Michaud.

— Le kangourou. Je vous en montrerai un au Jardin des Plantes.

— Je ne l'ai pas fait par gloire, reprit naïvement Daniel, mais parce que je ne trouvais pas la porte.

— Tirez-vous l'épée, monsieur?

— Oui, monsieur, et vous?

— Depuis quinze ans, chez les Lozès.

— Moi, dans mon atelier, avec un ancien prévôt de Gâtechair. Nous ne sommes pas de la même école.

— Comment! monsieur, vous faites des armes? dit Victorine. Mais papa vous adorera! »

On reprit le chemin du château. Mme Michaud dit à Daniel :

« Cela ne vous contrarie pas que j'aie invité ces messieurs à nos séances?

— Non, madame, pourvu qu'ils ne vous empêchent pas de poser. Quant à moi, je travaillerais au bruit du canon.

— Ne craignez rien, je me tiendrai tranquille comme un anabaptiste. Observez bien ces deux amoureux : ils vous donneront la comédie. Comment trouvez-vous l'avocat?

— Je le trouve gros.

—Pauvre homme! Il fait tout ce qu'il peut pour maigrir, excepté de boire du vinaigre. Et le capitaine?

— Mince, bien mince.

— Oui, je me demande toujours comment les coups de vent ne l'ont pas emporté. Il fallait qu'il eût des pierres dans ses poches. Lequel choisiriez-vous si vous étiez femme?

— Je crois que je demanderais quelques années de réflexion.

— Malheureux! Ne dites pas cela à Victorine; voilà plus de six mois qu'elle réfléchit. Vous devez trouver un peu singulier que nous ayons agréé deux prétendants à la fois; c'est une idée à moi. Mon frère ne voulait pas démordre de son avocat; moi, je me cramponnais à mon gentilhomme. J'ai dit : « Invitons-les tous deux, Victorine choisira. » Je ne sais pas si elle a des préférences; en tout cas, elle les cache bien. Si vous devenez son ami, vous tâcherez de lui tirer son secret. C'est une mangeuse de livres, une barbouilleuse de cahiers;

elle lit tous les jours, elle écrit tous les soirs ; je saurais bientôt ce qu'elle pense, si j'étais petit papier. »

Tous ceux qui ont posé pour un portrait savent que la première séance est presque toujours dépensée à choisir la pose, à ménager la lumière et à préparer le travail des jours suivants. La coiffure de Mme Michaud ne prit pas moins de deux heures. La digne femme avait rêvé un buste rococo avec une coiffure Pompadour. Daniel trouvait qu'elle avait une tête romaine, le masque énorme, le front étroit, la tête petite. Il laissa la femme de chambre s'exténuer à faire et à défaire un édifice impossible, sur lequel chacun disait son mot. Puis il demanda la permission d'essayer à son tour; il releva ses manches et fit à son modèle une admirable coiffure de camée ; ce fut l'affaire de quelques coups de peigne. La femme de chambre laissa tomber ses bras en signe de stupéfaction; Mme Michaud se regardait dans la glace sans se reconnaître, et prétendait qu'on lui avait mis une tête neuve comme à une poupée : les prétendants murmuraient à voix basse le nom d'artiste capillaire, et Victorine disait en elle-même : « Il faut convenir qu'il est bon coiffeur, mais quant à la sculpture... »

Daniel se mit à ébaucher son buste, et c'est alors que le travail devint difficile. Dans ces jours du mois d'avril où le vent saute à chaque instant de l'est à l'ouest, du nord au midi, les girouettes ne tournent pas aussi vite que la tête de Mme Michaud. « Mobile comme l'onde, » est un mot qui peindrait imparfaitement l'agitation perpétuelle de toute sa personne. Elle trouvait que c'était beaucoup de rester assise, et elle se consolait de cette immobilité partielle en parlant à droite et à gauche, à tort et à travers, en interpellant un à un tous ceux qui l'entouraient, en imitant le télégraphe avec ses bras, et en battant la mesure avec ses pieds. Aussi fut-elle exténuée après une heure de cet exercice : il fallut lever la séance. Daniel avait dépensé plus de patience en soixante minutes qu'un santon en soixante ans; le buste n'était pas ébauché.

« Je l'avais prédit, pensa Victorine.

—Ouf! dit Mme Michaud, et d'une! Encore onze séances, et nous aurons fini. »

Daniel n'osa pas lui dire que si les séances ressemblaient toutes à la première, il en faudrait plus de cent.

Ce singulier travail dura jusqu'à la fin de juin : le buste n'avait pas figure humaine. Mme Michaud soupçonna, au bout d'un certain temps, que l'artiste était peut-être un peu dérangé par la compagnie. Elle fit part de ses réflexions à Victorine ; mais Victorine ne voulut pas entendre de cette oreille-là. Elle était sûre que le bel inconnu ne connaissait rien à la sculpture, et elle l'aidait de son mieux à cacher son ignorance. « Que deviendrions-nous, pensait-elle, s'il était contraint d'avouer la vérité ? » Elle se faisait un devoir de déranger sa tante, d'interrompre Daniel et d'abréger les séances. Le pauvre artiste songeait avec terreur à l'échéance du 15 juillet, et maudissait cordialement tous les importuns, sans excepter Victorine.

Ce qui étonnait un peu l'incomparable Atalante, c'était le silence obstiné de son amant. « Hélas! se disait-elle, à quoi nous serviront toutes ses ruses et les miennes, s'il ne se décide pas à me dire qu'il m'aime? A-t-il peur de s'ouvrir à moi? Je garderai si bien son secret! » Quelquefois, pour le piquer de jalousie, elle affectait de bien traiter M. Lefébure ou M. de Marsal : elle devenait coquette pour l'amour de lui! Ces caprices de jeune fille causaient de grandes révolutions dans le château. M. de Marsal écrivait des lettres triomphantes à sa famille; M. Lefébure songeait à faire ses malles; Mme Michaud achetait une calèche neuve en signe de joie; Daniel seul ne s'apercevait de rien. Le lendemain, la roue avait tourné : M. de Marsal était lugubre; M. Lefébure était bruyant; Mme Michaud était si inquiète, qu'elle ne tenait plus sur sa chaise, et Daniel voyait surgir des chaînes de montagnes entre lui et ses quinze cents francs.

« Qu'attend-il pour se déclarer? » disait Victorine. Elle avait soin de défaire tous les bouquets que le jardinier apportait dans sa chambre, et elle les froissait avec dépit, après s'être assurée qu'ils ne contenaient point de billet. La nuit, elle passait des heures à sa fenêtre, dans l'attente d'une sérénade. Si une gondole était venue par terre jusqu'au grand escalier du château; si elle en avait vu descendre deux rebecs, un hautbois et une viole d'amour; si des négrillons, vêtus de satin rouge, avaient servi devant elle une collation de fruits d'Italie et quelques bassins d'oranges de la Chine, un tel phénomène l'aurait moins étonnée que le silence miraculeux de Daniel.

Un soir, entre onze heures et minuit, par un temps doux et amoureux, elle entendit une magnifique voix de basse qui chantait dans les allées du parterre. Elle était trop éloignée pour distinguer les paroles; mais la musique, qu'elle ne connaissait pas, lui parut étrangement rêveuse et mélancolique. Elle se penchait derrière ses jalousies pour écouter d'un peu plus près, lorsque Mme Michaud entra dans sa chambre.

Daniel, bien convaincu que tout dormait dans le château, se promenait en fumant un cigare, et chantait, entre chaque bouffée, un couplet des

Plaies d'Égypte. C'est une complainte assez connue dans les ateliers de Paris

> Sur des rivages humides
> Et peuplés de crocodils,
> Les Juifs gémissaient, et ils
> Bâtissaient des pyramides,
> Sans autre consolation
> Que de manger des oignons.

Victorine n'avait entendu de ce couplet qu'un son vague et délicieux.

> Sachez que les crocodiles
> Sont de féroces lézards,
> Plus grands que le pont des Arts,
> Qui mangeaient les Juifs par mille.
> Les oignons, dans ces malheurs,
> Leur tiraient encor des pleurs.

« Pour le coup! murmura-t-elle, j'ai bien entendu. Il a dit : Malheurs et pleurs. Enfin! Mais pourquoi se tient-il si loin? »

C'est alors que Mme Michaud entra dans la chambre. Victorine se mit à causer bruyamment avec sa tante, pour l'empêcher d'entendre la sérénade. L'écho seul profita des deux couplets suivants :

> Ce peuple rempli d'audace,
> Mais n'aimant pas à mourir,
> Aurait voulu déguerpir
> Pour aller vivre en Alsace;

Mais pour s'en aller, d'abord
Il fallait un passe-port.

Un monarque légitime,
Mais plein de perversité,
Leur retenait leurs papiers :
Il n'aura pas notre estime.
Si vous ne savez son nom,
C'était le roi Pharaon.

Mme Michaud avait un peu de migraine. Elle dit à sa nièce : « Puisque tu ne dors pas, viens au jardin ; le grand air me remettra. » Victorine se fit tirer l'oreille ; cependant elle descendit, bien décidée à entraîner sa tante dans les avenues du parc où l'on n'entendait que les rossignols. Malheureusement, la brise apporta quelques notes égarées jusqu'aux oreilles de Mme Michaud.

« Tiens ! dit-elle, une sérénade !

— Je n'ai rien remarqué, ma tante.

— Est-ce que les oreilles me cornent ? J'ai pourtant bien entendu. Là ! Qu'est-ce que je te disais ?

— Vous vous trompez, ma tante ; c'est votre migraine.

— Non, ce n'est pas ma migraine ! C'est.... mais oui ! c'est la complainte de Fualdès.

— Allons-nous-en, ma tante ; j'ai peur.

— Tu as peur de M. Fert ! Mais il chante très-bien, s'il ne travaille guère ! Si son ouvrage ressemblait à son ramage! Attends! Viens par ici, nous allons le surprendre. »

Victorine tremblait comme une feuille de saule. Sa tante la conduisit, par des chemins détournés, à quarante pas du chanteur. La jeune fille toussa pour avertir Daniel. « Chut! dit Mme Michaud : écoutons. »

Daniel, tranquille comme un dieu d'Homère, entonna le vingt-sixième couplet :

> Moïse rendit visite
> Au roi qui mourait de faim :
> Il faisait un dîner fin
> Avec quatre pommes cuites,
> Sans avoir même un misé-
> Rable de lièvre en civet.

« Tu vois bien, dit Mme Michaud, que c'est la complainte de Fualdès!

— Quel bonheur! pensa Victorine, il a eu l'esprit de changer de chanson. »

III

Le lendemain, on attendait M. de Guéblan. Mme Michaud raconta à déjeuner qu'elle avait passé la nuit à écouter son artiste bien-aimé, qui chantait comme une sirène. Son récit fit ouvrir de grands yeux aux prétendants. Lorsqu'ils apprirent que Victorine avait été de la partie, leur surprise tourna à la stupéfaction, et ils se demandèrent quel rôle on leur faisait jouer. Ils n'avaient jamais eu une grande sympathie pour M. Fert, mais ils commençaient à le prendre sérieusement en aversion. Certes, Mme Michaud avait le droit de commander son buste à qui bon lui semblait, mais promener sa nièce nuitamment avec un jeune homme de trente ans au plus, ceci passait la plaisanterie. Ce sculpteur, après tout, n'était pas un aigle. Ses principaux chefs-d'œuvre étaient juchés sur des pendules ; il travaillait depuis quinze jours à un malheureux buste sans parvenir à l'ébaucher. Sa conversation n'était rien moins que pétillante ; il parlait peu, et l'esprit ne l'étouffait pas. Mme Michaud devrait bien se tenir en garde contre ses engouements d'une heure. Elle exposait les intérêts les plus sérieux de sa famille sur le tapis vert du paradoxe et du caprice : bref, il était temps que le marquis revînt au château.

En attendant, tout le monde fut exact à l'heure de la séance. Daniel, passablement découragé, enleva pour la quinzième fois les linges humides qui recouvraient le buste informe de Mme Michaud. M. Lefébure et M. de Marsal le regardaient d'un air de pitié maussade et malveillante. Victorine, un peu troublée par l'attente de son père, se demandait avec anxiété comment le pauvre garçon sortirait de l'impasse où il s'était fourvoyé. Elle gourmandait sa tante et la rappelait par instants à la pose, mais elle avait soin de ne l'y pas laisser longtemps.

« Êtes-vous en veine aujourd'hui ? demanda Mme Michaud à Daniel. Les heures se suivent et ne se ressemblent pas. Hier soir, vous chantiez, et j'en étais fort aise. Eh bien ! sculptez maintenant !

— Madame, reprit Daniel, je connais bien votre figure, je commence à vous savoir par cœur, et il me semble que je ferais beaucoup d'ouvrage en une heure, si vous pouviez posez seulement un peu.

— Soyez heureux ; je ne dis plus rien, je ne connais plus personne, je pose ! » dit la bonne femme en faisant une demi-culbute assise, accompagnée d'une grimace des plus originales, « et je supplie la galerie d'observer la loi du silence. Ah ! si j'étais une jolie fille comme Victorine, vous auriez plus de cœur à l'ouvrage, artiste que vous êtes !

— Monsieur Lefébure, dit Victorine en épiant la physionomie de Daniel, croyez-vous qu'on devienne artiste par amour ?

— Sans doute, mademoiselle ; à une seule condition.

— Et laquelle ?

— Bien peu de chose : dix ou douze ans de travail !

— Vous êtes un homme de prose : vous ne croyez pas à la puissance de l'amour.

— S'il y avait des incrédules, interrompit galamment M. de Marsal, vous n'auriez pas à prêcher longtemps pour les convertir.

— Capitaine, si vous me faites des compliments, je raisonnerai tout de travers. Où en étions-nous ? Ma tante, tenez-vous droite. Je disais que l'amour peut faire des miracles. Exemple : Je suis la princesse.... quelle princesse ? la princesse Atalante, fille du roi de je ne sais où. Je me promène dans un carrosse attelé de quatre chevaux ; non, de quatre licornes blanches : c'est plus rare et plus joli. Un berger, qui gardait ses brebis, me voit passer sur la route. Il s'éprend d'amour pour moi. Le lendemain, il me fait parvenir un sonnet.

— Par quelle voie, s'il vous plaît ?

— Mais par la voie des airs, sous l'aile d'une colombe apprivoisée ; cela se rencontre tous les jours. Or, le sonnet est admirable, donc l'amour a fait un poëte.

— Il a fait bien mieux, mademoiselle, reprit en riant M. Lefébure : il a enseigné la prosodie, l'orthographe et l'écriture à un homme qui ne savait que garder les moutons, et cela en un jour ! sans parler des règles particulières du sonnet, qui sont fort compliquées, à ce que l'on assure. Je lisais dernièrement un petit poëme, rédigé par un dentiste....

— C'est bien ; j'abandonne la poésie. Mais la peinture ! Une jeune Italienne est aux mains d'un barbon, qui prétend l'épouser malgré elle. Un beau seigneur de la ville voisine s'introduit au château sous l'habit et le nom d'un peintre renommé ; il n'a jamais manié le pinceau, mais l'amour conduit sa main : direz-vous encore que cela ne s'est jamais vu ?

— A Dieu ne plaise ! Mais je voudrais bien le voir. Le dessin est une orthographe qui ne s'enseigne pas en trente leçons ; et, quant à la couleur, nous avons des membres de l'Institut qui n'ont jamais pu l'apprendre.

— Est-ce vrai, monsieur Fert ?

— Oui, mademoiselle.

— Mais vous, qui êtes sculpteur, allez-vous mettre aussi la sculpture contre moi ? Accordez-moi seulement qu'un homme du monde, un gentilhomme, qui n'a jamais manié vos ébauchoirs, peut, à force d'amour, pour se rapprocher de celle qu'il aime, faire.... un buste !

— Ma foi ! mademoiselle, c'est une chose que j'aurais crue impossible il y a six mois.

— Et maintenant ?

— Maintenant, je suis de votre avis : je crois aux miracles de l'amour. »

Victorine se sentit pâlir; il lui sembla que tout son sang refluait vers le cœur.

« Est-ce une histoire ? demanda-t-elle d'une voix tremblante.

— Pas trop longue, et je peux vous la raconter. »

Mme Michaud se tenait tranquille par aventure : Daniel poussa vivement sa besogne, tout en suivant son récit avec une lenteur francomtoise.

« Il y a six mois, dit-il, je terminais un groupe pour l'ambassadeur d'Espagne. Je reçus la visite d'un homme de mon pays et de mon âge, un camarade d'école, appelé Cambier. Il était venu à Paris pour écrire ; mais il n'écrivait guère, ou il écrivait mal. Il rédigeait un journal appelé *la Feuille de Rose*, *l'Impartial de la parfumerie*, je ne sais plus au juste. Toujours est-il que le pauvre diable avait souvent besoin de cent sous. Il portait, au mois de janvier, une jaquette laine et coton de *la Belle-Jardinière*, avec un chapeau gris à poil hérissé. Il rencontra dans mon atelier une Juive appelée Coralie qui pose pour la tête et les mains. Elle est vraiment belle, et elle se conduit bien ; elle demeure avec sa tante dans ces environs-ci, rue Mouffetard. Ce Cambier la regarda pendant une demi-heure comme un hébété; lorsqu'elle sortit, il me fit toute sorte de questions sur elle. Il n'avait jamais rien vu d'aussi beau ; c'était la femme qu'il avait rêvée ; il l'attendait depuis dix ans ! Il me demanda son nom ; il chercha son adresse sur l'ardoise où j'inscris mes modèles ; il voulait la revoir à tout prix. Il était capable de la demander en mariage et de confondre deux misères en une. Je l'avertis qu'il serait probablement mal reçu, parce que la tante vivait de sa nièce et ne songeait pas à la marier. Alors il me supplia de la faire venir chez moi pour poser, quand même je n'en aurais pas besoin : le malheureux offrait de payer les séances ! Je ne fis pas grande attention aux sottises qu'il dit ; il avait l'air d'un fou. Les jours suivants je m'absentai régulièrement ; je travaillais en ville. Lorsque je revins à l'atelier, je vis son nom écrit dix ou douze fois sur la porte. Notez que je suis aux Ternes et lui rue de l'Arbre-Sec. Enfin il me joignit. Il était allé voir Coralie, qui lui avait jeté la porte au nez. En me racontant sa visite, il pleurait. « Quel malheur, disait-il, que « je ne sois pas sculpteur ! elle viendrait chez moi, « et je pourrais la regarder tout mon soûl. » Il me demanda quelques vieux outils à emprunter ; je lui en donnai une poignée. Un mois après (c'était au milieu de février) il revint me voir. Vous auriez dit un autre homme ; je ne le reconnaissais plus. Il avait l'œil vif, le visage animé, et il tendait le jarret en marchant ; un peu plus, il aurait chanté. Par exemple, ce qui n'était pas changé, c'était sa jaquette et son chapeau. Il se remit à me parler de Coralie; il en était plus amoureux que jamais, et il espérait s'en faire aimer. Pour commencer, il avait fait son buste de mémoire, et il croyait avoir réussi. Il ne me laissa pas de repos que je n'eusse vu son ouvrage. Bon gré, mal gré, il fallut partir avec lui. L'omnibus du Roule nous mit au coin de la rue Saint-Honoré et de la rue de l'Arbre-Sec ; c'est là qu'il demeurait, au-dessus de la fontaine, et bien au-dessus. Je n'ai pas compté les étages, mais il y en avait six ou sept. Le buste était placé sur une sorte de table de nuit. En ce temps-là je ne croyais pas aux miracles de l'amour, et j'étais aussi sceptique que M. Lefébure, car mon premier mot, dès qu'il eut ôté le linge, fut : « Ce n'est pas toi qui as fait « cela ! » Je vous jure, sans fausse modestie, que je donnerais de bon cœur tout ce que j'ai fait et tout ce que je ferai pour ce buste de Coralie. C'était quelque chose de naïf et de savant, de vigoureux et de passionné, qui rappelait certaines peintures d'Holbein, certains dessins d'Alber Durer, ou, si vous voulez, quelques-unes des plus belles sculptures du moyen âge. Le fait est que ce buste en terre rougeâtre répandait dans la mansarde comme une lumière de chef-d'œuvre. Je dis à l'artiste tout ce qui me passa par la tête ; j'étais plus content que ceux qui découvrent une mine d'or. Il me remerciait, il m'embrassait, il était fou de joie : il voyait déjà le jour où Coralie viendrait dans son atelier. Je le priai de m'attendre le lendemain jusqu'à trois heures, et je revins avec M. David, M. Rude et M. Dumont. Les maîtres lui prirent la main et lui dirent qu'il était un grand artiste. Ils déclarèrent tous qu'il fallait mouler ce buste et le mettre à l'exposition. Je leur fis remarquer d'un coup d'œil le dénûment de cette chambre où il n'y avait pas trente francs pour le mouleur. Mon signe fut si bien compris, qu'après notre départ, Cambier trouva plus de cinq louis sur sa commode.

« La tête un peu plus à gauche, madame, s'il vous plaît.

— Et ce chef-d'œuvre, qu'est-il devenu? demanda M. Lefébure. Le public ne l'a pas vu ; les critiques d'art n'en ont rien dit !

— Hélas ! monsieur, l'amour a fait comme les tigres, qui mangent volontiers leurs enfants. Huit jours après cette visite, je retournai chez Cambier. Il était debout devant sa maison, les pieds dans la neige fondue, et il fumait sa pipe d'un air morne en regardant la fontaine et les porteurs d'eau. Il me reconnut quand je lui eus frappé sur l'épaule. Je lui demandai ce qu'il faisait là. Il me répondit: « Tu vois, je m'amuse. — Et tes amours? — Ah!

« c'est vrai. Je suis allé chez Coralie avec mon
« buste sous le bras. C'est elle qui m'a ouvert la
« porte. Je lui ai conté ce que j'avais fait par
« amour pour elle, et ce que vous m'aviez tous dit,
« et que je serais un artiste, et qu'elle viendrait
« poser chez moi. Elle a répondu qu'elle se mo-
« quait bien de moi, que je l'ennuyais, et que je
« pouvais remporter mon plâtras. Je ne l'ai pas
« emporté bien loin ; je l'ai cassé contre la
« borne. »

— Et Coralie est-elle mariée? demanda Mlle de Guéblan.

— Oui, mademoiselle, à un rémouleur qui gagne trois francs par jour.

— Quel bonheur! s'écria Mme Michaud.

— Comment ? demanda toute l'assistance.

— Quel bonheur! mon buste! c'est moi ; je suis frappante ; je saute aux yeux ! Ah! mon cher artiste, je veux aussi vous sauter au cou ! »

Et d'embrasser Daniel qui ne s'y attendait guère.

Le buste n'était pas fini, tant s'en faut; mais il avait fait plus de progrès en deux heures qu'en toute une quinzaine. Mme Michaud avait posé sans le savoir, par pure distraction, en écoutant le récit de Daniel. L'artiste avait saisi l'occasion au vol, et son ouvrage, pour être improvisé, n'en était pas moins heureux. Tout le monde en convint, jusqu'à

Victorine, qui ne pouvait croire ses yeux. Dans son trouble, elle dit à Daniel :

« Ah! monsieur, vous avez bien prouvé que l'amour faisait des miracles! »

Daniel pensa qu'elle faisait allusion à l'histoire de M. Cambier. Il se tenait les bras croisés devant son buste, et disait en lui-même : « Voilà une ébauche assez bien venue ; reste à la finir sans la gâter. Nous sommes au 1ᵉʳ juillet, j'ai du temps devant moi. Si ces messieurs voulaient bien me laisser tranquille, le plâtre serait réparé dans quinze jours, et je pourrais demander quinze cents francs d'avance. »

Qu'y a-t-il de vrai dans cette histoire? pensait Victorine. L'ambassade d'Espagne.... une fille qui demeure ici, avec sa tante.... un jeune homme de son âge et de son pays.... un chef-d'œuvre fait par amour.... Qui est-ce qui épouse un rémouleur? Et par quel sortilége ce bloc de terre a-t-il pris la figure de Mme Michaud? »

Le marquis avait annoncé qu'il reviendrait le 1ᵉʳ juillet pour l'heure du dîner, et quoiqu'il n'eût pas écrit depuis quatre jours, on connaissait si bien son exactitude mathématique, que son appartement était prêt et son couvert sur la table.

Après la séance triomphale où le buste s'était ébauché par miracle, Daniel, radieux comme un soleil, courut au fumoir remplir son porte-cigares.

La pendule de Don Juan marquait six heures dix minutes : on avait donc, avant de s'habiller, une bonne demi-heure de récréation.

Pour revenir du fumoir au jardin, il fallait traverser la salle d'armes. C'était une grande pièce carrée, parquetée en sapin, non cirée, et tapissée d'armes de toute sorte. On y voyait côte à côte les épées de combat, aiguisées, graissées, toutes neuves et toutes brillantes, et les épées d'assaut, rouillées au contact des mains et ébréchées par les parades. M. de Guéblan n'aimait pas les fleurets, dont la souplesse et la légèreté rendent la main paresseuse.

Daniel passait en chantonnant : il vit M. Lefébure en contemplation devant une panoplie. L'avocat n'avait digéré ni les succès du nouveau venu, ni la célèbre sérénade, ni ce baiser de nourrice que Mme Michaud venait d'appliquer si généreusement sur la figure de son sculpteur. Ajoutez que depuis quinze jours il n'avait pris aucun exercice. Le sang le tourmentait ; il sentait des démangeaisons dans les mains, il était comme Mercure lorsqu'il rencontra Sosie. Il demandait au ciel un homme, un seul homme, un pauvre petit homme à qui il pût rompre les os. Dans ces dispositions philanthropiques, il caressait du regard les épées mouchetées et ces bonnes lames bien roides dont le bouton laisse un bleu sur le corps. Daniel lui apparut comme une victime envoyée par la Providence : qu'il serait doux de marbrer à tour de bras une poitrine si large et si appétissante ! La victoire n'était pas douteuse : quinze ans de salle et une force reconnue ! M. Lefébure répétait volontiers, avec une orgueilleuse modestie : « J'ai déjà rencontré trois amateurs plus forts que moi, lord Seymour, M. Legouvé et le marquis de Guéblan. » C'était dire assez élégamment : « Je ne crains personne, excepté les trois premiers tireurs de Paris. » Il éprouvait le besoin de donner une bonne leçon d'escrime à M. Fert. Il est toujours agréable de se montrer supérieur à l'homme qu'on n'aime pas, mais c'est double plaisir quand la démonstration peut se faire dans une salle d'armes.

Le jeune artiste n'avait rien contre M. Lefébure. Il ne le trouvait pas beau, et il n'eût fait son portrait ni pour or ni pour argent ; il l'avait trouvé importun pendant quinze jours, de deux heures à six ; mais à cela près, il ne lui voulait que du bien. Il s'arrêta à causer avec lui, examina les armes, accepta un gant et une épée, et se laissa coiffer d'un masque avec la candeur innocente d'un agneau paré pour le sacrifice. Le belliqueux avocat se rua sur lui sans crier gare ! et lui appliqua vingt coups de bouton en moins de temps que je n'en mets à le raconter : c'était une grêle. En poussant chaque botte, il murmurait intérieurement : « Tiens ! tiens !

tiens! voilà pour ta sculpture! voilà pour ta musique! voilà pour l'apprendre à voler comme un hanneton au milieu de mes amours et de mes affaires! »

Daniel empochait les coups sans rompre, et chaque fois qu'il était touché, il disait conformément aux règles du jeu :

« Touche — touche — touche ! »

Après cinq minutes de ce petit travail, M. Lefébure s'arrêta pour reprendre haleine et pour éponger son front qui ruisselait. Daniel n'avait ni plus chaud ni plus froid qu'au moment où il avait croisé le fer. Il regarda la figure pourpre de son adversaire, et dit en lui-même : « Maintenant, je sais ton jeu ; tu ne me toucheras plus ! »

Le fait est que ce gros homme sanguin tirait fort mal. Sa furie française pouvait déconcerter un novice, et sa main était assez vite pour surprendre un maladroit ; mais il se découvrait à chaque instant, il attaquait par des coupés, il ripostait avant de parer, il s'éblouissait lui-même, partait en aveugle, et ne voyait ni son fer ni le fer de l'adversaire. « A mon tour! » dit l'artiste.

Il soutint de pied ferme un second assaut plus furieux que le premier, para, riposta, fit chaque chose en son temps, ne reçut pas un coup de bouton, et rendit avec usure le *gilet* qu'on lui avait donné. M. Lefébure n'en voulut pas convenir. Dans l'escrime, comme dans tous les jeux, il y a de bons et de mauvais joueurs; il était joueur détestable. Au lieu de crier : « Touche ! » lorsqu'il était touché, il disait en ripostant :

« C'est au bras ! au cou ! à la cuisse ! le fer a glissé ! mauvais coup ! manqué ! Nous ne compterons pas celui-ci ! A vous ! Voilà ce qui s'appelle touché !

— Pardon, monsieur, reprit Daniel en ôtant son masque : il me semble que si votre fer était démoucheté, je n'aurais pas reçu une égratignure.

— Pas même à la première reprise ? demanda M. Lefébure d'un ton goguenard. Cependant, soyons juste : la deuxième valait un peu mieux. Nous recommencerons tout à l'heure. Laissez-moi le temps de souffler. »

Daniel n'était pas content. Cette mauvaise foi chez un galant homme le mettait hors de lui. Il aurait voulu une galerie. Il enrageait d'avoir raison. « Recommençons, » dit-il.

Il s'anima si bien au jeu, que ce fut le tour de M. Lefébure d'être ébloui et de cligner des yeux. Daniel lui rendit fèves pour pois, et les coups de bouton partaient si gaillardement, qu'on eût dit le bouquet d'un feu d'artifice.

« Ouf ! dit M. Lefébure en jetant son épée sur une banquette : je crois, monsieur, que nous sommes de force.

— Ma foi! monsieur, reprit l'artiste avec une rondeur charmante, je croyais bien vous avoir battu.

— Comment! comment! j'ai gagné la première manche, la deuxième est nulle, et la troisième est à vous.

— Pardon; je ne savais pas que la deuxième fût nulle.

— Nulle, c'est-à-dire égale. Vous m'avez donné deux ou trois coups de bouton, et je me flatte de vous les avoir rendus.

— Eh bien, soit! dit Daniel exaspéré. Vous plaît-il de faire la belle?

— Aurons-nous le temps? »

La porte de la salle de billard était ouverte, M. Lefébure y entra, regarda l'heure au cartel et revint en disant : « Il est moins vingt. » Pendant son absence, Daniel décrocha une épée de combat parfaitement aiguisée et il la substitua à celle de M. Lefébure. « Nous verrons bien! » dit-il en lui-même. Il poursuivit tout haut :

« C'est l'affaire d'un instant; la belle en un coup, touche qui touche. Allons, monsieur, en garde! »

M. Lefébure saisit son fer et courut comme un fou sur l'artiste, qui se tenait sévèrement en garde. Il jeta coup sur coup deux ou trois coupés, dont le dernier fouetta rudement l'avant-bras de Daniel. L'avocat abaissa aussitôt sa pointe.

« N'ai-je pas touché? demanda-t-il poliment.
— Je ne crois pas, monsieur.
— Je croyais être bien sûr, monsieur.
— Vous vous êtes trompé, monsieur.
— C'est une étrange illusion, monsieur : j'aurais parié que je vous avais touché en pleine poitrine.
— Si vous en êtes sûr, monsieur....
— Parfaitement sûr, monsieur.
— Alors, comment se fait-il que je sois encore vivant, monsieur?
— Je ne comprends pas, monsieur.
— Veuillez regarder la pointe de votre épée. »
M. Lefébure se sentit chanceler.

« Nous ne tirerons plus ensemble, monsieur, dit-il aussitôt; vous avez fait là une terrible plaisanterie : vous m'avez exposé à vous tuer.
— Non, monsieur, j'étais sûr que vous ne me toucheriez pas. »

Victorine, sa tante, M. de Marsal et le marquis de Guéblan étaient arrivés à la porte de la salle d'armes, et leur entrée empêcha la discussion de dégénérer en querelle.

« Quel homme! pensait Victorine ; c'est un preux échappé de quelque vieux roman. » Lorsque Daniel eut été présenté au marquis, elle s'approcha de lui et lui dit à l'oreille :

« M. Daniel, je vous défends de risquer votre vie.

— Cette petite fille m'agace, » pensa le sculpteur.

IV

Pendant le dîner, le marquis étudia avec intérêt la figure de Daniel, M. Lefébure lui fit froide mine, M. de Marsal le regarda avec stupéfaction comme un enfant regarde les ombres chinoises; Mme Michaud célébra ses louanges sur tous les tons, et Victorine fut en extase devant lui. Quant au héros de la journée, il ne perdit pas un coup de dent

On se sépara deux heures plus tôt que de coutume. Un maître de maison qui rentre chez lui après une absence de quinze jours a cent questions à faire, et M. de Guéblan en avait mille à adresser à Mme Michaud.

Victorine devinait bien qu'il serait parlé d'elle dans cette conférence. Elle ne se mit pas au lit ; elle prit un livre, et ce qu'elle lut ne lui profita guère. M. Lefébure et M. de Marsal, ligués contre l'ennemi commun, cherchèrent ensemble les moyens de déjouer la politique de Daniel. Daniel se coucha bravement à dix heures, et dormit tout d'une étape jusqu'au lendemain matin.

« Ma chère sœur, dit le marquis à Mme Michaud, j'ai fait ce que tu as voulu : j'ai ouvert un concours qui n'est pas sans danger, ni surtout sans ridicule, en agréant deux prétendants à la fois. Je ne vois pas que la question ait fait de grands progrès en mon absence. Où en sommes-nous ? que dit Victorine ?

— Toujours le même discours : elle ne dit rien ; mais si elle a pour un centime d'entendement, elle choisira M. de Marsal. Je le lui disais encore il y a trois jours, et je vous le répéterai à tous les deux jusqu'à ce que vous l'ayez compris : on n'épouse pas un homme, mais un nom. Une femme va partout sans son mari ; mais il faut, bon gré, mal gré, qu'elle traîne son nom après elle. Dans un salon, ceux qui la voient danser ne s'informent pas si son mari est grand ou petit ; on dit : « Comment donc s'appelle cette jolie femme qui valse là-bas ? » Le nom ! mais il éclipse tout, toilette, fortune, beauté : c'est le plus grand luxe de la vie, parce qu'il n'est pas à la portée de tout le monde.

— Bah ! on en fabrique tous les jours, et...

— Parce qu'on fait des bijoux en strass, faut-il jeter les diamants dans la rue ? Tu ne sais pas tout ce qu'il y a de flatteur pour l'oreille dans un joli nom sonore et de bon aloi. Tu es blasé ; il y a cinquante ans et quelques mois qu'on t'appelle marquis de Guéblan. Ah ! si tu pouvais seulement, pour dix minutes, t'appeler Michaud ! Dire que je suis bien née, tout comme toi, ta sœur de père et mère, et que je m'appellerai éternellement Mme Michaud ! Je n'en veux pas à mon mari, Dieu ait son âme ! J'ai vécu en paix avec lui, je l'ai aimé malgré son nom et tous ses autres défauts ; mais, en bonne justice, ne pouvait-il pas emporter son Michaud dans l'autre monde ? Enfin ! poursuivit-elle avec un gros soupir, j'en ai pris mon parti, je me résigne, mais à une condition, c'est que Victorine ne s'appellera pas Michaud.

— Lefébure n'est pas un vilain nom, et, d'ailleurs....

— Lefébure, c'est Michaud. Tout nom qui n'est pas accompagné d'un titre, surmonté d'une couronne, flanqué d'un écusson, rentre dans la grande catégorie du Michaud ! Il y a trente-sept millions de Michaud en France, et j'en suis ! deux ou trois mille Guéblan, et Victorine en sera !

— Et pourquoi pas ? Elle pourrait épouser M. Lefébure et s'appeler Mme de Guéblan. Je suis le dernier du nom ; et le conseil du sceau des titres ...

— Mauvais, mon frère, mauvais ! M. Lefébure

est connu par son nom dans tout Paris. La greffe ne prendrait pas, et le marquis Lefébure de Guéblan ne serait jamais que Lefébure. Marsal est un joli nom ! »

M. de Guéblan avait d'excellentes raisons pour repousser M. de Marsal. Il savait que le dernier rejeton d'un famille si ancienne ne consentirait à échanger son nom contre aucun autre, et le marquis désirait passionnément de n'être pas le dernier des Guéblan. Il se disait encore, en regardant du coin de l'œil la figure du capitaine, qu'en le mariant à Victorine, il se préparait une pâle et débile postérité. Enfin, il ne comptait pas aveuglément sur la fortune de sa sœur, quoiqu'il en eût gagné une bonne partie. Mme Michaud était capable de se remarier pour le plaisir de changer de nom ; Victorine se mettait à l'abri de tous les caprices en épousant M. Lefébure.

Ce dernier argument, que le marquis développa en toute franchise, amusa beaucoup Mme Michaud.

« Tu es fou ! dit-elle à son frère. Qui est-ce qui voudrait épouser une antiquité comme moi? Victorine aura tout. Combien veux-tu que je lui donne en mariage? Cent mille francs de rente? Elle n'aura plus besoin d'épouser M. Lefébure. Je comprends que ceux qui n'ont pas d'argent en cherchent ; mais dès qu'on a le nécessaire, à quoi bon poursuivre le superflu? Le nécessaire, c'est cent mille francs de rente; Victorine ne mangera pas davantage: elle a les dents si petites! Je crois, du reste, qu'elle a une préférence pour M. de Marsal.

— Tu aurais dû me le dire en commençant, nous n'aurions pas discuté. Mais es-tu bien sûre ?...

— Allons chez elle, elle n'est pas couchée, nous la confesserons à nous deux. »

Victorine la silencieuse commençait à se lasser du rôle de personnage muet. Depuis qu'elle était sûre d'être aimée, la joie s'échappait par ses yeux. Le bonheur, longtemps renfermé dans les profondeurs de son âme, montait à ses lèvres; son amour était comme ces plantes aquatiques qui se tiennent cachées jusqu'au jour où elles vont fleurir à la surface de l'eau.

Elle écouta d'un front radieux la petite exhortation de son père, qui la priait de nommer franchement celui qu'elle préférait.

« Lefébure ou Marsal? choisis! ajouta Mme Michaud.

— Ni l'un ni l'autre, répondit-elle.

— Et pourquoi, ma nièce?

— Parce que je ne les aime pas, ma tante.

— Comme tu dis cela! Je ne te demande pas si tu es amoureuse d'un de ces messieurs; on se marie d'abord par amitié, l'amour vient ensuite.

— Je veux aimer mon mari d'avance.

— D'abord, cela n'est pas de bon ton. Je ne sais rien de choquant comme ces mariées qui raffolent de leur mari : elles ont l'air d'être à la noce ! Quand j'ai épousé M. Michaud, je le connaissais, je l'estimais, je faisais le plus grand cas de son caractère, mais je ne l'aimais pas plus que l'empereur de la Chine. L'amour est un arbre qui croît lentement; il n'y a que la mauvaise herbe qui pousse vite.

— Chère tante, est-il aussi de bon ton qu'un mari épouse une femme sans l'aimer?

— Je n'ai pas dit cela, ne me prête pas de sottises !

— C'est qu'il me semble que ces messieurs ne m'aiment ni l'un ni l'autre.

— Comment !

— Oh ! je ne m'y trompe pas. Je les ai bien étudiés, surtout depuis qu'on travaille au buste. Voici, en quelques mots, le résumé de mes observations.

— Nous écoutons.

— M. de Marsal est un homme bien né, bien élevé, d'un caractère doux, d'une humeur égale, et de manières fort agréables.

— Ah ! s'écria triomphalement Mme Michaud.

— Attendez! M. Lefébure a l'esprit varié, vif et élégant, la voix belle, la parole émouvante, le geste noble et résolu.

— Eh ! eh ! murmura le marquis.

— Patience, mon père ! L'un est blond, l'autre est brun ; l'un est mince, l'autre est gros ; l'un est pauvre, l'autre est riche : et cependant on croirait qu'ils sont un même homme, tant ils se ressemblent dans leurs façons avec moi. Ils me disent les mêmes fadeurs, comme s'ils les avaient apprises dans un manuel. Ils me regardent de la même façon ; ils n'ont pas deux manières de m'approuver lorsque je parle. Si je leur souris, ils triomphent uniformément; si je leur fais la moue, ils courbent le front sous le poids d'une même douleur. On dirait qu'ils s'entendent pour faire tomber la conversation sur le chapitre du mariage, et chacun se met en frais d'éloquence pour prouver qu'il serait le meilleur des maris. Pour peu que je blâme l'indifférence, ils froncent le sourcil comme deux jaloux. Que je me prononce contre la jalousie, leurs deux visages revêtent simultanément une béate indifférence. Si ma tante disait un seul mot contre l'avarice, ils courraient faire des ricochets avec des pièces de quarante francs; si elle réprimandait la prodigalité, ils chercheraient des épingles sur le tapis! Ce n'est pas ainsi que l'on aime !

— Qu'en sais-tu ?

— Je le sens là ! Le cœur est clairvoyant, surtout à mon âge : il n'a pas les yeux fatigués ! Si ces messieurs étaient amoureux de moi, quelque chose me le dirait, et, bon gré, mal gré, j'éprouverais au moins de la reconnaissance. Mais quand leurs attentions me laissent indifférente, c'est qu'elles ne s'adressent pas à moi, et que c'est à ma dot à les remercier. »

M. de Guéblan fut moins frappé des paroles de sa fille que du ton dont elle parlait. Jamais il ne l'avait vue aussi animée. Il voulut l'examiner de plus près ; il la prit par les deux mains, la tira de son fauteuil et l'assit doucement sur ses genoux.

« Regarde-moi dans les yeux, » lui dit-il.

Victorine éprouvait cette première transfiguration que l'amour heureux produit chez les jeunes filles : elle s'épanouissait.

« Aimerais-tu quelqu'un ? » lui demanda son père.

Elle l'embrassa pour toute réponse.

« Il est noble ?

— Comme un roi.

— Riche ?

— Comme ma tante.

— Beau ?

— Comme toi, mon bon père ; et brave, et fier, et spirituel comme toi !

— Nous le connaissons?

— Vous l'avez vu; mais vous ne le connaissez pas.

— Où l'as-tu rencontré?

— A l'ambassade d'Espagne, l'hiver dernier

— Il y a un siècle!

— Oui; je suis restée six mois sans nouvelles.

— Il t'a oubliée?

— Non.

— Comment le sais-tu?

— J'en ai les preuves.

— Je ne te demande pas s'il t'a écrit : tu es ma fille.

— Oh! mon père!

— Qui est-ce donc? Dis-nous son nom!»

Victorine eût été fort embarrassée de répondre. Mme Michaud dit au marquis : « Tu lui as fait peur; la voilà tout assotée. Laisse-moi seule avec elle, elle me dira son secret. »

Je ne sais comment Victorine s'y prit pour ensorceler sa tante. Le fait est qu'elle ne lui dit pas son secret, et qu'elle l'enrôla dans une conspiration contre les prétendants. On se promit de leur prouver à eux-mêmes qu'ils n'avaient d'amour que pour la fortune de Mme Michaud. Victorine eut bientôt fait son siége; l'amour est un grand maître en stratégie. Séance tenante, elle découpa, dans un volume de la *Bibliothèque bleue*, la phrase suivante, qui fut mise sous enveloppe à l'adresse de M. Lefébure :

« La dame et sa nièce se marièrent le même jour aux deux chevaliers qu'elles aimaient, et ceux qui se trouvèrent dans la chapelle du château virent deux belles cérémonies. »

« Raisonnons, dit Mme Michaud. Quand le facteur lui apportera ce chiffon anonyme, il ne le jettera pas au feu : nous sommes en été. Il le lira. Que va-t-il penser ? Premièrement, qu'on se moque de lui.... un mauvais plaisant.... un tour d'écolier. Quand j'ai dû épouser M. Michaud, mon père a reçu plus de vingt lettres anonymes : une entre autres où l'on affirmait que mon futur était marié à quatre femmes en Turquie ! Ensuite, il se grattera la tête, et il se dira que je suis bien assez folle pour convoler en secondes noces, avec mes moustaches et mes cheveux gris. Si je me marie, la conséquence est nette : tu entres de plain-pied dans l'intéressante catégorie des filles sans dot. Ce gros Lefébure est bourgeois jusqu'aux os, très-coiffé de ses rentes, et incapable de t'épouser gratis. Je vois d'ici la grimace qu'il va faire. M. de Marsal t'épouserait quand même, lui ! C'est un chevalier. Mais j'y songe : comment faire croire à l'avocat que j'ai un mari en tête ? il ne me quitte pas d'une semelle ! Il sait bien que nous n'avons pas eu quinze visites en quinze jours. Pour se marier il faut un mari. Trouve-moi un fantôme de mari! Attends! ce petit sculpteur!

— Oh! ma tante!

— Pourquoi? il est très-beau.

— Sans doute, mais....

— Il a du talent.

— J'en conviens, mais....

— Il a un nom absurde, mais un nom connu. C'est une noblesse cela! Ce que j'aime dans les artistes, c'est qu'ils ne sont pas des bourgeois.

— Mais songez donc, ma tante....

— Qu'il n'a pas le sou? Je suis assez riche pour deux! Après tout, ce mariage serait cent fois plus vraisemblable que celui de la comtesse de Pagny avec son intendant Thibaudeau. La marquise de Valin a bien épousé un petit ingénieur du port de Brest qui s'appelle Henrion! et Mme de Bougé! et Mme de Lansac! et Mme de La Rue!

— Oui, ma tante, mais quel rôle ferez-vous jouer à ce pauvre jeune homme!

— Le voilà bien malheureux! Je serai charmante avec lui; je lui ferai des compliments, je le promènerai avec moi dans le parc, et je lui servirai des ailes de poulet, tandis que je ferai manger les pilons à M. Lefébure. Du reste, il ne se doutera de rien, et mes attentions ne seront intelligibles que pour un homme prévenu. »

Mme Michaud se chargea de rassurer le marquis sur l'amour mystérieux de sa fille. Elle le lui peignit, de confiance, comme un pur caprice d'imagination, un de ces rêves éveillés comme les jeunes cœurs en font souvent. Il n'y avait pas péril en la demeure : Victorine était en sûreté au château, loin du monde et des salons de Paris.

La bonne tante, qui ne renonçait pas à son projet sur M. de Marsal, songea à se donner des auxiliaires. Elle fit venir de Paris Mme Lerambert avec son fils et sa fille, qui avait un million de dot. Elle comptait sur Mlle Lerambert pour faire une heureuse diversion en attirant sur elle les forces de l'ennemi. En même temps, elle manda par dépêche télégraphique la vieille Mlle de Marsal, personne de sens et d'esprit, sœur aînée et très-aînée de son candidat. Mlle de Marsal devait former la réserve et marcher à l'arrière-garde. Malheusement elle mit une lenteur déplorable à quitter son petit château de Lunéville, à prendre congé de ses voisins et de ses chats, et à s'embarquer dans une berline de voyage. Elle avait si peu de confiance dans les chemins de fer, qu'elle voulut venir avec ses chevaux lorrains, braves bêtes d'ailleurs, et qui faisaient fièrement leurs dix lieues à la journée. Cette berline de renfort n'arriva pas avant le 12 juillet, lorsque M. Lefébure était le poursuivant déclaré de Mlle Lerambert, et que

Daniel, choyé tendrement par Mme Michaud, mettait la dernière main à son plâtre.

L'artiste n'avait remarqué ni le refroidissement rapide de M. Lefébure, ni la joie que Victorine et sa tante en avaient éprouvée, ni ses attentions retournées vers la fille du banquier, ni le regret du marquis de Guéblan, ni le triomphe de M. de Marsal : il n'avait vu que son buste et l'échéance des quinze cents francs. Rien n'avait pu le distraire, pas même les regards de Victorine, qu'il n'avait pas rencontrés, et ses demi-mots, qu'il n'avait pas compris. Les attentions de Mme Michaud lui avaient été au cœur : il ne doutait pas qu'une personne si bienveillante ne lui accordât l'avance dont il avait besoin. Plein de cette confiance, il avait hâté sa besogne et achevé, en douze séances, une œuvre remarquable. Les artistes ne réussissent jamais mieux que sous le fouet de la nécessité : voilà pourquoi les millionnaires sont rarement de grands artistes. Ceux qui le voyaient travailler avec tant de cœur se disaient à l'oreille :

« Comme il aime! On prétend que Phidias, lorsqu'il fit la Minerve d'ivoire et d'or, était amoureux de son modèle. Qui aurait pu prévoir que la première passion de Mme Michaud serait partagée par un si joli garçon? Il fera un mariage d'argent et un mariage d'amour. »

Personne ne doutait qu'il ne fût sérieusement épris, excepté Victorine et M. de Marsal, qui avaient un autre bandeau sur les yeux. Mme Michaud elle-même commençait à s'effrayer de son ouvrage, et M. de Guéblan songeait à réprimander sa vénérable sœur.

Mais c'est M. Lefébure qui riait sincèrement dans sa barbe. En voyant son ancien rival s'enferrer de plus en plus, il se félicitait d'être né homme d'esprit, et il se représentait déjà la piteuse mine du capitaine, le jour où Daniel et Mme Michaud marcheraient ensemble à l'autel. L'avocat n'avait pas gardé d'illusions sur la personne de Victorine. Depuis qu'il la savait sans dot, il la trouvait beaucoup moins belle que Mlle Lerambert. De son côté, la famille Lerambert appréciait hautement l'éloquence et la fortune de M. Lefébure.

Le marquis, fort scandalisé de la conduite de son candidat, se sentait ramené par un instinct secret vers M. de Marsal. Il se repentait plus que jamais d'avoir mis sa fille au concours; il craignait que le bruit de cette aventure ne se répandît au faubourg Saint-Germain, et il sentait la nécessité de marier Victorine au plus tôt. Dans ces dispositions, il accueillit favorablement les avances du capitaine. Il se ménagea avec lui deux ou trois entretiens secrets : il lui ouvrit son cœur, et finit par aborder la question délicate du changement de nom. M. de Marsal ne se fit prier que de la bonne sorte ; il se résigna à s'appeler Gaston de Marsal de Guéblan ou de Marsal-Guéblan, ou de Guéblan-Marsal, comme il plairait au marquis. Marché fait, il embrassa tendrement sa sœur, qui arrivait de Lunéville, et il lui conta les grandes nouvelles. Mlle de Marsal en pleura de joie, et dit : « J'arrive à point pour vous bénir. C'est pour cela, sans doute, que Mme Michaud m'appelait en toute hâte. »

Le lendemain, 13 juillet, était un vendredi : jour deux fois de mauvais augure. Mlle de Marsal avait eu le temps de prendre langue et de savoir tout ce qui s'agitait dans la maison. Après le déjeuner, elle tira son frère à part et lui dit :

« Quelle est la fortune personnelle de Mlle de Guéblan ?

— Je ne sais pas. Rien, ou dix mille francs de rente.

— En bien né et acquis ?

— Non, à la mort de son père. Pourquoi me demandes-tu cela ? Tu sais bien qu'elle a la fortune de sa tante.

— De Mme Daniel Fert ?

— Qu'est-ce que tu dis ? de Mme Michaud !

— Mais, malheureux ! tu ne sais donc pas ?

— Quoi ?

— Mme Michaud épouse le petit sculpteur. Tout

le monde est dans le secret, excepté toi. Voilà pourquoi M. Lefébure s'est retiré.

— Miséricorde ! »

M. de Marsal sortit en courant : de sa vie il n'avait eu des couleurs aussi vives. Ses favoris, blonds comme du lin, semblaient roux. Il tomba dans Mme Michaud, qui le prit amicalement par le bras et lui dit :

« Où courez-vous ? Je vous fais prisonnier. J'ai bien des choses à vous conter. Vous vous êtes conduit comme un ange ; M. Lefébure est une bête ; je suis enchantée de l'arrivée de votre sœur, et vous aurez ma nièce. »

Il regarda assez impoliment sa fidèle alliée et lui répondit d'un ton sec :

« Je vous remercie, madame. Je crois qu'on trompe quelqu'un ici, et je tâcherai que la dupe ne soit pas moi. »

Mme Michaud resta plantée sur les pieds : elle croyait voir un agneau déchaîné.

Il lança un profond salut à la pauvre femme et courut à Daniel, qui se promenait avec le jeune M. Lerambert au bord de la pièce d'eau.

« Monsieur le sculpteur, lui dit-il, il y a assez longtemps que vous vous moquez de moi, et je me crois obligé de vous dire que je n'aime ni les fourbes ni les intrigants. »

M. Lerambert laissa tomber ses bras en signe de

stupéfaction. Daniel regarda le capitaine comme un médecin de Bicêtre regarde un fou.

« Est-ce à moi que vous parlez, monsieur ?

— A vous-même.

— C'est moi qui suis un fourbe et un intrigant ?...

— Et un impudent, si les autres mots ne suffisent pas pour que le portrait vous paraisse ressemblant. »

Daniel se demanda un instant s'il jetterait le capitaine dans la pièce d'eau ; mais réflexion faite, il tira ses gants de sa poche et les lui lança au visage.

V

Jamais on n'a vu d'affaire plus mal conduite que le duel de M. Fert et de M. de Marsal. Le capitaine n'avait pas touché une épée en sa vie, et ses pistolets, chargés en 1840, étaient encore tout neufs, comme vous savez. Daniel, exercé à toutes les armes, n'avait usé de ses talents que pour expulser un porteur d'eau par la fenêtre : personne n'était assez ennemi de soi-même pour lui chercher querelle. Le grand avantage de ceux qui savent se battre, c'est qu'ils ne se battent presque jamais. En revanche, les maladroits viennent souvent leur demander assistance et les choisir pour témoins de leurs faits d'armes. Mais Daniel vivait loin du monde, et il avait peu d'amis, tous artistes, confinés dans leur atelier, pacifiques par goût et par état. Aussi n'avait-il jamais paru sur le terrain, même en qualité de spectateur.

M. de Marsal choisit pour témoins le jeune M. Lerambert et son ancien rival M. Lefébure. Mais l'avocat était trop prudent pour s'exposer à un mois de prison en cas de malheur : il se récusa sagement. M. Lerambert fils, étudiant en droit, fort jeune, presque enfant, se sentit grandi d'une coudée par le rôle tout nouveau auquel il était appelé. Il se chargea de trouver un second témoin parmi les innocents de son âge. Si vous l'aviez vu marcher, la redingote boutonnée jusqu'au cou, une main dans la poche, l'œil à demi voilé, le visage empreint d'un air de discrétion importante, vous n'auriez pas su vous empêcher de sourire, et vous auriez oublié que cet écolier allait jouer la vie de deux hommes.

Le capitaine, outré de l'affront qu'il avait reçu, et plus encore de la ruine de ses espérances, était pressé d'en finir. Je ne crois pas qu'il souhaitât positivement la mort de Daniel, mais un coup de pistolet pouvait rompre le mariage de Mme Michaud et assurer cinq cent mille francs de rente à Victorine. L'artiste, de son côté, n'avait pas de temps à perdre : il avait signé un billet pour le 15, et son praticien, qui avait des ouvriers à payer, n'était pas en mesure d'attendre. Daniel employa la fin de la journée à terminer son buste. A six heures, il prévint Mme Michaud qu'il était forcé de dîner en ville, et il courut à Paris. Il comptait sur deux officiers de ses amis qui logeaient rue Saint-Paul, auprès de la caserne de l'*Ave-Maria*. Par malheur, il apprit, en arrivant chez eux, que le régiment était parti pour Lyon depuis quinze jours. Il se fit conduire au faubourg du Temple chez M. de Pibrac, ancien commandant de la garde royale, une des plus fines lames de 1816. Il le trouva au lit avec la goutte. En désespoir de cause, il revint à la rue de l'Ouest et aux ateliers de ses amis. Il en choisit deux pour leur vigueur et leur sang-froid plutôt que pour leur expérience. C'était un peintre et un graveur en médailles, aussi neufs que lui en matière de duel. Il les pria de rester chez eux toute la soirée, pour recevoir les témoins de M. de Marsal.

Ces deux enfants l'attendaient dans un cabinet des *Frères Provençaux;* ils vivaient l'un et l'autre chez leurs parents, et ils craignaient de donner l'éveil à leur famille. Daniel leur apporta, à neuf heures, l'adresse de ses deux amis. Il rencontra dans l'escalier M. de Marsal qui descendait, et il échangea avec lui un salut de grande cérémonie.

A dix heures du soir, les quatre témoins ouvrirent, rue de l'Ouest, une conférence vraiment singulière. Aucun d'eux ne connaissait les causes du duel. Ils savaient que M. de Marsal avait outragé en paroles M. Daniel Fert, qui l'avait outragé en action. Daniel lui-même ignorait les griefs que le capitaine pouvait avoir contre lui. Son ultimatum, rédigé par ses amis, sous sa dictée, n'était ni long, ni compliqué. « Je n'ai jamais rien eu contre M. de Marsal. Il m'a appelé *fourbe*, *intrigant* et *impudent*, je ne sais pourquoi. Attaqué dans mon honneur, je lui ai jeté mon gant à la figure. S'il retire ce qu'il a dit, je regretterai ce que j'ai fait. Je désire que l'affaire soit vidée demain avant midi. Si j'ai le choix des armes, je demande l'épée. » M. de Marsal n'aurait pas eu de peine à trouver des témoins plus habiles que les siens. Il n'était pas de Paris, et il y connaissait peu de monde ; mais il avait des témoins à choisir, soit au ministère, soit à l'hôtel de la marine militaire. Il se contenta de deux étudiants, pour n'avoir point de comptes à rendre. M. Lerambert prit la parole en disant :

« Messieurs, M. Daniel Fert a jeté son gant à M. de Marsal ; nous sommes chargés d'en demander raison. »

Aucune des règles en usage ne fut observée : les témoins de Daniel ne savaient pas même le nom des témoins de M. de Marsal. Il ne fut question ni de Mme Michaud, ni de Victorine, ni des prétendues intrigues de Daniel, ni de la déception du capitaine. C'est ce que le capitaine avait voulu.

Dans ces conditions, aucun arrangement n'était possible. M. de Marsal était exaspéré, comme tout homme indolent qui sort de son caractère. Daniel n'était pas fâché de lui donner une de ces leçons de politesse dont on se souvient au lit pendant six semaines : c'est dans cet esprit qu'il avait choisi l'épée. Les témoins, dont l'aîné n'avait pas trente ans, désiraient être témoins de quelque chose. Si vous voulez qu'une affaire s'arrange, ne choisissez jamais de jeunes témoins.

La conférence ne dura pas plus d'une demi-heure : on a plus tôt fait de déclarer la guerre que de conclure la paix. Rendez-vous fut pris pour le lendemain, six heures du matin, au Petit-Montrouge. Vous trouvez au delà de ce village un bon nombre de carrières abandonnées, où l'on se bat plus tranquillement qu'au bois de Boulogne. Le choix des armes n'appartenait à personne, puisque les offenses étaient réciproques. On convint de tirer au sort sur le terrain. Au moment de prendre congé, M. Lerambert demanda à ses adversaires :

« A propos, messieurs, avez-vous des armes?

— Non, monsieur; et vous?

— Nous n'en avons pas non plus.

— Il faudrait passer chez un armurier.

— Est-ce prudent? Si nous étions suivis! Je songe que nous pourrions en prendre au château de Guéblan. Ou plutôt, non : cela serait abuser de l'hospitalité du marquis. Il ne se consolerait jamais, si par malheur..

— Mon cher Édouard, lui dit son compagnon, M. de Marsal nous a dit qu'il avait des pistolets de combat. Ces messieurs les accepteraient-ils?

— Pourquoi pas? répliqua naïvement le peintre.

— S'ils sont bons, tant mieux pour le plus adroit; s'ils sont mauvais, on ne se fera pas de mal.

— Ils sont bons.

— Quant aux épées, n'en soyez pas en peine. M. Fert en a plusieurs dans son atelier. »

Pendant cet entretien, Daniel descendait de voiture à l'entrée de l'enclos des Ternes. Il y venait régulièrement le jeudi et le dimanche, après dîner faire la partie de dominos de sa vieille mère, et s'informer si elle ne manquait de rien.

« Je ne manque que de toi, » répondait invariablement la bonne femme.

Ce soir-là elle ne l'attendait pas, puisqu'elle l'avait vu la veille. Elle s'était couchée à neuf heures, et elle dormait son premier somme, le seul bon chez les personnes de son âge. Daniel fit taire la sonnette du petit jardin, entra sans bruit dans son atelier, détacha une paire d'épées, essuya la poussière, fit ployer les lames et s'assura que les poignées étaient bien en main. Il enveloppa les deux armes dans une serge verte, et les porta discrètement au jardin. « Voilà, pensa-t-il, deux bonnes lancettes pour faire une saignée à M. de Marsal. Ma pauvre mère sera un peu effrayée quand je viendrai demain lui conter mon aventure. Bah ! »

Il allait s'éloigner; mais je ne sais quelle force le retint. Il chercha dans sa poche la double clef de la maison; il entra à pas de loup, et ne s'arrêta que devant le lit de sa mère. Une petite veilleuse éparpillait dans la chambre sa lumière tremblante. Mme Fert, entourée de dessins, de plâtres, de bronzes et de mille petits ouvrages de son fils, souriait en dormant. Elle voyait en rêve son cher Daniel émaillé des broderies vertes de l'Institut, et cravaté du ruban rouge de la Légion d'honneur. Daniel la regarda tendrement pendant quelques minutes; puis il se mit à genoux devant elle, puis il baisa une petite main ridée qui pendait au bord du lit, puis il prit un coin du drap bien blanc, parfumé d'une bonne odeur de violette, et il s'en essuya les yeux.

En rentrant au château, il monta lestement à sa chambre, cacha ses épées dans le cabinet de toilette, donna un coup de brosse à ses genoux, et redescendit au salon. Le marquis, sa sœur et sa fille jouaient au vingt-et-un avec M. Lefébure, Mlle de Marsal et la famille Lerambert. Le jeune M. Lerambert et le capitaine arrivèrent ensemble au bout d'un quart d'heure.

« Enfin ! dit Mme Michaud, je rentre en possession de tous mes pensionnaires. Depuis sept heures, j'étais comme une poule qui a perdu ses poussins. On dirait que vous vous étiez donné le mot pour nous planter là, messieurs. Je ne sais pas si je dois vous offrir du thé ; vous ne le méritez guère. Mon cher sculpteur, une tasse ? Ah ! j'oubliais que vous le prenez sans sucre. Passez le sucrier à M. de Marsal ; il en a bon besoin aujourd'hui. »

La main du capitaine trembla imperceptiblement en recevant la tasse des mains de Daniel. M. Lerambert fils, plus boutonné que jamais, ne ressemblait pas mal à un jeune traître de mélodrame. Il essaya de manger un morceau de brioche avec son thé, mais les morceaux s'arrêtaient à sa gorge. Il desserra le nœud de sa cravate, qui, cependant, n'était pas trop serré.

« Messieurs les absents, poursuivit Mme Michaud, je vous condamne à jouer un vingt-et-un et à perdre votre argent avec nous. Qui prend la banque? M. Fert?

— Volontiers, madame, » répondit Daniel.

Il joua avec tant de bonheur, qu'il eut bientôt gagné cinq cents francs. M. Lefébure et M. de Marsal s'efforçaient de faire sauter la banque. Mme Michaud leur dit étourdiment : « Oh! vous aurez beau faire, il est plus fort que vous. Il a la veine. Par exemple, cet argent-là lui coûtera cher! Heureux au jeu.... vous connaissez le proverbe? »

Mlle de Marsal lança à son frère un regard pénétrant. Victorine cherchait à rencontrer les yeux de Daniel. Daniel disait en lui-même : « Bon! je ne demanderai que mille francs à Mme Michaud.

On se sépara vers deux heures. En montant l'escalier du premier étage, Daniel échangea quelques mots avec M. Lerambert.

« Est-ce pour demain?

— Oui, monsieur, à six heures, devant la mairie du Petit-Montrouge.

— Les armes?

— On tirera au sort.

— J'ai mes épées.

— Nous, nos pistolets. Nous sortirons par la

petite porte : prenez de l'autre côté, pour qu'on n'ait pas de soupçons.

— Tout le château dormira; on se couche si tard ! »

M. de Marsal tira ses pistolets du fond de sa malle. Il changea les amorces, qui étaient toutes vertes, écrivit une longue lettre à sa sœur, se jeta tout habillé sur son lit, et ne dormit pas une minute. Daniel reposa comme Alexandre ou le grand Condé à la veille d'une bataille. A cinq heures et demie, il était sur pied. Les deux adversaires sortirent sans éveiller personne. M. de Marsal remit au garde de la petite porte la lettre qu'il avait écrite à sa sœur.

Tout le monde fut exact au rendez-vous. La mairie de Montrouge est une construction neuve, élevée à quelques pas du village, au milieu des champs. Les témoins renvoyèrent leurs fiacres, et l'on s'achemina à pied dans la direction des carrières. Daniel conduisait la marche avec ses amis.

« Comme tu es tranquille ! lui dit le peintre.

— Je suis tranquille si nous avons l'épée. Avec ces diables de pistolets, je ne réponds de rien : je tue mon homme.

— Comment ?

— C'est tout simple. L'épée à la main, je suis sûr qu'il ne me fera pas de mal, et je peux le ménager. Au pistolet, on n'épargne pas les maladroits, parce qu'ils sont capables de vous casser la tête. Conseille-leur l'épée, dans leur intérêt. »

M. Lerambert disait à M. de Marsal :

« Vous refusez l'épée ; vous tirez donc le pistolet ?

— Moi, pas du tout.

— Alors, c'est qu'il ne tire pas non plus ?

— Il fait dix-neuf mouches en vingt coups.

— Eh bien ! prenons l'épée, on n'en meurt pas !

— Je vous dirai tout à l'heure ce qu'il faut faire. »

On descendit dans une carrière longue de quarante pas sur vingt. Le sol était aussi égal que le plancher d'une salle d'armes. M. Lerambert jeta en l'air une pièce de cinq francs. Le peintre demanda pile, la pièce tomba face : on se battait au pistolet.

Restait à fixer la distance et à mesurer le terrain. Les quatre témoins étaient bien guéris de cet enivrement d'amour-propre qui les avait conduits jusque-là. M. Lerambert avait la parole embarrassée ; les trois autres pleuraient.

« Placez-nous à quarante pas, dit Daniel à ses amis, et tâchez qu'il tire le premier : il me manquera et j'enverrai ma balle aux alouettes. »

M. Lerambert vint apporter les propositions du capitaine :

« Messieurs, dit-il, M. de Marsal n'a jamais tiré

le pistolet ; M. Fert est de première force. Le seul moyen de rendre les chances égales est de décharger un des deux pistolets; et de tirer au sort à qui l'aura. Les deux adversaires seront placés à cinq pas l'un de l'autre. C'est ainsi que M. de Marsal entend se battre.

— Mais c'est un combat à mort! s'écria Daniel.

— Nous ne le permettrons jamais! ajoutèrent ses deux témoins.

— Alors, répondit M. Lerambert avec une satisfaction visible, le duel est impossible, et l'affaire doit s'arranger.

— Eh! parbleu! dit Daniel, arrangez-la. Je n'ai soif du sang de personne, et je suis tout prêt à pardonner au capitaine les sots compliments qu'il m'a faits.

— Puis-je lui reporter vos paroles, monsieur?

— Assurément, monsieur. »

Voyez à quel point on portait l'oubli des formes et de l'étiquette! Daniel causait sur le terrain avec les témoins de son adversaire.

M. Lerambert dit au capitaine : « Il est de bonne composition, il passe condamnation sur tout ce que vous lui avez dit : l'affaire est à demi arrangée.

— Nous en aurons bon marché, répondit M. de Marsal : ces héros de l'épée et du pistolet se fondent sur leur adresse. Ils refusent le jeu dès que la partie devient égale. Demandez, je vous prie, quelles excuses il me fera pour la grossièreté de sa conduite. »

M. Lerambert traversa de nouveau le terrain neutre qui traversait les deux camps ennemis. Il s'adressa directement à Daniel et lui dit :

« M. de Marsal a appris avec plaisir que vous ne lui saviez plus mauvais gré de ses paroles; il espère, monsieur, que vous voudrez bien donner une nouvelle preuve de courtoisie en lui demandant pardon de.... »

Daniel n'en entendit pas davantage. « Monsieur, dit-il de sa voix la plus hautaine, je ne demande pardon à personne, surtout aux gens qui m'ont insulté. Veuillez décharger un pistolet!

— Mais, monsieur....

— Pas de mais, je vous prie. Les plaisanteries les plus courtes sont les meilleures, et celle-ci dure depuis trop longtemps! »

Il était beau dans sa colère, et ses grands cheveux noirs frémissaient magnifiquement sur son front. Ses témoins essayèrent de le calmer; il ne voulut rien entendre. Le capitaine, un peu refroidi, lui envoya M. Lerambert; il répondit qu'il ne demandait pas des explications, mais des pistolets.

M. de Marsal, pâle comme un mort, remit les armes à ses témoins. Daniel les examina une à une avec un soin méticuleux. « Canons épais, dit-il, acier sec, un peu aigre et cassant ; bonnes armes du reste. Qui les a chargées ?

— L'armurier de M. de Marsal.

— Avez-vous apporté de la poudre et des balles ?

— Oui, monsieur. Vous plaît-il que nous rechargions devant vous ?

— C'est inutile. » Il prit un pistolet et le tira en l'air.

« Ils sont bien chargés, dit-il. Soyez assez bon, monsieur, pour remettre une amorce. »

Les deux pistolets furent enveloppés dans un foulard ; M. de Marsal en choisit un, l'artiste prit l'autre. Le peintre, qui avait les jambes longues, mesura cinq énormes pas. Les quatre témoins se retirèrent à l'écart en sanglotant.

« Messieurs, dit M. Lerambert d'une voix haletante, je frapperai trois coups dans mes mains, vous tirerez quand vous voudrez. »

Daniel tira le premier ; l'amorce seule partit. Son pistolet n'était pas chargé.

M. de Marsal, plus blême que jamais, resta quelques secondes à sa place, le bras tendu, le canon dirigé sur la poitrine de Daniel. Ses jambes se dérobaient sous lui, ses yeux nageaient dans l'incertitude et la crainte ; tout son corps vacillait comme un bouleau secoué par le vent Dans un pareil moment, les secondes sont plus longues que des années. Daniel, le corps effacé, la poitrine abritée par son bras droit, la tête à demi cachée derrière son pistolet, eut le temps de perdre patience.

« Tirez ! cria-t-il.

— Tirez donc, monsieur ! » répétèrent machinalement les quatre témoins. Tous les malheurs possibles leur semblaient préférables à l'angoisse qui les étouffait.

Le capitaine, sans abaisser sa main, répondit d'une voix chevrotante :

« Monsieur, votre vie est à moi ; mais il me répugne de la prendre. Vous allez me demander pardon.

— Non, monsieur. Tirez !

— Si je tirais maintenant, je serais un assassin. Demandez-moi pardon !

— Si vous ne tirez pas, vous êtes un lâche !

— Monsieur !

— Vous me manquerez, monsieur ; votre main tremble

— Ne me poussez pas à bout ! »

Daniel ne songeait ni à la mort, ni à son art, ni à sa mère : il bouillait de sentir sa vie aux mains d'un autre.

« Tirez-donc ! cria-t-il encore. » M. Lerambert fit un pas vers les deux adversaires en disant :

« Cela n'est pas tolérable !

— Attendez! répondit l'artiste; je vais lui envoyer du courage. »

Il enfonça la main gauche dans sa poche pour y chercher ses gants. Le coup partit. Ce fut M. de Marsal qui tomba à la renverse.

Tout le monde accourut à lui; Daniel arriva le premier. Le pistolet avait éclaté à un centimètre du tonnerre, et le capitaine avait le bras cassé.

Le graveur et le peintre portaient des cravates longues; ils les disposèrent en écharpes, l'une sous l'avant-bras, l'autre autour du bras du blessé.

« Cela ne sera rien, monsieur, dit Daniel. Aussi, pourquoi diable me demandiez-vous des excuses quand je ne vous ai rien fait?

— Pardonnez-moi, monsieur, et soyez heureux! Épousez celle que vous aimez.

— Moi?

— Vous.

— J'aime Mlle de Guéblan?

— Non, Mme Michaud. »

Le pauvre garçon regarda la tête de M. de Marsal pour s'assurer qu'il ne lui était rien entré dans la cervelle. Le crâne était parfaitement intact. Au même moment M. Lerambert ramassait le tronçon du pistolet. Daniel le lui prit dans les mains et l'examina en connaisseur.

« Qui est-ce qui vous avait chargé celui-ci?

— Mon armurier.

— C'est juste ; mais en quelle année ?
— En 1840.
— Vous m'en direz tant ! »

Le capitaine, appuyé sur le bras de Daniel, revint à pied jusqu'au Petit-Montrouge. On rencontra dans la Grand'Rue le médecin du château, cet excellent docteur Pellarin. Il conduisit le blessé chez un de ses amis, et il posa le premier appareil, tandis que M. Lerambert courait rassurer Mlle de Marsal.

La matinée avait été orageuse à la Folie-Sirguet. Mlle de Marsal, frappée de la physionomie étrange de son frère, passa une nuit blanche et se leva avant six heures. Elle vint frapper à la chambre du capitaine, entra sans façon, trouva le nid désert, et se mit en quête dans le parc. Le garde lui donna la lettre qu'il avait pour elle. C'était le récit détaillé de la querelle, suivi d'un testament olographe en cas d'accident. Mlle de Marsal, horriblement inquiète, trouva des jambes pour courir au château. Elle éveilla sans façon Mme Michaud, qui éveilla son frère, qui fit chercher M. Lefébure. Victorine s'éveilla d'elle-même, et descendit en toute hâte. Mme et Mlle Lerambert ne tardèrent pas à paraître. Je crois que, si les ancêtres du marquis avaient été ensevelis dans le voisinage, ils seraient accourus au bruit. Personne n'avait songé à sa toilette ; chacun était venu comme il se trouvait, les hommes en robe de chambre, les femmes en toilette de nuit, tout le monde en pantoufles.

Jamais les salons du château n'avaient vu un tel carnaval. Mme Michaud et Mme Lerambert perdaient beaucoup à se montrer si matin, et la fille du banquier ne garda pas toutes ses illusions sur la personne de M. Lefébure. Mais Victorine y trouva son compte. Lorsqu'elle entra, en cheveux et sans corset, dans un long peignoir de percale brodée, elle parut aussi belle que Mlle Rachel au dernier acte de *Polyeucte*. Les premiers mots qu'elle entendit lui apprirent ce qui se passait. Elle fut violemment émue, non de crainte, mais d'audace.

« Rassurez-vous, dit-elle : il ne lui arrivera rien. Je le connais, c'est l'homme invincible.

— Mon frère? demanda Mlle de Marsal.

— Il ne s'agit pas de votre frère; mais n'ayez pas peur, mademoiselle, on lui fera grâce! »

Si les lionnes causent ensemble dans le désert, c'est ainsi qu'elles doivent parler des lions. Tout l'auditoire ouvrit de grands yeux. Victorine ne se fit pas prier pour dire son secret : une femme ne rougit point d'aimer l'homme qui se bat pour elle. Elle raconta à son père l'histoire si courte et si pleine du mois qui venait de s'écouler, la discrétion admirable de Daniel, et son courage, et tout le talent que l'amour lui avait donné. M. de Guéblan songeait à part lui qu'il avait pris trop de soin de ses affaires et trop peu de sa maison, Mme Michaud se trouvait sotte, M. Lefébure se frottait les yeux, et Mlle de Marsal ne savait plus si elle devait s'effrayer ou se scandaliser. La passion de Victorine éclatait comme ces incendies qui ont couvé plusieurs jours à bord d'un navire : on ouvre une écoutille et tout prend feu. Son père eût mieux aimé apprendre ce grand mystère en moins nombreuse compagnie. Une telle confidence, faite devant témoins, équivalait à un engagement formel. Mais le marquis avait eu le temps d'apprécier Daniel, et, gendre pour gendre, il le préférait à M. de Marsal. Celui-là, très-probablement, ne marchanderait pas pour s'appeler M. Fert de Guéblan ! Quant à Mme Michaud, la plus mobile des femmes, elle passa en un clin d'œil de la surprise à l'enthousiasme. Je ne voudrais point jurer que son cœur quadragénaire fût resté insensible à la beauté du jeune sculpteur. De le prendre pour mari, il n'y fallait pas songer ; si ridicule que l'on soit, on a toujours peur du ridicule. Mais rien ne l'empêchait d'en faire son neveu : « C'est toujours cela ! » pensait-elle.

Toutefois elle rappela à sa nièce ce merveilleux inconnu dont elle avait parlé quinze jours auparavant, ce jeune homme aussi noble qu'un roi, aussi riche qu'un banquier de Hambourg, aussi beau que....

« Mais c'est lui! répondit Victorine du ton le plus convaincu ; soyez sûre qu'il nous a caché son nom et sa naissance. La nature ne se trompe pas au point de donner le visage d'un prince à un malheureux petit sculpteur. Attendez seulement qu'il revienne, il nous dira tout. Quant à sa fortune, avez-vous pu croire qu'elle fût aussi modeste qu'il le disait? Vous n'avez donc pas vu comme l'or tombe de ses mains? Vous n'avez pas remarqué, hier au soir, avec quel dédain il ramassait l'argent qu'il avait gagné? »

Ces illusions ne tinrent pas devant la tournure, la parole et la toilette de la mère de Daniel. Elle ne ressemblait nullement à la reine douairière du pays de Fert, et lorsqu'elle vint, les larmes aux yeux, demander des nouvelles de son fils, on reconnut ce même accent franc-comtois qui distinguait le langage de Perrochon.

Le concierge principal de l'enclos des Ternes est un nourrisseur qui vend du lait et des œufs à toute sa colonie. Lorsque sa fille, une jolie enfant toute blonde, porta à Mme Fert de la crème pour son déjeuner, elle lui dit:

« Comme M. Daniel est venu tard, madame Fert ! Vous deviez être couchée.

— Quand donc?

— Mais hier soir.

— Tu te trompes.

— J'en suis sûre ; c'est moi qui lui ai tiré le cordon. Il a emporté un grand paquet vert comme celui de M. Moreau, le maître d'armes. »

Deux minutes après, la pauvre mère avait reconnu l'absence de deux épées dans l'atelier de son fils. Elle se fagota dans ses plus beaux habits et courut au château de Guéblan.

« Ah ! mon cher monsieur ! dit-elle au marquis, c'est bien ce que je craignais. Je lui avais dit : « Il y a une belle demoiselle, prends garde « de devenir amoureux ! » Mais c'est un si grand fou ! »

Victorine ne songea pas à critiquer la figure ou la toilette de sa future belle-mère ; elle n'eut qu'une idée : « Il m'aime ! il l'a dit à ses parents ! »

Et d'embrasser la bonne vieille, qui s'excusait d'un si grand honneur.

M. Lerambert fils arriva enfin, et tout le monde fut rassuré, excepté Mlle de Marsal. Elle prit la voiture du jeune messager et se fit conduire à Montrouge. A peine était-elle partie, un cabriolet s'arrêta devant le perron, et un laquais vint dire à Mme Michaud que M. Fert lui demandait la faveur d'un entretien particulier.

« Attendez, dit-elle à toute la compagnie ; c'est à moi qu'il veut se confesser. »

Elle le trouva dans le vestibule, le prit par la main, et l'entraîna jusque dans un boudoir au premier étage.

« Ah! monsieur, lui cria-t-elle avec la brusquerie que vous savez; j'en apprends de belles sur votre compte! »

Daniel était beaucoup plus ému que lorsqu'il disait à M. de Marsal: « Tirez! » Il répondit humblement : « Pardonnez, madame : je vous jure que si je n'avais pas été provoqué grossièrement, j'aurais eu plus de respect pour les lois de l'hospitalité. Du reste, ce n'est pas moi qui ai blessé M. de Marsal : il s'est blessé lui-même.

— Nous savons. Après?

— Je comprends, madame, qu'à la suite d'un tel éclat, il ne m'est plus permis de rester sous votre toit. Je viens donc prendre congé de vous, et vous remercier d'un accueil dont je garderai une reconnaissance éternelle.

— Qu'est-ce qu'il dit?

— Heureusement votre buste est achevé, et avec votre permission, j'exécuterai le marbre chez moi.

— Parlez donc! Après....

— Après, madame, après....

— Vous avez quelque chose à me demander?

— Il est vrai madame; et puisque vous voulez bien m'encourager....

— Certainement je vous encourage !

— Eh bien! madame, j'ai demain, ou plutôt lundi, un billet à payer, et si vous vouliez bien m'avancer mille francs sur le prix de ce buste, je....

— Accordé ! accordé ! Après ?

— Après, madame, je n'ai plus qu'à vous remercier.

— Allons donc! je sais tout.

— Quoi, madame ?

— Tout ! Vous aimez ma nièce !

— Moi, madame? mais je vous jure que non !

— Je vous jure que si ! Pourquoi avez-vous joué votre vie à la courte-paille contre M. de Marsal ?

— Parce qu'il m'avait insulté.

— Pourquoi vouliez-vous vous faire tuer par cet affreux M. Lefébure ?

— Parce qu'il me donnait sur les nerfs.

— La jolie raison ! Soyez donc de bonne foi, et convenez entre nous que vous êtes fou de Victorine ?

— Madame, je veux mourir si....

— Ne mourez pas ; elle vous aime ! »

Daniel était sincèrement désolé. Les larmes lui montaient aux yeux. « Ma chère madame Michaud, dit-il, on m'a calomnié ! Sur la tête de ma mère....

— Elle est ici, votre mère, et elle nous a avoué

que vous aimiez Victorine. Est-il obstiné, bon Dieu !
Puisqu'on vous la donne en mariage !

— La plaisanterie, madame, est un peu dure,
et quels que soient mes torts, je ne crois pas avoir
mérité...

— Vous avez mérité la main de ma nièce, vous
dis-je, et vous l'aurez ! Le joli malheur ! Est-ce
que vous la trouvez laide ?

— Non, madame, elle est admirablement belle.

— C'est bien heureux !

— La première idée qui m'est venue en la voyant,
c'est que je ferais plus volontiers son portrait que
tout autre.

— Est-ce aimable pour moi ce que vous dites
là ? Mais n'importe ! c'est elle qui vous donnera
votre portrait, grand enfant, et fasse le ciel que
nous en ayons six exemplaires ! »

Il n'y a pas d'incrédulité qui tienne contre un
pareil langage. Daniel se laissa doucement persuader. Le bonheur est un hôte qui n'a pas besoin
de se faire annoncer : il trouve toujours les portes
ouvertes.

Le 1ᵉʳ février 1856, par un beau soleil d'hiver,
M. Fert de Guéblan et sa jeune femme se promenaient en américaine dans les allées du parc. Daniel conduisait lui-même. En passant sous le chêne
rond, Victorine lui fit signe d'arrêter.

« Te souviens-tu ? dit-elle. C'est ici que la présentation s'est faite. J'étais assise là, sous mon beau vieux chêne, dont les feuilles étaient moins rousses qu'aujourd'hui, et je dévorais un livre du plus haut intérêt, l'histoire de l'incomparable Atalante : je n'en ai jamais vu la fin

— Et pourquoi ?

— Est-ce que tu m'en as laissé le temps ? Le voici, ce malheureux petit livre. Veux-tu que je t'en lise un chapitre ?

— Merci, mon cher amour. Remets tes mains dans ton manchon.

— Seulement la dernière phrase ?

— A quoi bon, si je ne connais pas le commencement ?

— Tu ne sais pas ce que tu perds. Écoute : « Ils « s'épousèrent, et d'entre eulx naquit un prince « aussi beau que le jour. »

— Vrai ?

— Il n'y a que des vérités dans ce petit livre-là. »

GORGEON.

Comme il avait eu le second prix de tragédie au Conservatoire, il ne tarda pas à débuter à l'Odéon. C'était, si j'ai bonne mémoire, en janvier 1846. Il joua Orosmane le jour de la Saint-Charlemagne, et fut sifflé par tous les collégiens de la rive gauche. Aucun de ses amis n'en fut surpris : il est si difficile de réussir dans la tragédie lorsqu'on s'appelle Gorgeon! Il aurait dû prendre un nom de guerre, et s'appeler Montreuil ou Thabor; mais que voulez-vous? Il tenait à ce nom de Gorgeon comme au seul héritage que ses parents lui eussent laissé. Sa chute fit peu de bruit; il ne tombait pas de bien haut. Il avait vingt ans, peu d'amis et point de protecteurs dans les journaux. Pauvre Gorgeon! Cependant il avait eu un beau moment au cinquième acte, en poignardant Zaïre avec un rugissement de lion.

Nul directeur ne voulut l'engager pour la tragédie ; mais un vieux vaudevilliste qui lui voulait du bien le fit entrer au Palais-Royal. Il prit son parti en philosophe : « Après tout, pensait-il, le vaudeville a plus d'avenir que la tragédie, car on n'écrira plus de tragédies aussi belles que celles de Racine, et tout me porte à croire qu'on rimera de meilleurs couplets que ceux de M. Clairville. » On reconnut bientôt qu'il ne manquait pas de talent : il avait le geste comique, la grimace heureuse et la voix plaisante. Non-seulement il comprenait ses rôles, mais il y mettait du sien. Le public le prit en amitié, et le nom de Gorgeon circula agréablement dans la bouche des hommes. On répéta que Gorgeon s'était fait une place entre Sainville et Alcide Tousez, et qu'il confondait en un mélange heureux la finesse et la niaiserie.

Cette métamorphose d'Orosmane en Jocrisse fut l'affaire de dix-huit mois. A vingt-deux ans, Gorgeon gagnait dix mille francs, sans compter les feux et les bénéfices. On n'avance pas aussi vite dans la diplomatie. Lorsqu'il se crut au faîte de la gloire et de la fortune, il perdit un peu la tête : nous ne savons pas ce que nous aurions fait à sa place. L'étonnement de voir des meubles dans sa chambre et des louis dans son tiroir troubla sa raison. Il mena la vie de jeune homme et apprit à jouer le lansquenet, ce qui n'est malheureusement pas difficile. Personne ne se ruinerait au jeu, si tous les jeux étaient aussi compliqués que les échecs.

Le pauvre garçon se persuada, en regardant sa cassette, qu'il était un fils de famille. Lorsqu'il sortait du théâtre, le 3 du mois, avec ses appointements dans sa poche, il se disait: « J'ai un bonhomme de père, un Gorgeon laborieux, studieux et vertueux, qui m'a gagné quelques écus sur les planches du Palais-Royal : à moi de les faire rouler! »

Les écus roulèrent si bien, que l'année 1849 le surprit au milieu d'un petit peuple de créanciers: il devait vingt mille francs, et il s'en étonnait un peu : « Comment! disait-il, à l'époque où je ne gagnais rien je ne devais rien à personne! Plus je gagne, plus je dois. Est-ce que les gros revenus auraient le privilége d'endetter leur homme? »

Ses créanciers venaient le voir tous les jours, et il regrettait sincèrement de déranger tant de monde. Il n'est pas vrai que les artistes se complaisent dans les dettes comme les poissons dans l'eau. Ils sont sensibles, comme tous les autres hommes, à l'ennui d'éviter certaines rues, de tressaillir au coup de sonnette, et de lire des hiéroglyphes sur papier timbré. Gorgeon regretta plus d'une fois le temps de ses débuts, ce temps, cet heureux temps où l'épicier et la laitière refusaient tout crédit à Orosmane.

Un jour qu'il méditait tristement sur les embarras qu'apporte la richesse, il s'écria : « Heureux celui qui n'a que le nécessaire ! Si je gagnais tout juste ce qui suffit à mes besoins, je ne ferais pas de folies, donc pas de dettes, et je pourrais circuler librement dans tous les quartiers. Malheureusement, j'ai plus qu'il ne me faut : c'est ce maudit superflu qui me ruine. J'ai besoin de cinq cents francs par mois, tout le reste est de trop. Donnez-moi de vieux parents à nourrir, des sœurs à doter, des frères à mettre au collége ! Je suffirai à tout, et je trouverai encore le moyen de payer mes dettes. Mais je suis seul de ma race, et je n'ai point de charges de famille. Si je me mariais ! »

Il se maria, par économie, à la fille la plus coquette de son théâtre et de Paris.

Je suis sûr que vous ne l'avez pas oubliée, cette petite Pauline Rivière, dont l'esprit et la gentillesse ont servi de parachute à sept ou huit vaudevilles. Elle parlait un peu trop vite, mais c'était plaisir de l'entendre bredouiller. Ses petits yeux, car ils étaient petits, semblaient par moment se répandre sur toute sa figure. Elle n'ouvrait jamais la bouche sans montrer deux rangées de dents aiguës comme celles d'un jeune loup. Ses épaules étaient celles d'un gros enfant de quatre ans, roses et potelées Ses cheveux noirs étaient si longs qu'on lui fit un rôle de Suissesse tout exprès pour les étaler. Quant à ses mains, c'était un objet de curiosité comme les pieds d'une Chinoise.

A dix-sept ans, sans autre fortune que sa beauté, et sans autres ancêtres que le chef de claque du théâtre, ce joli *baby* avait failli se métamorphoser en marquise. Un descendant des chevaliers de la Table-ronde, très-marquis et très-Breton, s'était mis en tête de l'épouser. Il s'en fallut de bien peu, et sans l'intervention des douairières du Huelgoat et de Sarravent, l'affaire était faite. Mais la colère des douairières, comme dit Salomon, est terrible; surtout celle des douairières bretonnes. Pauline resta Pauline comme devant; son marquisat tomba dans l'eau, et elle ne se désola pas au point d'aller l'y chercher. Elle continua à mener à grandes guides cinq ou six petits amours de toute condition sur la route royale du mariage. Ce fut alors que Gorgeon vint s'atteler à son char. Elle le reçut comme elle recevait tous ses prétendants, sérieux ou légers, avec une bonne grâce impartiale. Il était grand et bien fait, et ne ressemblait pas trop à une porcelaine rapportée de la Chine. Il n'avait ni les yeux bouffis, ni la voix rauque, ni le menton bleu. Sa tenue était presque sévère. Il s'habillait comme un sociétaire de la Comédie-Française.

Il fit sa cour. Dès le premier jour, Pauline le trouva bien. Au bout d'un mois elle le trouva très-bien : c'était en février 1849. En mars, elle le trouva mieux que tous les autres; en avril, elle prit de l'amour pour lui, et ne lui en fit pas un secret. Il s'attendit à voir éconduire ses rivaux; mais Pauline ne se pressait pas. Les préparatifs du mariage se firent au milieu d'un encombrement d'amoureux qui donnait des impatiences à Gorgeon. Il n'était bien nulle part, ni chez lui ni chez Pauline : chez elle, il trouvait ses rivaux; chez lui, ses créanciers. Il lui demanda un jour assez nettement si ces messieurs n'iraient pas bientôt soupirer ailleurs.

« Seriez-vous jaloux? dit-elle.

— Non, quoique j'aie débuté dans Orosmane.

— A la ville?

— A la scène. Mais je le jouerais à la ville si j'y étais forcé.

— Tais-toi; tu as l'œil mauvais. Pourquoi serais-tu jaloux? Tu sais bien que je t'aime. La jalousie est toujours un peu ridicule, mais dans notre état elle est absurde. Si tu t'y mets une fois, il faudra que tu sois jaloux des directeurs, des auteurs, des journalistes et du public. Le public me fait la cour tous les soirs! Qu'est-ce que cela te fait? Je t'aime, je te le dis, je te le prouve en t'épousant; si cela ne te suffisait pas, c'est que tu serais difficile. »

Le mariage se fit dans les derniers jours d'avril,

Le public avait payé les dettes de Gorgeon et la corbeille de la mariée. Ce fut l'affaire de deux représentations à bénéfice. La première se donna à l'Odéon; la seconde, aux Italiens. Tous les théâtres de Paris voulurent y prendre part : Gorgeon et Pauline étaient aimés partout. Ils s'épousèrent à Saint-Roch, donnèrent un grand déjeuner au restaurant, et partirent le soir pour Fontainebleau. Le premier quartier de leur lune de miel éclaira les hautes futaies de la vieille forêt. Gorgeon était radieux comme un fils de roi. Autour de lui le printemps faisait éclater les bourgeons des arbres. Tout verdissait, excepté les chênes, qui sont toujours en retard, comme si leur grandeur les attachait au rivage. L'herbe et la mousse s'étendaient en tapis moelleux sous les pieds des deux amants. Pauline bourrait ses poches de violettes blanches. Ils sortaient au petit jour et rentraient à la nuit. Le matin, ils effarouchaient les lézards; le soir les hannetons bourdonnants se jetaient à leur tête. Le 1ᵉʳ mai, ils se rendirent à la fête des Sablons qui se prolonge du soir au matin sous les grands hêtres. Toute la jeunesse des environs était là; les petites bourgeoises de Moret, les vigneronnes des Sablons et de Veneux, et les belles filles de Thomery, paysannes aux mains blanches, dont le travail consiste à surveiller les treilles, à éclaircir les grappes et à enlever les petits grains de raisins qui gênent les gros Toute cette jeunesse admira Pauline; on la prit pour une châtelaine des environs. Elle dansa de tout son cœur jusqu'à trois heures du matin, quoiqu'elle eût un peu de sable dans ses bottines. Puis elle s'achemina, au bras de son mari, vers la voiture qui les attendait.

Ils retournèrent plus d'une fois les yeux vers la fête qui se dessinait derrière eux comme une large tache rouge. La musique des ménétriers, le bruit des sifflets de sucre, le grincement des crécelles et les détonations des pétards arrivaient confusément à leurs oreilles. Puis ils marchèrent dans un silence charmant, éclairé par la lune et interrompu de minute en minute par la voix d'un rossignol. Gorgeon se sentit ému; il laissa tomber deux bonnes grosses larmes. Je vous jure qu'un poëte élégiaque n'aurait pas mieux pleuré, et la preuve, c'est que Pauline se mit à rire en sanglotant :

« Comme ils s'amuseraient, dit-elle, s'ils nous voyaient ainsi! Il me semble que nous sommes à deux cents lieues du théâtre.

— Malheureusement, nous y rentrerons dans trois jours.

— Bah! la vie n'est pas faite pour pleurer. Nous ne nous aimerons pas moins pour nous aimer gaiement. »

Gorgeon n'était pas jaloux. Lorsqu'il reparut au

Palais-Royal, il ne se scandalisa point d'entendre les vieux comédiens tutoyer sa femme comme ils en avaient l'habitude. Elle était presque leur fille adoptive; ils l'avaient vue toute petite dans les coulisses, elle se souvenait d'avoir dansé sur leurs genoux. Ce qui le gênait davantage, c'était de voir à l'orchestre les anciens admirateurs de Pauline, la lorgnette à la main. Il eut des distractions, et il manqua plusieurs fois de mémoire; on s'en aperçut, et il fut un peu moqué par ses camarades. On prétendit qu'il tournait au troisième rôle. Dans la langue spéciale du théâtre, les troisièmes rôles sont les traîtres, les jaloux et tous les personnages d'humeur noire. Un mauvais plaisant lui demanda s'il ne songeait pas à retourner à l'Odéon. Il prit assez bien tous les quolibets; mais il ne digérait pas les jeunes gens à lorgnette.

« Heureusement, pensait-il, ces messieurs ne viendront ni sur la scène ni chez moi. » Chaque fois qu'il montait à sa loge par le petit escalier malpropre de la rue Montpensier, il relisait avec une certaine satisfaction l'arrêt du préfet de police qui interdit l'entrée des coulisses à toute personne étrangère au théâtre. Pour plus de prudence, il accompagnait Pauline chaque fois qu'elle jouait sans lui, et il l'emmenait chaque fois qu'il jouait sans elle. Pauline ne demandait pas mieux. Elle était coquette et elle lançait volontiers des sourires dans la salle, mais elle aimait son mari.

L'été se passa bien; l'orchestre était à moitié vide; les beaux jeunes gens qui déplaisaient si fort à Gorgeon promenaient leurs loisirs à Bade, à Biarritz ou à Trouville; M. de Gaudry, ce marquis breton qui avait dû épouser Pauline, passait la belle saison dans ses terres. Le jeune ménage vécut dans une paix profonde, et la lune de miel ne roussit pas.

Mais en décembre tout Paris était revenu, et la Société des artistes dramatiques affichait partout un grand bal pour le 1ᵉʳ février. Gorgeon était commissaire et sa femme patronnesse. Tous les hommes qui s'intéressent de près ou de loin au théâtre couraient chez les patronnesses acheter des billets; les belles vendeuses rivalisaient de zèle, et c'était à qui en placerait davantage. Gorgeon vit bien qu'il lui serait impossible de tenir sa porte fermée. Ce fut un va-et-vient formidable dans son escalier, et les gants jaunes usèrent le cordon de sa sonnette. Que faire? Il avait beau se constituer prisonnier à la maison, il répétait dans deux pièces, et son temps était pris de midi à quatre heures. Rarement il rentra chez lui sans rencontrer quelque beau monsieur qui descendait en fredonnant un air de ses vaudevilles Lorsqu'il en trouvait un auprès de sa femme, il fallait faire bon visage, tout le monde étant d'une politesse exquise avec lui. M. de Gaudry vint prendre un billet, puis il revint en reprendre un second pour son frère. Puis il perdit le sien, et vint en chercher un troisième ; puis il en voulut un quatrième pour un jeune homme de son club, ainsi de suite jusqu'à douze. Gorgeon tirait l'épée, il était de première force au pistolet, mais à quoi bon? M. de Gaudry ne lui avait jamais manqué, tout au contraire. Il le félicitait, il l'adulait, il le portait aux nues; il lui disait : « Mon cher Gorgeon, vous êtes un farceur admirable. Vous n'avez pas votre pareil pour amuser les gens. Hier encore vous m'avez fait rire au point que j'avais les larmes dans les yeux. Que vous êtes donc comique, mon cher Gorgeon! » Si le pauvre homme s'était fâché, non-seulement tout le monde lui eût donné tort, mais on aurait dit qu'il devenait fou.

Pauline l'aimait comme au premier jour, mais elle était bien aise de voir un peu de monde et d'entendre des compliments. L'amour de quelques hommes bien nés et bien élevés ne l'ennuyait pas, elle jouait avec le feu en femme qui est sûre de ne point s'y brûler. Elle tenait registre des passions qu'elle avait faites; elle notait soigneusement les sottises qu'on lui avait dites, et elle en riait avec son mari, qui ne riait guère. Lorsque Gorgeon lui proposa tout net de fermer sa porte aux galants, elle le renvoya bien loin : « Je ne veux pas, dit-elle, te rendre ridicule. Ne crains rien ; si quelqu'un de ces messieurs s'avisait de passer les bornes, je saurais le remettre à sa place. Tu peux te reposer sur moi du soin de ton honneur. Mais si nous faisions un coup d'éclat, tout Paris le saurait, et tu serais montré au doigt. »

Il eut l'imprudence de faire allusion à ces débats devant ses camarades du théâtre. On taquina Gorgeon ; on lui infligea le sobriquet de Gorgeon *le Tigre*. Il se radoucit, il s'abstint de toute observation, il fit bon visage à ceux qui lui déplaisaient le plus. Ses amis changèrent de note, et l'appelèrent Gorgeon-Dandin. Personne ne se serait avisé de le railler en face, mais ce maudit nom de Dandin voltigeait dans l'air autour de lui. Au moment d'entrer en scène, il l'entendait derrière un décor. Il regardait, et ne voyait personne, le parleur s'était éclipsé. Il voulait courir plus loin, impossible ! à moins de manquer son entrée. Ne cherchez pas à cette persécution des causes surnaturelles ; elle s'explique assez par la légèreté de Pauline, qui n'était qu'une enfant, et par la malice naturelle aux comédiens, qui veulent rire à tout prix.

Les quolibets aigrirent l'humeur de Gorgeon, et la bonne harmonie du ménage fut rompue. Il querella sa femme. Pauline, forte de son innocence, lui tint tête.

Elle disait : « Je ne veux pas être tyrannisée. » Gorgeon répondait : « Je ne veux pas être ridicule. » Leurs amis communs donnaient tort au mari. « S'il était si ombrageux, pourquoi prendre femme au théâtre ? Il eût mieux fait d'épouser une petite bourgeoise, personne ne serait allé la relancer chez lui. » Au milieu de ces débats, le jour anniversaire de leur mariage s'écoula sans qu'ils y eussent songé ni l'un ni l'autre. Ils s'en aperçurent le lendemain, chacun de son côté ; Gorgeon se dit : « Il faut qu'elle m'aime bien peu pour l'avoir laissé passer. » Pauline pensa que son mari regrettait probablement de l'avoir épousée. M. de Gaudry, qui n'était jamais loin, envoya un bracelet à Pauline. Gorgeon voulait aller le rendre, avec un remercîment de son cru ; Pauline prétendit le garder. « Parce que vous n'avez pas eu l'idée de me faire un présent, dit elle, il vous plaît de trouver à redire aux moindres attentions de mes amis !

— Vos amis sont des drôles que je corrigerai.

— Vous feriez mieux de vous corriger vous-même. J'ai cru jusqu'ici qu'il y avait deux classes d'hommes au-dessus des autres, les gentilshommes et les artistes : je sais maintenant ce qu'il faut penser des artistes.

— Vous en penserez ce qu'il vous plaira, dit Gorgeon en prenant son chapeau, mais ce n'est plus moi qui fournirai un texte à vos comparaisons.

— Vous partez?
— Adieu.
— Où allez-vous?
— Vous le saurez.
— Tu reviendras?
— Jamais. »

Pauline fut quatre mois sans nouvelles de son mari. On le chercha partout, et jusque dans la rivière. Le public le regretta; ses rôles étaient distribués à d'autres. Sa femme le pleura sincèrement; elle n'avait jamais cessé de l'aimer. Elle tint sa porte fermée à tout le monde, renvoya avec horreur le bracelet du marquis, et repoussa toutes les consolations des hommes. Elle détestait sa coquetterie et disait, en tirant ses beaux cheveux : « J'ai tué mon pauvre Gorgeon ! »

Vers la fin de septembre, un bruit se répandit que Gorgeon n'était pas mort, et qu'il faisait les délices de la Russie.

« Le drôle serait-il vivant? pensa l'inconsolable Pauline. S'il est vrai qu'il se porte bien et qu'il m'ait fait pleurer sans raison, il me payera mes larmes. »

Elle essaya de rire; mais la douleur fut

plus forte, et tout finit par un redoublement de pleurs.

Huit jours après, un ami anonyme, qui n'était autre que M. de Gaudry, lui fit parvenir l'article suivant, découpé dans le *Journal de Saint-Pétersbourg* :

« Le 6 (18) septembre, en présence de la cour et devant une brillante assemblée, le rival de Sainville et d'Alcide Tousez, le célèbre Gorgeon, a débuté au théâtre Michel, dans la *Sœur de Jocrisse*. Son succès a été complet, et le jeune transfuge du Palais-Royal s'est vu comblé d'applaudissements, de bouquets, d'oranges et de cadeaux de toute sorte. Encore une ou deux acquisitions pareilles, et notre théâtre, déjà si riche, n'aura plus d'égal en Europe. Gorgeon est engagé à raison de six mille roubles argent et un bénéfice par an. Son dédit, qui est d'ailleurs insignifiant, sera payé sur la caisse des théâtres impériaux. »

Pauline ne pleura plus : la jolie veuve entrait dans la catégorie des femmes abandonnées. Tout Paris s'accorda à la plaindre et à blâmer son mari. « Après un an de ménage, quitter une femme adorable dont il n'avait jamais eu à se plaindre ! la livrer à elle-même à l'âge de dix-huit ans ! Et cela sans raison, sans prétexte, par un pur caprice ! Quelle excuse pouvait-il alléguer ? la jalousie ? Pauline était le modèle des femmes ; elle avait traversé toutes les séductions sans y laisser une plume de ses ailes. » Pour ajouter un dernier trait au tableau, on ne manqua pas de dire que Gorgeon abandonnait sa femme sans ressources : comme si elle ne gagnait pas de quoi vivre au Palais-Royal ! Son mari lui avait laissé tout ce qu'il possédait d'argent et un beau mobilier, dont elle vendit une partie lorsqu'elle se transporta rue de la Fontaine-Molière, au quatrième étage.

Elle inspirait une vive compassion à tous les hommes, et surtout à M. de Gaudry et à ses voisins de l'orchestre. Mais elle ne souffrit pas qu'aucune bonne âme en gants paille vînt la plaindre à domicile. Elle vivait seule avec une cousine de son âge qui lui servait de cuisinière et de femme de chambre. Son père ne lui était ni d'un grand secours ni d'une grande consolation : il buvait. Dans sa retraite, elle se consumait en projets inutiles et en résolutions contradictoires Tantôt elle voulait vendre tout ce qu'elle possédait, s'embarquer pour Pétersbourg et se jeter dans les bras de son mari ; tantôt elle trouvait plus juste et plus conjugal d'aller lui arracher les yeux Puis elle se ravisait, elle voulait rester à Paris, donner l'exemple de toutes les vertus, édifier le monde par son veuvage et mériter le nom de Pénélope du Palais-Royal. Son imagination lui conseilla aussi d'autres coups de tête, mais elle ne s'y arrêta point.

Gorgeon, peu de temps après ses débuts, lui écrivit une lettre pleine de tendresse Sa colère était refroidie, il n'avait plus ses rivaux sous les yeux, il voyait sainement les choses ; il pardonnait, il demandait pardon, il appelait sa femme auprès de lui ; il lui avait trouvé un engagement. Par malheur, ces paroles de paix arrivèrent dans un moment où Pauline entourée de trois bonnes amies, attisait sa haine contre son mari. Gorgeon, qui comptait sur une bonne réponse, fut froissé et n'écrivit plus.

En novembre, le ressentiment de Pauline, entretenu par ses amies, était encore dans toute sa force. Un matin, vers onze heures, elle s'habillait devant sa glace pour se rendre à une répétition. Sa cousine était allée au marché en laissant la clef sur la porte. La jeune femme ôtait sa dernière papillote lorsqu'elle se retourna en poussant un cri d'épouvante. Elle avait vu dans le miroir un petit homme excessivement laid et fourré de zibeline jusqu'aux yeux.

« Qui êtes vous? que voulez-vous? sortez ! On n'entre pas ainsi.... Marie ! » cria-t-elle si précipitamment que ses paroles tombaient les unes sur les autres.

« Je ne vous aime pas, vous ne me plaisez pas,

répondit le petit homme visiblement embarrassé.

— Est-ce que je vous aime, moi? Sortez !

— Je ne vous aime pas, madame; vous ne me....

— Insolent! Sortez ou j'appelle; je crie au voleur! je me jette par la fenêtre! »

Le petit bonhomme joignit piteusement les mains, et répondit d'une voix suppliante :

« Pardonnez-moi; je ne voulais pas vous offenser. J'ai fait sept cents lieues pour vous proposer quelque chose; j'arrive de Saint-Pétersbourg; je parle mal le français; j'ai préparé ce que je devais vous dire, et vous m'avez tellement intimidé.... »

Il s'assit, et passa un mouchoir de batiste sur son front tout dépouillé. Pauline profita de ce moment pour jeter un châle sur ses épaules.

« Madame, reprit le bonhomme, je ne vous aime p..., excusez-moi, et ne vous fâchez plus. Votre mari m'a joué un tour infâme. Je suis le prince Vasilikoff; j'ai un million de revenu, mais je ne suis que de la quatorzième classe de noblesse, n'ayant jamais servi.

— Ceci m'est tout à fait égal.

— Je le sais bien, mais j'avais préparé ce que je devais vous dire, et.... je poursuis. Vous voyez, madame, que je ne suis ni très-beau, ni ce qui s'appelle de la première jeunesse. De plus, j'ai pris, en avançant en âge, certaines habitudes, ou, si vous voulez, certains tics nerveux qui font que, dans la société, on cherche à me tourner en ridicule. Cela ne m'a pas empêché d'aimer une personne charmante, de très-bonne famille, et de la demander en mariage. Les parents m'avaient agréé à cause de ma fortune, et Varvara (elle s'appelle Varvara) était sur le point de donner son consentement, lorsque votre mari a eu l'infernale idée....

— De l'épouser?

— Non, mais de faire ma caricature sur la scène et d'amuser toute la ville à mes dépens. Mon mariage a manqué. Après la première représentation, j'ai reçu mon congé; à la deuxième, Varvara s'est fiancée à un petit colonel finlandais qui n'a pas seulement cent mille livres de rente.

— Eh bien?

— Eh bien, j'ai résolu que je me vengerais de Gorgeon; et, si vous voulez m'y aider, votre fortune est faite. Je ne vous aime pas, quoique vous soyez fort jolie, et aucune femme ne peut me plaire, excepté Varvara. Les propositions que je vous apporte sont donc parfaitement honorables, et je vous prie de ne pas vous étonner de ce qu'elles peuvent avoir d'extraordinaire. Voulez-vous partir pour Saint-Pétersbourg dans une excellente chaise de poste? vous trouverez, place du Palais-Michel, à cent pas du théâtre, un hôtel magnifique qui m'appartient et que je vous donne. Les gens de la maison sont des mougicks à moi qui vous obéiront aveuglément. Le maître d'hôtel et l'intendant sont Français; vous êtes libre d'emmener avec vous une femme de chambre et une dame de compagnie; vous aurez deux voitures à vos ordres. Au théâtre, j'ai loué pour vous une avant-scène du rez-de-chaussée. Je fournirai à toutes les dépenses de votre maison ; mon intendant vous comptera tous les mois la somme que vous lui indiquerez; enfin, la veille du jour où vous quitterez Paris, je déposerai chez votre notaire un capital aussi considérable qu'il vous plaira de le demander. Je ne parle pas d'une bagatelle de cinquante à soixante mille francs, mais une fortune de deux à trois cent mille : vous n'aurez qu'à parler. »

Pauline avait eu le temps de se remettre. Elle croisa les bras, et regarda en face son singulier interlocuteur :

« Mon cher monsieur, lui dit-elle, pour qui me prenez-vous ?

— Pour une honnête femme indignement abandonnée, et qui a mille raisons de se venger de son mari.

— Il y a du vrai dans ce que vous dites; mais si je me vengeais de Gorgeon, je le ferais en honnête femme et je ne prendrais point d'associé.

— Madame, permettez-moi de vous répéter encore, au risque de vous déplaire, que je ne vous aime pas; en revanche, je vous respecte beaucoup, et je vous tiens pour une très-honnête femme. Il y a plus : j'estime le caractère de votre mari, quoiqu'il m'ait traité bien cruellement. Si je croyais qu'il fût indifférent à son honneur, je chercherais une autre vengeance. Voici ce que je sollicite de vous, en échange d'une fortune assurée. Ne vous effrayez pas trop tôt. Vous ne me devrez ni amour, ni amitié, ni reconnaissance, ni complaisance. Je m'engagerai, sur l'honneur, à ne point mettre les pieds chez vous. Nous ne sortirons jamais ensemble; vous serez libre de vos actions; vous recevrez qui vous voudrez, sans excepter votre mari. Tout ce que je demande.... »

Pauline ouvrit les deux oreilles.

« Tout ce que je demande, c'est une place à côté de vous, dans votre loge, pour huit représentations. Gorgeon a fait rire la cour à mes dépens : je veux mettre les rieurs de mon côté. »

La jeune femme connaissait assez l'humeur fière de son mari pour savoir qu'une telle vengeance serait cruelle. Elle songea aux conséquences terribles qui pouvaient s'ensuivre.

« Vous êtes fou, dit-elle au prince; n'avez-vous pas cent autres moyens de punir mon mari? Vous serait-il bien difficile de l'envoyer pour deux ou trois mois en Sibérie !

— Fort difficile. On a dans votre pays des préjugés sur la Sibérie. D'ailleurs, malgré mon titre et ma fortune, je ne suis pas un personnage, parce que je n'ai jamais servi.

— J'entends. » Elle réfléchit quelques minutes, puis elle reprit : « En deux mots voici le marché que vous me proposez : une fortune contre ma réputation !

— Pas même ; je n'ai aucun intérêt à vous perdre d'honneur. Vous aurez le droit de publier en tout temps les conditions de notre marché. De mon côté, je m'engage à vous justifier de mon mieux ; je ne tiens qu'au coup de théâtre. Une fois l'effet produit, vous rentrerez dans votre réputation. Vous voyez donc qu'il ne s'agit pour vous que d'un rôle à jouer. Je vous engage pour huit représentations, à un prix que nul directeur n'offrit jamais à une actrice, et je vous laisse la liberté de dire à tout le monde : « C'est une comédie. »

Les débats se prolongèrent jusqu'au retour de Marie. Pauline demanda du temps pour délibérer, et l'affaire fut remise à huitaine. Dans l'intervalle, les amies de la jeune femme lui conseillèrent unanimement d'accepter les offres du prince. Les unes se réjouissaient de la voir partir, les autres se faisaient une fête de la savoir compromise. On lui représenta les torts impardonnables de son mari, les douceurs de la vengeance, la singularité d'un rôle si nouveau, et les profits qu'elle en allait tirer. Elle écouta d'une oreille distraite, et comme en songeant à autre chose. Explique qui voudra les bizarreries du cœur féminin! Que penseriez-vous si je vous disais qu'elle accepta ces propositions absurdes, et qu'elle consentit à ce malheureux voyage, parce qu'elle mourait d'envie de revoir son mari?

Ce qui prouve qu'elle était désintéressée, c'est qu'elle refusa l'argent du prince Vasilikof. Il fallut des prières pour lui faire accepter les toilettes éclatantes qui étaient, pour ainsi dire, les costumes de son rôle. Elle partit le 1ᵉʳ décembre, en poste, avec sa cousine Marie. Elle arriva le 15, dans un traîneau magnifique aux armes du prince. Toute la ville s'en émut; Vasilikof était arrivé depuis deux jours, et personne n'ignorait la grande nouvelle, ni les Russes, ni les Français, ni Gorgeon.

Pauline se repentait déjà de son équipée. L'empressement de la curiosité publique lui donna à réfléchir. Tous les hommes qu'elle apercevait dans la rue ou sur la Perspective lui rappelaient la tournure de son mari; tous les hommes se ressemblent sous la pelisse.

Le prince lui accorda quinze jours pour se remettre ; elle eut ensuite un nouveau délai d'une semaine, parce que Gorgeon ne jouait pas. Elle regardait les affiches comme les condamnés, sous la Terreur, lisaient les listes du bourreau. Elle ne jouit ni de ses toilettes, ni de sa maison, ni du luxe prodigieux dont elle était entourée. Son **salon** passait pour une des merveilles de Pétersbourg. Les murs étaient de Paros blanc, et le meuble de vieux Bauvais à figures. Les fenêtres n'avaient pas d'autres rideaux que six grands camellias ponceau, dressés en espalier. Au milieu, sous un énorme lustre en cristal de roche, on voyait un divan circulaire ombragé d'un camellia pleureur, vrai miracle d'horticulture. Pauline y fit à peine attention. Son cuisinier, un illustre Provençal que Vasilikof avait dérobé à un prince-évêque d'Allemagne, épuisa vainement toutes les ressources de son imagination ; Pauline n'avait plus faim. Elle était cependant un peu bien gourmande lorsqu'elle soupait au café Anglais avec son mari. Le 6 janvier (nouveau style), l'affiche, qu'on portait chez elle, lui apprit que Gorgeon jouait le soir dans *le Dîner de Madelon*. Il lui sembla qu'elle recevait un coup dans le cœur. Elle voulut écrire à son mari. Elle fit porter chez Gorgeon une lettre tendre et suppliante où elle racontait fidèlement tout ce qui s'était passé. « Je ne sais plus que devenir, disait-

elle; je suis seule, sans appui et sans conseil. Le jour où nous nous sommes mariés, tu m'as promis aide et protection; viens à mon secours ! »
Elle glissa dans l'enveloppe une petite fleur sèche conservée entre deux feuillets de son Molière ; c'était une violette blanche de Fontainebleau. Malheureusement, l'homme qui remit cette lettre à Gorgeon portait la livrée du prince Vasilikof.

Le soir, à sept heures, Pauline se laissa habiller comme une morte. Elle espérait vaguement que le prince aurait pitié d'elle et qu'il lui ferait grâce de sa compagnie; mais en descendant de voiture, devant la petite porte du vestibule, elle le vit accourir empressé et radieux. Elle le suivit en chancelant jusqu'à sa loge, qui était au niveau de la rampe, et elle se jeta sur un fauteuil, sans voir que toute la salle avait les yeux braqués sur elle. Le théâtre était plein; les Russes célébraient la fête de Noël. La direction permet au locataire d'une loge d'y empiler autant de personnes qu'elle en peut physiquement contenir. L'hémicycle était littéralement tapissé de têtes qui toutes regardaient la loge de Vasilikof. Lorsque le rideau se leva, Pauline fut prise de vertige. Elle voyait devant elle un gouffre plein de feu, et elle se cramponnait à la balustrade pour n'y point tomber.

Gorgeon s'était cuirassé de courage et d'indifférence. Il avait caché sa pâleur sous une couche épaisse de rouge, mais il avait oublié de peindre ses lèvres ; elles devinrent livides. Il fut assez maître de lui pour conserver la mémoire, et il joua son rôle jusqu'au bout. La soirée fut orageuse. Le public du théâtre Michel se compose de deux éléments bien distincts : le grand monde russe, qui entend le français, et la colonie française. Il y a plus de six mille Français à Pétersbourg, et tous, quels qu'ils soient, précepteurs, marchands, coiffeurs ou cuisiniers, raffolent du théâtre. Les Russes avaient admiré le coup d'état de Vasilikof, et ceux-là même qui avaient applaudi sa caricature deux mois auparavant s'étaient retournés de son côté. Les Français idolâtraient Gorgeon ; ils le couvrirent d'applaudissements. Les Russes ripostèrent par des applaudissements ironiques, battant des mains à tout propos et hors de propos. Après la chute du rideau, ils le rappelèrent si obstinément, qu'il fut forcé de revenir. Pauline était plus morte que vive.

Le lendemain, on donnait *le Misanthrope et l'Auvergnat*. Gorgeon fut vraiment admirable dans le rôle de Mâchavoine. Les Français avaient apporté des couronnes ; les Russes lui jetèrent des couronnes ridicules. Un mauvais plaisant lui cria : « Bien des choses à madame ! » Il pleurait de rage en rentrant dans sa loge. Il y trouva une lettre de

Pauline, une lettre mouillée de larmes. Il la foula aux pieds, la déchira en mille pièces et la jeta au feu.

Après ces deux horribles soirées, Pauline, épouvantée du silence de son mari, supplia le prince de lui faire grâce du reste. Gorgeon n'était-il pas assez puni? Vasilikof n'était-il pas assez vengé?

Le prince se montra conciliant: il remit à Gorgeon la moitié de sa peine, et décida que le surlendemain, après le spectacle, Pauline serait libre d'employer son temps comme elle l'entendrait. « Il faut être de bon compte, dit-il, Gorgeon m'a joué huit fois en quinze jours; mais les soirées comme celle-ci doivent compter double. Après la quatrième, l'honneur sera satisfait. »

On devait donner deux jours de suite un vaudeville fort gai de MM. Xavier et Varin, *la Colère d'Achille*. C'était presque une pièce de circonstance. Achille Pangolin est un Sganarelle moderne qui croit trouver partout les preuves de sa disgrâce imaginaire. Tout lui est matière à soupçon, depuis le miaulement de son chat jusqu'aux interjections de son perroquet. S'il trouve une canne dans sa maison, il croit qu'elle a été oubliée par un rival, et il la met en morceaux avant de reconnaître que c'est la sienne. Il oublie son chapeau dans la chambre de sa femme; il revient, il le trouve, il le saisit, il le broie : il cherche dans tous les coins le propriétaire de ce maudit chapeau. Dans l'excès de son désespoir, il veut en finir avec la vie, et il charge un pistolet pour se brûler la cervelle. Mais un scrupule l'arrête en si beau chemin. Il veut bien se détruire, mais il ne veut pas se faire de mal : la mort l'attire et la douleur l'incommode. Pour concilier son horreur de la vie et sa tendresse pour lui-même, il se met en face d'un miroir et se suicide en effigie.

La Colère d'Achille eut un succès bruyant au théâtre Michel. Tous les mots portaient ! Deux heures avant la représentation, Gorgeon avait refusé de recevoir la visite de sa femme. Il joua la rage au naturel. Par malheur, le pistolet du théâtre était une relique vénérable extraite du magasin des accessoires : il fit long feu. Un seigneur de l'orchestre s'écria en mauvais français : « Pas de chance ! »

Après la représentation, comme le régisseur s'excusait, Gorgeon lui dit : « Ce n'est rien. J'ai un pistolet chez moi, je l'apporterai demain. » Il vint avec un pistolet à deux coups, une belle arme, en vérité. « Vous voyez, dit-il au régisseur : si le premier coup ratait, j'ai le second. » Il joua avec un entrain qu'on ne lui avait jamais vu. A la dernière scène, au lieu de viser la glace, il tourna le canon vers sa femme et la tua. Il se fit ensuite sauter la cervelle. Le spectacle fut interrompu. Cette aventure fit beaucoup de bruit dans Pétersbourg. C'est le prince Vasilikof qui me l'a racontée. « Croiriez-vous, me dit-il en terminant, que ce Gorgeon et cette Pauline s'étaient mariés par amour? Voilà comme vous êtes à Paris! »

LA MÈRE DE LA MARQUISE.

I

Ceci est une vieille histoire qui datera tantôt de dix ans.

Le 15 avril 1846, on lisait dans tous les grands journaux de Paris l'annonce suivante :

« Un jeune homme de bonne famille, ancien élève d'une école du gouvernement, ayant étudié dix ans les mines, la fonte, la forge, la comptabilité et l'exploitation des coupes de bois, désirerait trouver dans sa spécialité un emploi honorable. Écrire à Paris, poste restante à M. L. M. D. O.

La propriétaire des belles forges d'Arlange, Mme Benoît, était alors à Paris, dans son petit hôtel de la rue Saint-Dominique ; mais elle ne lisait jamais les journaux. Pourquoi les aurait-elle lus? Elle ne cherchait pas un employé pour sa forge, mais un mari pour sa fille.

Mme Benoît, dont l'humeur et la figure ont bien

changé depuis dix ans, était en ce temps-là une personne tout à fait aimable. Elle jouissait délicieusement de cette seconde jeunesse que la nature n'accorde pas à toutes les femmes, et qui s'étend entre la quarantième et la cinquantième année. Son embonpoint un peu majestueux lui donnait l'aspect d'une fleur très-épanouie, mais personne en la voyant ne songeait à une fleur fanée. Ses petits yeux étincelaient du même feu qu'à vingt ans ; ses cheveux n'avaient pas blanchi, ses dents ne s'étaient pas allongées ; ses joues et ses mentons resplendissaient de cette fraîcheur vigoureuse, luisante et sans duvet qui distingue la seconde jeunesse de la première. Ses bras et ses épaules auraient fait envie à beaucoup de jeunes femmes. Son pied s'était un peu écrasé sous le poids de son corps, mais sa petite main rose et potelée brillait encore au milieu des bagues et des bracelets comme un bijou entre des bijoux.

Les dedans d'une personne si accomplie répondaient exactement au dehors. L'esprit de Mme Benoît était aussi vif que ses yeux. Sa figure n'était pas plus épanouie que son caractère. Le rire ne tarissait jamais sur cette jolie bouche ; ses belles petites mains étaient toujours ouvertes pour donner. Son âme semblait faite de bonne humeur et de bonne volonté. A ceux qui s'émerveillaient d'une gaieté si soutenue et d'une bienveillance si universelle, Mme Benoît répondait : « Que voulez-vous ? Je suis née heureuse. Mon passé ne renferme rien que d'agréable, sauf quelques heures oubliées depuis longtemps; le présent est comme un ciel sans nuage; quant à l'avenir, j'en suis sûre, je le tiens. Vous voyez bien qu'il faudrait être folle pour se plaindre du sort ou prendre en grippe le genre humain! »

Comme il n'est rien de parfait en ce monde, Mme Benoît avait un défaut, mais un défaut innocent, qui n'avait jamais fait de mal qu'à elle-même. Elle était, quoique l'ambition semble un privilége du sexe laid, passionnément ambitieuse. Je regrette de n'avoir pas trouvé un autre mot pour exprimer son seul travers; car, à vrai dire, l'ambition de Mme Benoît n'avait rien de commun avec celle des autres hommes. Elle ne visait ni à la fortune ni aux honneurs : les forges d'Arlange rapportaient assez régulièrement cent cinquante mille francs de rente; et, quant au reste, Mme Benoît n'était pas femme à rien accepter du gouvernement de 1846. Que poursuivait-elle donc ? Bien peu de chose. Si peu, que vous ne me comprendriez pas si je ne racontais d'abord en quelques lignes la jeunesse de Mme Benoît née Lopinot.

Gabrielle-Auguste-Éliane Lopinot naquit au cœur du faubourg Saint-Germain, sur les bords de ce bienheureux ruisseau de la rue du Bac, que Mme de Staël préférait à tous les fleuves de l'Europe. Ses parents, bourgeois jusqu'au menton, vendaient des nouveautés à l'enseigne du *Bon saint Louis*, et accumulaient sans bruit une fortune colossale. Leurs principes bien connus, leur enthousiasme pour la monarchie et le respect qu'ils affichaient pour la noblesse leur conservaient la clientèle de tout le faubourg. M. Lopinot, en fournisseur bien appris, n'envoyait jamais une note qu'on ne la lui eût demandée. On n'a jamais ouï dire qu'il eût appelé en justice un débiteur récalcitrant. Aussi les descendants des croisés firent-ils souvent banqueroute au *Bon saint Louis*; mais ceux qui payent, payent pour les autres. Cet estimable marchand, entouré de personnes illustres dont les unes le volaient et dont les autres se laissaient voler, arriva peu à peu à mépriser uniformément sa noble clientèle. On le voyait très-humble et très-respectueux au magasin ; mais il se relevait comme par ressort en rentrant chez lui. Il étonnait sa femme et sa fille par la liberté de ses jugements et l'audace de ses maximes. Peu s'en fallait que Mme Lopinot ne se signât dévotement lorsqu'elle l'entendait dire après boire : « J'aime fort les marquis, et ils me semblent gens de bien ; mais à aucun prix je ne voudrais d'un marquis pour gendre. »

Ce n'était pas le compte de Gabrielle-Auguste-Éliane. Elle se fût fort accommodée d'un marquis, et, puisque chacun de nous doit jouer un rôle en ce monde, elle donnait la préférence au rôle de marquise. Cette enfant, accoutumée à voir passer des calèches comme les petits paysans à voir voler les hirondelles, avait vécu dans un perpétuel éblouissement. Portée à l'engouement, comme toutes les jeunes filles, elle avait admiré les objets qui l'entouraient : hôtels, chevaux, toilettes et livrées. A douze ans, un grand nom exerçait une sorte de fascination sur son oreille ; à quinze, elle se sentait prise d'un profond respect pour ce qu'on appelle le faubourg Saint-Germain, c'est-à-dire pour cette aristocratie incomparable qui se croit supérieure à tout le genre humain par droit de naissance. Lorsqu'elle fut en âge de se marier, la première idée qui lui vint, c'est qu'un coup de fortune pouvait la faire entrer dans ces hôtels dont elle contemplait la porte cochère, l'asseoir à côté de ces grandes dames radieuses qu'elle n'osait regarder en face, la mêler à ces conversations qu'elle croyait plus spirituelles que les plus beaux livres et plus intéressantes que les meilleurs romans. Après tout, pensait-elle, il ne faut pas un grand miracle pour abaisser devant moi la barrière infranchissable. C'est assez que ma figure ou ma dot fasse la conquête d'un comte, d'un duc ou d'un marquis. » Son ambition visait surtout au marquisat, et pour cause. Il y a des ducs et des comtes de création récente, et qui ne sont pas reçus au faubourg ; tandis que tous les marquis sans exception sont de la vieille roche, car depuis Molière on n'en fait plus.

Je suppose que si elle avait été livrée à elle-même, elle aurait trouvé sans lanterne l'homme qu'elle souhaitait pour mari. Mais elle vivait sous l'aile de sa mère, dans une solitude profonde, où M. Lopinot venait de temps en temps lui offrir la main d'un avoué, d'un notaire ou d'un agent de change. Elle refusa dédaigneusement tous les partis jusqu'en 1829. Mais un beau matin elle s'aperçut qu'elle avait vingt-cinq ans sonnés, et elle épousa subitement M. Morel, maître de forges à Arlange. C'était un excellent homme de roturier, qu'elle aurait aimé comme un marquis si elle avait eu le temps. Mais il mourut le 31 juillet 1830, six mois après la naissance de sa fille. La belle veuve fut tellement outrée de la révolution de Juillet, qu'elle en oublia presque de pleurer son mari. Les embarras de la succession et le soin des forges la retinrent à Arlange jusqu'au choléra de 1832, qui lui enleva en quelques jours son père et sa mère. Elle revint alors à Paris, vendit le *Bon saint Louis*, et acheta son hôtel de la rue Saint-Dominique, entre le comte de Preux et la maréchale de Lens. Elle s'établit avec sa fille dans son nouveau domicile, et ce n'est pas sans une joie secrète qu'elle se vit logée dans un hôtel de noble apparence, entre un comte et une maréchale. Son mobilier était plus riche que le mobilier de ses voisins, sa serre plus grande, ses chevaux de meilleure race et ses voitures mieux suspendues. Cependant elle aurait donné de bon cœur serre, mobilier, chevaux et voitures pour avoir le droit de voisiner un brin. Les murs de son jardin n'avaient pas plus de quatre mètres de haut, et, dans les soirées tranquilles de l'été, elle entendait causer, tantôt chez le comte, tantôt chez la maréchale. Malheureusement il ne lui était pas permis de prendre part à la conversation. Un matin, son jardinier lui apporta un vieux cacatoès qu'il avait pris sur un arbre. Elle rougit de plaisir en reconnaissant le perroquet de la maréchale. Elle ne voulut céder à personne le plaisir de rendre ce bel oiseau à sa maîtresse, et, au risque d'avoir les mains déchiquetées à coups de bec, elle le reporta elle-même. Mais elle fut reçue par un gros intendant qui la remercia dignement sur le pas de la porte. Quelques jours après, les enfants du comte de Preux envoyèrent dans ses plates-bandes un ballon tout neuf. La crainte d'être remerciée par un intendant fit qu'elle renvoya le ballon à la comtesse par un de ses domestiques, avec une lettre fort spirituelle et de la tournure la plus aristocratique. Ce fut le précepteur des enfants, un vrai cuistre, qui lui répondit. La jolie veuve (elle était alors dans le plein de sa beauté) en fut pour ses avances. Elle se disait quelquefois le soir, en rentrant chez elle : « Le sort est bien ridicule ! J'ai le droit d'entrer tant que je veux au n° 57, et il ne m'est pas permis de m'introduire pour un quart d'heure au 59 ou au 55 ! » Ses seules connaissances dans le monde du faubourg étaient quelques débiteurs de son père, auxquels elle n'avait garde de demander de l'argent. En récompense de sa discrétion, ces honorables personnes la recevaient quelquefois le matin. A midi, elle pouvait se déshabiller : toutes ses visites étaient faites.

Le régisseur de la forge l'arracha à cette vie intolérable en la rappelant à ses affaires. Arrivée à Arlange, elle y trouva ce qu'elle avait cherché vainement dans tout Paris : la clef du faubourg Saint-Germain. Un de ses voisins de campagne hébergeait depuis trois mois M. le marquis de Kerpry, capitaine au 2ᵉ régiment de dragons. Le marquis était un homme de quarante ans, mauvais officier, bon vivant, toujours vert, assuré contre la vieillesse, et célèbre par ses dettes, ses duels et ses fredaines. Du reste, riche de sa solde c'est-à-dire excessivement pauvre. « Je tiens mon marquisat! » pensa la belle Éliane. Elle fit sa cour au marquis, et le marquis ne lui tint pas rigueur. Deux mois plus tard il envoyait sa démission au ministère de la guerre et conduisait à l'église la veuve de M. Morel. Conformément à la loi, le mariage fut affiché dans la commune d'Arlange, au 10ᵉ arrondissement de Paris, et dans la dernière garnison du capitaine. L'acte de naissance du marié, rédigé sous la Terreur, ne portait que le nom vulgaire de Benoît, mais on y joignit un acte de notoriété publique attestant que de mémoire d'homme M. Benoît était connu comme marquis de Kerpry.

La nouvelle marquise commença par ouvrir ses salons au faubourg Saint-Germain du voisinage: car le faubourg s'étend jusqu'aux frontières de la France.

Après avoir ébloui de son luxe tous les hobereaux des environs, elle voulut aller à Paris prendre sa revanche sur le passé; et elle conta ce projet à son mari. Le capitaine fronça le sourcil et déclara net qu'il se trouvait bien à Arlange. La cave était bonne, la cuisine de son goût, la chasse magnifique; il ne demandait rien de plus. Le faubourg Saint-Germain était pour lui un pays aussi nouveau que l'Amérique : il n'y possédait ni parents, ni amis, ni connaissances. « Bonté divine! s'écria la pauvre Éliane, faut-il que je sois tombée sur le seul marquis de la terre qui ne connaisse pas le faubourg Saint-Germain! »

Ce ne fut pas son seul mécompte. Elle s'aperçut bientôt que son mari prenait l'absinthe quatre fois par jour, sans parler d'une autre liqueur appelée vermouth qu'il avait fait venir de Paris pour son usage personnel. La raison du capitaine ne résistait pas toujours à ces libations répétées, et, lorsqu'il sortait de son bon sens, c'était, le plus souvent, pour entrer en fureur. Ses vivacités n'épargnaient personne, pas même Éliane, qui en vint à souhaiter tout de bon de n'être plus marquise. Cet événement arriva plus tôt qu'elle ne l'espérait.

Un jour le capitaine était souffrant pour s'être trop bien comporté la veille. Il avait la tête lourde et les yeux battus. Assis dans le plus grand fauteuil du salon, il lustrait mélancoliquement ses longues moustaches rousses. Sa femme, debout auprès d'un samavar, lui versait coup sur coup d'énormes tasses de thé. Un domestique annonça M. le comte de Kerpry. Le capitaine, tout malade qu'il était, se dressa brusquement en pieds.

« Ne m'avez-vous pas dit que vous étiez sans parents? demanda Éliane un peu étonnée.

—Je ne m'en connaissais pas, répondit le capitaine, et je veux que le diable m'emporte.... Mais nous verrons bien. Faites entrer! »

Le capitaine sourit dédaigneusement lorsqu'il vit paraître un jeune homme de vingt ans, d'une beauté presque enfantine. Il était de taille raisonnable, mais si frêle et si délicat, qu'on pouvait croire qu'il n'avait pas fini de grandir. Ses longs yeux bleus regardaient autour d'eux avec une sorte de timidité farouche. Lorsqu'il aperçut la belle Éliane, sa figure rougit comme une pêche d'espalier. Le timbre de sa voix était doux, frais, limpide, presque féminin. Sans la moustache brune qui se dessinait finement sur sa lèvre, on aurait pu le prendre pour une jeune fille déguisée en homme.

« Monsieur, dit-il au capitaine en se tournant à demi vers Éliane, quoique je n'aie pas l'honneur d'être connu de vous, je viens vous parler d'affaires de famille. Notre conversation, qui sera longue, contiendra sans doute des chapitres fastidieux, et je crains que madame n'en soit ennuyée.

— Vous avez tort de craindre, monsieur, reprit Éliane en se rengorgeant: la marquise de Kerpry veut et doit connaître toutes les affaires de la famille, et, puisque vous êtes un parent de mon mari....

— C'est ce que j'ignore encore, madame, mais

nous le déciderons bientôt, et devant vous, puisque vous le désirez et que monsieur semble y consentir. »

Le capitaine écoutait d'un air hébété, sans trop comprendre Le jeune comte se tourna vers lui comme pour le prendre à partie.

« Monsieur lui dit-il, je suis le fils aîné du marquis de Kerpry, qui est connu de tout le faubourg Saint-Germain, et qui a son hôtel rue Saint-Dominiquer.

— Quel bonheur ! » s'écria étourdiment Éliane.

Le comte répondit à cette exclamation par un salut froid et cérémonieux. Il poursuivit :

« Monsieur, comme mon père, mon grand-père et mon bisaïeul étaient fils uniques, et qu'il n'y a jamais eu deux branches dans la famille, vous excuserez l'étonnement qui nous a saisis le jour où nous avons appris par les journaux le mariage d'un marquis de Kerpry.

— Je n'avais donc pas le droit de me marier ? demanda le capitaine en se frottant les yeux.

— Je ne dis pas cela, monsieur. Nous avons à la maison, outre l'arbre généalogique de la famille, tous les papiers qui établissent nos droits à porter le nom de Kerpry. Si vous êtes notre parent, comme je le désire, je ne doute pas que vous n'ayez aussi entre les mains quelques papiers de famille.

—A quoi bon? les paperasses ne prouvent rien, et tout le monde sait qui je suis.

— Vous avez raison, monsieur, il ne faut pas beaucoup de parchemins pour établir une preuve solide : il suffit d'un acte de naissance, avec....

— Monsieur, mon acte de naissance porte le nom de Benoît. Il est daté de 1794. Comprenez-vous?

— Parfaitement, monsieur, et, en dépit de cette circonstance, je conserve l'espoir d'être votre parent. Êtes-vous né à Kerpry ou dans les environs?

— Kerpry?... Kerpry? où prenez-vous Kerpry?

— Mais où il a toujours été : à trois lieues de Dijon, sur la route de Paris.

— Eh! monsieur, que m'importe à moi? puisque Robespierre a vendu les biens de la famille....

— On vous a mal informé, monsieur. Il est vrai que la terre et le château ont été mis en vente comme biens d'émigré, mais ils n'ont pas trouvé d'acheteur, et S. M. le roi Louis XVIII a daigné les rendre à mon père. »

Le capitaine était insensiblement sorti de sa torpeur; ce dernier trait acheva de le réveiller. Il marcha les poings serrés, vers son frêle adversaire, et lui cria dans le visage :

« Mon petit monsieur, il y a quarante ans que je suis marquis de Kerpry, et celui qui m'arrachera mon nom aura le poignet solide. »

Le comte pâlit de colère, mais il se souvint de la présence d'Éliane, qui s'étendait, anéantie, sur une chaise longue. Il répondit d'un ton dégagé :

« Mon grand monsieur, quoique les jugements de Dieu soient passés de mode, j'accepterais volontiers le moyen de conciliation que vous m'offrez, si j'étais seul intéressé dans l'affaire. Mais je représente ici mon père, mes frères et toute une famille, qui aurait lieu de se plaindre si je jouais ses intérêts à pile ou face. Permettez-moi donc de retourner à Paris. Les tribunaux décideront lequel de nous usurpe le nom de l'autre. »

Là-dessus le comte fit une pirouette, salua profondément la prétendue marquise, et regagna sa chaise de poste avant que le capitaine eût songé à le retenir.

Le samavar ne bouillait plus ; mais ce n'était pas de thé qu'il s'agissait entre le capitaine et sa femme. Éliane voulait savoir si elle était oui ou non marquise de Kerpry. L'impétueux Benoît, qui venait d'user son reste de patience, s'oublia au point de battre la plus jolie personne du département. C'est à ces circonstances que

Mme Benoît faisait allusion lorsqu'elle parlait de quelques heures désagréables oubliées depuis longtemps

Le procès Kerpry contre Kerpry ne se fit pas attendre. Le sieur Benoît eut beau répéter par l'organe de son avocat qu'il s'était toujours entendu appeler marquis de Kerpry, il fut condamné à signer Benoît et à payer les frais. Le jour où il reçut cette nouvelle, il écrivit au jeune comte une lettre d'injures grossières, signée Benoît. Le dimanche suivant, vers huit heures du matin, il rentra chez lui sur un brancard, avec dix centimètres de fer dans le corps. Il s'était battu, et l'épée du comte s'était brisée dans la blessure. Éliane, qui dormait encore, arriva juste à temps pour recevoir ses excuses et ses adieux.

Si cette aventure n'avait pas fait un scandale épouvantable, la province ne serait pas la province. Les hobereaux du voisinage témoignèrent une exaspération comique: ils auraient voulu reprendre à la fausse marquise les visites qu'ils lui avaient faites. La veuve n'entendit pas le bruit qui se faisait autour d'elle : elle pleurait. Ce n'est pas qu'elle regrettât rien de M. Benoît, dont les défauts, petits et grands, l'avaient à jamais corrigée du mariage; mais elle déplorait sa confiance trompée, ses espérances perdues, son horizon rétréci, son ambition condamnée à l'impuissance. Si vous voulez vous peindre l'état de son âme, figurez-vous un fakir à qui l'on signifie qu'il ne verra jamais Wichnou. Du fond de sa retraite, elle lançait sur le faubourg Saint-Germain des regards d'Ève chassée du paradis terrestre.

Un matin qu'elle pleurait sous un berceau de clématites en fleur (c'était dans l'été de 1834), sa fille passa en courant auprès d'elle. Elle arrêta l'enfant par sa robe et la baisa cinq ou six fois, en se reprochant de songer moins à sa fille qu'à ses chagrins. Lorsqu'elle l'eut bien embrassée, elle la regarda en face et fut satisfaite de l'examen. A quatre ans et demi, la petite Lucile annonçait une beauté fine et aristocratique. Ses traits étaient charmants; les attaches des pieds et des mains, exquises. Éliane eut beau fouiller dans sa mémoire, elle ne se souvint pas d'avoir vu jouer aux Tuileries un seul enfant d'un type aussi distingué. Elle donna un dernier baiser à la petite, qui prit sa volée. Puis elle s'essuya les yeux, et depuis elle ne pleura plus.

« Mais où donc avais-je la tête? murmura-t-elle en reprenant son plus heureux sourire. Tout n'est pas perdu; tout peut s'arranger; tout est arrangé; c'est bien; c'est pour le mieux! J'entrerai; c'est une affaire de patience; il faut du temps, mais ces portes orgueilleuses s'ouvriront devant moi. Je ne serai pas marquise, non; j'ai été assez mariée, et l'on ne m'y reprendra plus. La marquise, la voilà qui piétine dans les fraises. Je lui choisirai un marquis, un bon : il faut bien que mon expérience serve à quelque chose. Je serai la vraie mère d'une vraie marquise ! Elle sera reçue partout, et moi aussi; fêtée partout, et moi aussi; elle dansera avec des ducs, et moi.... je la regarderai danser, à moins que ces messieurs de 1830 ne fassent une loi de laisser les mamans au vestiaire ! »

Dès cet instant, son unique préoccupation fut de préparer sa fille au rôle de marquise. Elle l'habilla comme une poupée, lui enseigna les diverses grimaces dont se composent les grandes manières et lui apprit la révérence, tandis que sa gouvernante lui apprenait l'alphabet. Malheureusement, la petite Lucile n'était pas née dans la rue du Bac. Elle s'éveillait au chant des oiseaux et non au roulement des carrosses, et elle voyait plus de villageois en blouse que de laquais en livrée. Elle n'écouta pas mieux les leçons d'aristocratie que lui donnait sa mère, que sa mère n'avait écouté les diatribes de M. Lopinot contre les marquis. L'esprit des enfants est formé par tout ce qui les entoure; ils ont l'oreille ouverte à cent précepteurs à la fois; les bruits de la campagne et les bruits de la rue leur parlent bien plus haut que le pédant le plus intraitable ou le père le plus rigoureux. Mme Benoît eut beau prêcher : les premiers plaisirs de la jeune marquise furent de se battre avec les fillettes du village, de se rouler dans le sable en robe neuve, de voler des œufs tout chauds dans le poulailler, et de se faire trainer par un gros chien écossais qu'elle tirait par la queue. A la voir jouer au jardin, un observateur attentif eût deviné le sang du bonhomme Morel et du père Lopinot. Sa mère se lamentait de ne trouver en elle ni orgueil, ni vanité, ni le plus simple mouvement de coquetterie. Elle guettait avec une impatience fiévreuse le jour où Lucile mépriserait quelqu'un, mais Lucile ouvrait son cœur et ses bras à toutes les bonnes gens qui l'entouraient, depuis Margot la vachère jusqu'au plus noir des ouvriers de la forge. Lorsqu'elle se fit grandelette, ses goûts changèrent un peu, mais ce ne fut pas dans le sens que sa mère désirait. Elle s'intéressa au jardin, au verger, au troupeau, à la basse-cour, à l'usine, au ménage, et même (pourquoi ne le dirait-on pas?) à la cuisine. Elle eut l'œil au fruitier, elle étudia l'art de faire des confitures, elle s'inquiéta de la pâtisserie. Chose étrange! les gens de la maison, au lieu de s'impatienter de sa surveillance, lui en savaient le meilleur gré du monde. Ils comprenaient, mieux que Mme Benoît, combien il est beau qu'une femme apprenne de bonne heure l'ordre, le soin, une sage et libérale économie, et ces talents obscurs qui font le charme d'une maison et la joie des hôtes auxquels elle ouvre sa porte.

Les leçons de Mme Benoît avaient porté d'étranges fruits. Cependant elles ne furent pas tout à fait perdues. L'institutrice était sévère par amour de sa fille, impatiente par amour du marquisat, et colère par tempérament. Elle perdit si souvent patience que Lucile prit peur de sa mère. La pauvre enfant s'entendait répéter tous les jours : « Vous ne savez rien de rien, vous n'entendez rien à rien, vous êtes bien heureuse de m'avoir ! » Elle se persuada naïvement qu'elle était bien heureuse d'avoir Mme Benoît. Elle se crut, de bonne foi, niaise et incapable ; et, au lieu de s'en désoler, elle satisfit tous ses goûts, s'abandonna à tous ses penchants, fut heureuse, aimée et charmante.

Mme Benoît était si pressée de jouir de la vie et du faubourg, qu'elle aurait marié sa fille à quinze ans si elle l'avait pu. Mais Lucile à quinze ans n'était encore qu'une petite fille. L'âge ingrat se prolongea pour elle au delà des limites ordinaires. Il est à remarquer que les enfants des villages sont moins précoces que ceux des villes : c'est sans doute par la même raison qui fait que les fleurs des champs retardent sur celles des jardins. A seize ans, Lucile commença de prendre tigure. Elle était encore un peu maigre, un peu rubiconde, un peu gauche; toutefois sa gaucherie, sa maigreur et ses bras rouges n'étaient pas des épouvantails à effaroucher l'amour. Elle ressemblait à ces chastes statues que les sculpteurs allemands de la Renaissance taillaient dans la pierre des cathédrales; mais aucun fanatique de l'art grec n'eût dédaigné de jouer auprès d'elle le rôle de Pygmalion.

Sa mère lui dit un beau matin en fermant cinq ou six malles : « Je vais à Paris chercher un marquis que vous épouserez.

— Oui, maman, » répondit-elle sans objection. Elle savait depuis des années qu'elle devait épouser un marquis. Un seul souci la préoccupait, sans qu'elle eût jamais osé s'en ouvrir à personne. Dans le salon d'une amie de sa mère, Mme Mélier, en feuilletant un album de costumes, elle avait vu une gravure coloriée représentant un marquis. C'était un petit vieillard vêtu d'un costume du temps de Louis XV, culotte courte, souliers à boucles d'or, épée à poignée d'acier, chapeau à plumes, habit à paillettes. Cette image était si bien logée dans un des casiers de sa mémoire, qu'elle se présentait au seul nom de marquis, et que la pauvre enfant ne pouvait se persuader qu'il y eût d'autres marquis sur la terre. Elle les croyait tous dessinés d'après le même modèle, et elle se demandait avec effroi comment elle pourrait s'empêcher de rire en donnant la main à son mari.

Tandis qu'elle s'abandonnait à ces terreurs innocentes, Mme Benoît se mettait en quête d'un marquis. Elle eut bientôt trouvé. Parmi les débiteurs de son père avec lesquels elle avait conservé des relations, le plus aimable était le vieux baron de Subressac. Non-seulement il y était toujours pour elle, mais il lui faisait même l'honneur de venir déjeuner chez elle, en tête-à-tête. Ces familiarités n'étaient pas compromettantes, d'un homme de soixante-quinze ans. Elle lui demanda un jour, entre les deux derniers verres d'une bouteille de vin de Tokay :

« Monsieur le baron, vous occupez-vous quelquefois de mariages?

— Jamais, charmante, depuis qu'il y a des maisons pour cela. »

Le baron l'appelait paternellement *charmante*.

« Mais, reprit-elle sans se déferrer, s'il s'agissait de rendre service à deux de vos amis?

— Si vous étiez un des deux, madame, je ferais tout ce que vous me commanderiez.

— Vous êtes au cœur de la question. Je connais une enfant de seize ans, jolie, bien élevée, qui n'a jamais été en pension, un ange ! Mais, au fait, je ne vois pas pourquoi je vous ferais des mystères : c'est ma fille. Elle a pour dot, premièrement l'hôtel que voici : je n'en parle que pour mémoire; plus une forêt de quatre cents hectares; plus une forge qui marche toute seule et qui rapporte cent cinquante mille francs dans les plus mauvaises années. Là-dessus elle devra me servir une rente de cinquante mille francs, qui, jointe à quelques petites choses que j'ai, me suffira pour vivre. Nous disons donc : un hôtel, une forêt et cent mille francs de rente

— C'est fort joli.

— Attendez! Pour des raisons très-délicates et qu'il ne m'est pas permis de divulguer, il faut que ma fille épouse un marquis; on ne demande pas d'argent; on sera très-coulant sur l'âge, l'esprit, la figure, et tous les avantages extérieurs; ce qu'on veut, c'est un marquis avéré, de bonne souche, bien apparenté, connu de tout le faubourg, et qui puisse se présenter fièrement partout, avec sa femme et sa famille. Connaissez-vous, monsieur le baron, un marquis que vous aimiez assez pour lui souhaiter une jolie femme et cent mille livres de rente?

— Ma foi! charmante, je n'en trouverais pas deux, mais j'en connais un. Si votre fille l'accepte, elle épousera un homme que j'aime comme mon fils. Mais je vous donne beaucoup mieux que vous ne demandez.

— Vrai?

— D'abord, il est jeune : vingt-huit ans.

— C'est un détail, passons.

— Il est très-beau.

— Vanité des vanités!

— Votre fille n'en dira pas autant. Il est plein d'esprit.

— Denrée inutile en ménage.

— Une instruction sérieuse : ancien élève de l'École polytechnique!

— Soit.

— De plus il a fait des études spéciales qui ne vous seront pas....

— C'est fort bien ; mais le solide, monsieur le baron!

— Ah! quant à la fortune, il répond trop exactement au programme. Ruiné de fond en comble. Il a donné sa démission en sortant de l'École, parce que....

— Je le lui pardonne, monsieur le baron.

— La dernière fois qu'il est venu me voir, le pauvre garçon pensait à chercher une place.

— Sa place est toute trouvée ; mais dites-moi, cher baron, il est bien noble?

— Comme Charlemagne. Voilà donc ce que vous appelez le solide!

— Sans doute.

— Un de ses ancêtres a failli devenir roi d'Antioche en 1098.

— Et sa parenté?

— Tout le faubourg.

— Un nom connu?

— Comme Henri IV. C'est le marquis d'Outreville. Vous devez connaître cela....

— Il me semble. Outreville!... c'est un joli nom. On mettra une plaque de marbre au-dessus de la porte cochère: HÔTEL D'OUTREVILLE. Mais va-t-il vouloir de ma fille? une mésalliance!

— Eh! charmante, un homme ne se mésallie pas. Je comprends qu'une fille qui s'appelle Mlle de Noailles ou Mlle de Choiseul répugne à changer de nom pour s'appeler Mme Mignolet. Mais un homme garde son nom, donc il ne perd rien. D'ailleurs, Gaston n'a pas les préjugés de sa caste. Je le verrai en sortant d'ici, et demain au plus tard je vous donnerai de ses nouvelles.

— Faites mieux, mon excellent baron: s'il est bien disposé, venez demain, sans façon, dîner avec lui. A-t-il des papiers de famille? un arbre généalogique?

— Sans doute.

— Tâchez donc qu'il les apporte!

— Y songez-vous charmante? C'est moi qui viendrai un de ces jours vous déchiffrer tout ce grimoire. A bientôt! »

Le baron s'achemina à petits pas vers le n° 34 de la rue Saint-Benoît. C'était une maison bourgeoise dont la principale locataire avait meublé quelques chambres pour loger les étudiants. Il monta au second étage et frappa à une petite porte numérotée. Le marquis, en veste de travail, vint lui ouvrir. C'était en effet un beau jeune homme et un mari fort désirable. Il était un peu grand, mais d'une taille si bien prise que personne ne songeait à lui reprocher quelques centimètres de trop. Ses pieds et ses mains attestaient que ses ancêtres avaient vécu sans rien faire pendant plusieurs siècles. Sa tête était magnifique: un front haut, large et couronné de cheveux noirs qui se rejetaient spontanément en arrière; des yeux bleus d'une grande douceur, mais profondément enfoncés sous des sourcils puissants; un nez fièrement arqué dont les ailes fines frémissaient à la moindre émotion, une bouche un peu large et des dents charmantes; une moustache noire, épaisse et brillante, qui encadrait de belles lèvres rouges sans les cacher; un teint à la fois brun et rose, couleur de travail et de santé. Le baron fit cet inventaire d'un coup d'œil rapide, en serrant la main de Gaston, et il murmura en lui-même : « Si la petite n'est pas contente du présent que je lui fais!... »

La figure du jeune marquis était ouverte, mais non pas épanouie. En l'examinant avec attention, on y aurait vu je ne sais quoi de mobile et d'inquiet, l'agitation perpétuelle d'un désir inassouvi, la tyrannie d'une idée dominante. Peut-être même, en poussant plus avant, y eût-on reconnu le sceau de prédestination qui marque le visage de tous les inventeurs. Gaston avait quitté son ouvrage pour ouvrir à son vieil ami. Il était occupé à laver à l'encre de Chine une grande planche de dessins au bas desquels on lisait: *Plan, coupe et élévation d'un haut fourneau économique.* Sa table était encombrée de dessins et de mémoires dont les titres, à demi cachés les uns par les autres, étaient de nature à piquer la curiosité des plus indifférents. On y voyait, ou plutôt on y devinait les suscriptions suivantes: *D'un nouvel acier plus fusible. — Nouveau système de hauts fourneaux. — Accidents les plus fréquents dans les mines, et moyen de les prévenir. — Moyen de couler d'une seule pièce les roues des.... — Emploi rationnel du combustible dans.... — Nouveau soufflet à vapeur pour les forges....* Lorsqu'on avait jeté les yeux sur cette table, on ne voyait plus qu'elle dans la chambre. Le petit lit de pensionnaire, les six chaises de damas de laine, le fauteuil de velours d'Utrecht, la petite bibliothèque surchargée de livres, la pendule arrêtée, les deux vases de fleurs artificielles sous leurs globes, les portraits encadrés de La Fayette et du général Foy, les rideaux rouges à liteaux jaunes, tout disparaissait devant ce monceau de labeurs et d'espérances.

« Mon enfant, dit le baron au marquis, il y a huit grands jours que je ne vous ai vu : où en sont vos affaires?

— Bonne nouvelle, monsieur : j'ai une place. J'avais fait mettre, il y a quelques jours, une note dans les journaux. Un de mes anciens camarades d'école qui dirige les mines de Poullaouen, dans le Finistère, a deviné mon nom sous les initiales; il a parlé de moi aux administrateurs, et l'on m'offre une place de 3000 francs, à prendre au 1er mai. Il était temps! j'entamais mon dernier billet de cent francs. Je partirai dans cinq jours pour la Bretagne. Poullaouen est un triste pays, où il pleut dix mois de l'année, et vous savez si j'aime le soleil. Mais je pourrai continuer mes études, pratiquer quelques-unes de mes théories, faire mes expériences sur une grande échelle : c'est tout un avenir!

— Voyez comme je tombe mal! Je venais vous proposer autre chose.

— Dites toujours: je n'ai pas encore répondu.

— Voulez-vous vous marier? »

Le marquis fit une moue parfaitement sincère.

« Vous êtes bien bon de vous occuper de moi, dit-il au vieillard en lui serrant les deux mains;

mais je n'ai jamais songé à ces choses-là. Je n'ai pas le temps ; vous savez mes travaux ; j'ai encore un million de choses à trouver ; la science est jalouse.

— Ta, ta, ta! reprit le baron en riant. Comment! vous avez vingt-huit ans, vous vivez ici comme un chartreux ; je viens vous offrir une fille sage, jolie, bien élevée, un ange de seize ans ; et voilà comme vous me recevez! »

Un éclair de jeunesse s'alluma au fond des beaux yeux de Gaston, mais ce fut l'affaire d'un instant. « Merci mille fois, répondit-il, mais je n'ai pas le temps. Le mariage m'imposerait des devoirs contraires à mes goûts, des occupations insupportables....

— Il ne vous imposerait rien du tout. Votre futur beau-père est mort depuis plus de quinze ans ; la famille se compose d'une belle-mère, excellente bourgeoise, malgré ses prétentions. Pour vous donner une idée de ses manières, je vous dirai qu'elle m'a chargé de vous mener demain dîner chez elle, si ce mariage ne vous déplaît pas Vous voyez qu'on ne fait pas de cérémonie !

— Merci, monsieur, mais j'ai Poullaouen dans la tête.

— Quel homme ! on vous assure par contrat la propriété d'un hôtel rue Saint-Dominique, d'une forêt de quatre cents hectares en Lorraine, et de cent mille livres de rente. Vous en donnera-t-on autant à Poullaouen?

— Non, mais j'y serai dans mon élément. Proposeriez-vous à un poisson cent mille francs de rente pour vivre hors de l'eau?

— Eh bien! n'en parlons plus. Je voulais vous dire cela en passant. Maintenant j'ai quelques visites à faire; au revoir. Vous ne partirez pas sans me dire adieu? »

Le baron s'avança jusqu'à la porte en souriant malicieusement. Au moment de sortir, il se retourna et dit à Gaston :

« A propos, les cent mille francs de rente sont le revenu d'une forge magnifique. »

Gaston l'arrêta sur le seuil : « Une forge ! J'épouse ! Voulez-vous me permettre d'aller vous prendre demain pour dîner chez ma belle-mère?

— Non, non. Épousez Poullaouen!

— Mon vieil ami!

— Eh bien, soit. A demain. »

II

Après le départ du baron, Gaston d'Outreville se jeta dans le fauteuil, plongea sa tête dans ses deux mains, et réfléchit si longuement, que son encre de Chine eut le temps de sécher. « A quel propos, se demandait-il, une bourgeoise vient-elle m'offrir sa fille et cent mille francs de rente? » Je connais bon nombre de jeunes gens qui, à sa place, eussent été moins embarrassés. Ils auraient eu bientôt fait de construire un roman d'amour pour expliquer tout le mystère. Mais Gaston manquait de fatuité, comme Lucile de coquetterie. La seule idée qui lui vint fut que Mme Benoît voulait pour gendre un forgeron bien élevé. « Elle a entendu parler de moi, pensa-t-il; on lui aura dit un mot de mes recherches et de mes découvertes; j'étais assez répandu dans le faubourg, du temps que je ne connaissais pas encore la sottise et la vanité des relations du monde. Il est évident que cette usine a besoin d'un homme : une mère et sa fille additionnées ensemble ne font pas un maître de forges. Qui sait si les travaux ne sont pas en souffrance, si l'entreprise n'est pas en péril? Eh bien, morbleu! nous la sauverons. Outreville à la rescousse! comme disaient nos aïeux, ces artisans héroïques qui forgeaient leurs épées eux-mêmes. » Là-dessus, il refit de l'encre de Chine et termina consciencieusement son lavis.

Le lendemain, il se promena à grands pas dans le jardin du Luxembourg, jusqu'à l'heure du déjeuner. Après midi, il s'enferma dans un cabinet de lecture, où il feuilleta successivement tous les journaux du jour et toutes les revues du mois·

depuis longtemps il n'avait fait pareille débauche. « Il est heureux, pensait-il, qu'on ne se marie pas souvent : on ne travaillerait guère. » A cinq heures, il se mit à sa toilette, qui fut longue : il s'attendait à dîner avec sa future. Six heures et demie sonnaient lorsqu'il entra chez le baron. Il espérait savoir de son vieil ami comment Mme Benoît avait pris la fantaisie de le choisir pour gendre ; mais le baron fut mystérieux comme un oracle. Il respectait trop son orgueil pour lui conter la vérité. En arrivant au petit hôtel de la rue Saint-Dominique, ils aperçurent deux ouvriers juchés sur une double échelle et occupés à mesurer quelque chose au-dessus de la porte cochère.

« Devinez, dit le baron, ce que ces braves gens font là-haut ! ils prennent la mesure d'une plaque de marbre sur laquelle on écrira : Hôtel d'Outreville.

— Bonne plaisanterie ! répondit Gaston en franchissant le seuil de la porte.

— Vous ne me croyez pas ? Revenez un peu par ici. Holà ! monsieur Renaudot ; n'est-ce pas vous que je vois ?

— Oui, monsieur le baron, dit le marbrier, qui descendit aussitôt.

— Dans combien de temps pensez-vous pouvoir poser la plaque ?

— Mais pas avant un mois, monsieur le baron, à cause des armes qu'il faut sculpter au-dessus.

— Comment! vous n'avez demandé que quinze jours au marquis de Croix-Maugars?

— Ah! monsieur le baron, les armes d'Outreville sont bien plus compliquées.

— C'est juste. Bonsoir, monsieur Renaudot. Hé bien, sceptique?

— Çà, mon vieil ami, à travers quel conte de fées me promenez-vous?

— Cela tient du *Chat botté* puisqu'il y a un marquis....

— Bien obligé!

— Et de *la Belle au bois dormant.* puisque la future marquise, qui ne vous a jamais vu, dort innocemment sur les deux oreilles au fond de votre forêt d'Arlange, en attendant que le fils du roi vienne la réveiller.

— Comment! elle n'est pas ici?

— Nous lui ferons savoir que vous l'avez regrettée. »

Mme Benoît accueillit ses hôtes à bras ouverts. Avertie à temps du succès de l'affaire, elle avait commandé un dîner d'archevêque. On perdit peu de temps en présentations : les connaissances se font mieux à table. La conversation s'engagea assez plaisamment entre la belle-mère et le gendre. Gaston parlait Arlange, Mme Benoît répondait faubourg; elle se lançait dans les questions de noblesse, il faisait un détour et revenait aux forges, chacun suivant obstinément son idée favorite. Cette lutte obstinée n'éclaira personne, pas même l'excellent baron, qui se livrait au seul plaisir de son âge, et faisait honneur au dîner plus qu'à la conversation.

Mme Benoît ne devina point la passion de son gendre, et Gaston ne soupçonna pas la manie de sa belle-mère. Il se disait : « De deux choses l'une : ou Mme Benoît évite par vanité bourgeoise de parler du sujet qui l'intéresse le plus; ou elle craint d'ennuyer le baron, qui ne nous écoute pas. » Mme Benoît pensait au même moment : « Le pauvre garçon croit faire acte de politesse en me parlant des choses que je connais; il ne sait pas que je connais le faubourg aussi bien que lui. » De guerre las, Gaston abandonna la question des fers et l'industrie métallurgique, et Mme Benoît put l'interroger sur tout ce qu'elle voulut. Elle savait par cœur le grand-livre du magasin de son père, ce prosaïque livre d'or de la noblesse parisienne, et elle n'ignorait aucun des noms que d'Hozier aurait reconnus. Pour s'assurer que Gaston était en mesure de la conduire partout, elle lui fit subir, sans qu'il s'en doutât, un examen dont il se tira naïvement à son honneur. Elle se réjouit dans les profondeurs

de son ambition en apprenant que Gaston avait
diné ici, qu'il avait dansé là; qu'on le tutoyait
dans telle maison, qu'on le grondait dans telle
autre; qu'il avait joué à dix ans avec tel duc et
galopé à vingt ans avec tel prince. Elle inscrivit
dans sa mémoire sur des tables de pierre et d'airain toutes les parentés proches ou lointaines de
son gendre. Si elle en avait oublié une seule, elle
aurait cru manquer à sa propre famille.

Après le café, on fit un tour de jardin : la nuit
était magnifique et le ciel illuminé comme pour
une fête. Mme Benoît montra au marquis les propriétés voisines.

« Ici, dit-elle, nous avons le comte de Preux, le
connaissez-vous?

— Il est mon oncle à la mode de Bretagne. »

La glorieuse bourgeoise inscrivit triomphalement ce parent inespéré. « Là, poursuivit-elle,
c'est la maréchale de Lens. Ce serait une rencontre curieuse qu'elle fût aussi de la famille.

— Non, madame, mais elle était la marraine
d'un frère que j'ai perdu.

— Bon! pensa Mme Benoît. Si le gros intendant
est encore de ce monde, nous verrons à le faire
chasser. C'est un trésor qu'un pareil gendre! »

Si Gaston s'était avisé de dire : « Sautons par-dessus le mur et allons surprendre la maréchale, »
Mme Benoît aurait sauté.

Mais le baron, qui se couchait volontiers au sortir de table, sonna la retraite, et Gaston le suivit. Un bon coupé, au chiffre de Mme Benoît, les attendait à la porte.

« Mon cher enfant, dit le baron dès que la portière fut fermée, j'ai prodigieusement dîné; et vous? Mais on ne dîne pas à votre âge. Comment trouvez-vous votre belle-mère?

— Je la trouve à souhait; c'est une femme vaine et creuse, qui ne se mêlera pas de la forge et qui ne viendra point contrarier mes expériences.

— Tant mieux si elle vous a plu. Quant à vous, vous avez fait sa conquête : elle me l'a dit d'un signe pendant que je lui baisais la main. Je crois que nous pouvons faire la demande en mariage.

— Déjà?

— Mais c'est ainsi que les affaires se traitent dans tous les contes de fées. Lorsque le fils du roi eut réveillé la Belle au bois dormant, il l'épousa séance tenante, sans même aller quérir la permission de ses parents.

— Quant à moi, je n'ai malheureusement besoin de la permission de personne.

— Si vous trouvez que demain soit un peu tôt, nous attendrons quelques jours. Je me tiendrai à vos ordres. A propos, il faudra que vous me prêtiez votre acte de naissance et quelques autres pièces indispensables.

— Quand vous voudrez. J'ai tous mes papiers dans une liasse ; vous y prendrez ce qu'il faudra. »

La voiture s'arrêta devant la maison du baron. Gaston descendit aussi et continua sa route à pied, pour s'assurer qu'il ne rêvait pas.

Le lendemain, M. de Subressac vint prendre l'acte de naissance et emporta, comme par distraction, tous les papiers qui l'accompagnaient. Il confia le dossier à Mme Benoît, qui, par excès de précaution, le soumit aux lunettes d'un archiviste paléographe, ancien élève de l'École des chartes et conservateur adjoint à la Bibliothèque royale. L'authenticité du moindre chiffon fut reconnue et certifiée. Le baron fit alors la demande officielle, qui fut agréée par acclamation.

La radieuse veuve resta quelque temps incertaine si elle marierait sa fille à Paris ou si elle transporterait cette grande cérémonie dans la petite église d'Arlange. D'un côté, il était bien flatteur d'occuper le maître-autel de Saint-Thomas d'Aquin et de déranger la moitié du faubourg pour la messe de mariage ; mais on avait une revanche à prendre, et il importait d'effacer dans le pays les dernières traces du marquisat de Kerpry. Mme Benoît se décida pour Arlange, mais avec le ferme propos de revenir bientôt à Paris. Elle écrivit à son carrossier :

« Monsieur Barnes, je partirai le 5 mai pour

marier ma fille, qui épouse, comme vous savez, le marquis d'Outreville. Aussitôt mon départ, vous ferez prendre toutes mes voitures pour les remettre à neuf et peindre sur les portières les armes ci-jointes. De plus, je vous prie de me faire le plus tôt possible un *carrosse* dans l'ancien style, large, haut et de la forme la plus noble que vous pourrez. Le cocher et les laquais seront poudrés à blanc; réglez-vous là-dessus pour l'harmonie des couleurs. »

Elle songea ensuite que ce serait sa fille qui l'introduirait dans le monde, et cette idée lui inspira une recrudescence d'amour maternel. Elle écrivit à Lucile, qu'elle n'avait pas accoutumée à beaucoup d'adresse :

« Ma chère enfant, ma belle mignonne, ma Lucile adorée, j'ai trouvé le mari que je te cherchais : tu seras marquise d'Outreville! Je l'ai choisi entre mille, pour qu'il fût digne de toi : il est jeune, beau, plein d'esprit, d'une noblesse ancienne et glorieuse, et allié aux plus illustres familles de la France. Chère petite! ton bonheur est assuré et le mien aussi, puisque je ne vis que par toi. Tu viendras bientôt à Paris, tu quitteras cet affreux Arlange, où tu as vécu comme un beau papillon dans une chrysalide noire, tu seras accueillie et fêtée dans les plus grandes maisons ; je te conduirai de plaisirs en plaisirs, de triomphes en triomphes : quel spectacle pour les yeux d'une mère ! »

Mme Benoît était légère comme une mésange ; ses pieds ne posaient plus à terre ; sa figure avait rajeuni de dix ans ; on croyait voir une flamme autour de sa tête. Elle chantait en dansant, elle pleurait en riant, elle avait la démangeaison d'arrêter les passants pour leur conter sa joie ; elle se surprenait à saluer les dames qu'elle rencontrait dans des voitures armoriées. Elle fut si tendre avec le marquis, elle l'enveloppa d'un tel réseau de petits soins et de prévenances, que Gaston, qui, depuis longtemps, n'avait été l'enfant gâté de personne, se prit d'une véritable amitié pour sa belle-mère. Il la quittait rarement, la conduisait partout, et ne s'ennuyait pas avec elle, quoiqu'elle évitât toute conversation sur les forges. L'avant-veille de son départ, Mme Benoît s'empara de lui pour la journée. Elle le mena d'abord chez Tahan, où elle choisit devant lui une grande boîte en bois de rose, longue, large et plate, et divisée à l'intérieur en compartiments inégaux.

« A quoi sert ce coffre étrange ? demanda Gaston en sortant.

— Cela ? c'est la corbeille de mariage de ma fille.

— Mais, madame, reprit le marquis avec la fierté du pauvre, il me semble que c'est à moi....

— Il vous semble fort mal. Mon cher marquis, lorsque vous serez le mari de Lucile, vous lui ferez autant de cadeaux qu'il vous plaira : dès le lendemain de la cérémonie, vous aurez carte blanche ; mais, jusque-là, il n'appartient qu'à moi de lui donner quelque chose. Je trouve impertinent l'usage qui permet au fiancé d'une fille de lui donner pour cinquante mille francs de hardes et de bijoux avant le mariage et lorsqu'il ne lui est encore de rien. Dites, si vous voulez, que j'ai des préjugés ridicules, mais je suis trop vieille pour m'en défaire. Nous allons choisir aujourd'hui mes présents de noces : dans un mois je viendrai, si bon vous semble, vous aider à choisir les vôtres. »

Le raisonnement était facile à réfuter ; mais il fut déduit d'un ton si caressant et d'une voix si maternelle, que Gaston ne trouva point de réplique. Depuis trois jours il était en pourparlers avec un usurier à propos de cette corbeille. Il se laissa conduire chez vingt marchands et choisit des étoffes, des châles, des dentelles et des bijoux. Point de diamants : Mme Benoît partageait les siens avec sa fille.

La belle-mère prit congé de son gendre le 5 mai en lui donnant rendez-vous pour le 12. Elle se chargeait de faire faire la première publication à l'église et à la mairie, tandis que Gaston poussait l'épée dans les reins à son chemisier et à son tailleur. Dans la confusion inséparable d'un départ, elle emballa par mégarde tous les papiers de la maison d'Outreville.

La première idée de Lucile, en revoyant Mme Benoît, fut qu'on lui avait changé sa mère à Paris. Jamais la jolie veuve n'avait été si indulgente. Tout ce que Lucile faisait était bien fait, tout ce qu'elle disait était bien dit; elle se conduisait comme un ange et parlait d'or. Jamais la tendre mère ne pourrait se séparer d'une fille si accomplie; elle la suivrait partout elle ne la quitterait qu'à la mort. Elle lui disait, comme dans l'histoire de Ruth : « Ton pays sera mon pays. » Lucile ouvrit son cœur à cette nouvelle mère, et apprit avec une vive satisfaction qu'il y avait beaucoup de marquis jeunes, bien faits, et qui ne portaient point d'habits à paillettes.

Le lendemain de l'arrivée de Mme Benoît, son amie, Mme Mélier, vint lui annoncer le prochain mariage de sa fille Céline avec M. Jordy, raffineur à Paris. M. Jordy était un jeune homme fort riche, et Mme Mélier ne dissimulait pas sa joie d'avoir si bien établi sa fille. Mme Benoît riposta vivement par l'annonce du prochain mariage de Lucile avec le marquis d'Outreville. On se félicita de part et d'autre, et l'on s'embrassa à plusieurs reprises. Quand Mme Mélier fut partie, Lucile, qui était liée depuis l'enfance avec la future Mme Jordy, s'écria : « Quel bonheur! si je vais à Paris, je serai tout près de Céline; elle viendra chez moi; j'irai chez elle; nous nous verrons tous les jours.

— Oui, mon enfant, répondit Mme Benoît, tu iras chez elle dans ton grand carrosse blasonné, avec tes laquais poudrés à blanc; mais quant à la recevoir chez toi, c'est autre chose. On se doit à son monde, et l'on est un peu esclave de la société où l'on vit. Lorsqu'une duchesse viendra dans ton salon, il ne faut pas qu'elle s'y frotte à la femme d'un raffineur, d'un homme qui vend des pains de sucre!... Ce n'est pas une raison pour faire la moue. Voyons! tu recevras Céline le matin, avant midi.

— Dieu! quel sot pays que ce Paris! j'aime mieux rester dans mon pauvre Arlange, où l'on peut voir ses amis à toute heure de la journée. »

Mme Benoît répliqua sentencieusement : « La femme doit suivre son mari. »

Le grand événement qui se préparait à Arlange fut bientôt connu dans tous les environs. Mme Mélier était en tournée de visites, et, puisqu'elle annonçait un mariage, il n'en coûtait pas plus pour en annoncer deux. Dans chacune des maisons où elle s'arrêta, elle répétait une phrase toute faite qu'elle avait arrangée en sortant de chez Mme Benoît : « Madame, je connais trop l'intérêt que vous portez à toute notre famille pour n'avoir pas voulu vous annoncer moi-même le mariage de ma chère Céline. Elle épouse, non pas un marquis, comme Mlle Lucile Benoît, mais un bel et bon manufacturier, M. Jordy, qui est, à trente-trois ans, un des plus riches raffineurs de Paris. »

Mme Mélier avait de bons chevaux ; sa voiture et les nouvelles qu'elle portait firent dix lieues avant la nuit. Le faubourg Saint-Germain du crû commença par plaindre la pauvre Lucile et par faire des gorges chaudes de Mme Benoît, qui avait trouvé pour sa fille un second marquis de Kerpry. Mme Benoît apprit sans sourciller tout ce qu'on disait d'elle. Elle prit les papiers de la famille d'Outreville et se fit conduire chez une vieille baronne fort médisante et fort influente, Mme de Sommerfogel.

« Madame la baronne, lui dit-elle du ton le plus respectueux, quoique je n'aie eu l'honneur de vous recevoir que deux ou trois fois, il ne m'en a pas fallu davantage pour apprécier l'infaillibilité de votre jugement, votre connaissance approfondie des choses du grand monde, et toutes les hautes qualités d'observation et d'expérience qui sont en vous. Vous savez comment j'ai eu le malheur d'être trompée par un larron de noblesse qui avait dérobé, je ne sais où, un nom honorable. Aujourd'hui, il se présente pour ma fille un parti magnifique en apparence, le marquis d'Outreville. J'ai entre les mains son arbre généalogique et tous les parchemins de sa famille jusqu'à l'époque la plus reculée. Mais je ne suis qu'une pauvre bourgeoise sans discernement; on me l'a cruellement prouvé, et je n'ose plus penser par moi-même. Voulez-vous permettre, madame la baronne, que je vous soumette toutes les pièces qu'on m'a confiées, pour que vous en jugiez sans appel et en dernier ressort? »

Ce petit discours n'était pas malhabile; il flattait la vanité de la baronne et piquait sa curiosité. Mme de Sommerfogel fit bon accueil à la belle veuve, et accepta avec une satisfaction visible la tâche importante qu'on lui confiait. Le jour même, elle convoqua le ban et l'arrière-ban de la noblesse des environs, et les papiers de Gaston passèrent sous les yeux de vingt ou trente gentilshommes campagnards : c'est ce qu'avait espéré Mme Benoît. Cette liasse vénérable, d'où s'exhalait une franche odeur de noblesse, fit une impression profonde sur tous les hobereaux qui purent en approcher leur odorat. Les plus hostiles à la maîtresse de forges se retournèrent brusquement vers elle. Ce fut un concert de louanges, où Mme de Sommerfogel remplissait les fonctions de chef d'orchestre.

« Cette pauvre Mme Benoît aura de quoi se consoler, et j'en suis bien aise; c'est une femme méritante.

— Ce Benoît, qui l'a trompée, était un bélître. Si nous l'avions connue en ce temps-là, nous l'aurions mise sur ses gardes.

— Après tout, que peut-on lui reprocher? d'avoir voulu entrer dans la noblesse? Cela prouve qu'aux yeux des bourgeois éclairés la noblesse est encore quelque chose.

— Mme Benoît n'est pas sotte.

— Ni laide. Je ne sais quel secret elle a trouvé pour rajeunir.

— Quant à sa fille, c'est un petit ange.

— Il y a bien longtemps que je ne l'ai aperçue, en 1836. Elle promettait déjà.

— Désormais nous la verrons souvent : la voilà des nôtres !

— Elle en était déjà par son éducation. Je tiens de bonne part que sa mère a toujours voulu en faire une marquise.

— Sa mère sera des nôtres aussi ; une fille ne va pas sans sa mère.

— Le marquis arrive incessamment ; c'est un appoint considérable pour l'aristocratie du canton.

— On le dit fabuleusement riche.

— Ils feront une bonne maison

— Ils donneront des fêtes.

— Nous serons de noces. »

Le lendemain, le salon de Mme Benoît fut envahi par une horde d'amis intimes qu'elle n'avait pas vus depuis douze ans.

Le marquis arriva le 12 mai pour l'heure du dîner. Après avoir cherché et trouvé un millier de francs, qui ne lui coûtèrent pas plus de soixante louis, il avait fait ses malles, embrassé le baron, et pris modestement la voiture de Nancy. A Nancy, il s'embarqua dans la diligence de Dieuze; à Dieuze, il se procura un cabriolet et un cheval de poste qui le conduisirent à Arlange. C'est l'affaire d'une heure quand les chemins sont beaux. En approchant du village, il se sentit au côté gauche quelque chose qui ressemblait fort à une palpitation. Je dois dire, à la honte du savant et à la louange de l'homme, qu'il ne pensait pas à la forge, mais à Lucile.

Une illustre Anglaise, que le *cant* ne gênait pas beaucoup, lady Montague, s'étonnait que l'Apollon du Belvédère et je ne sais quelle Vénus antique pussent rester en présence dans le musée sans tomber dans les bras l'un de l'autre. Il s'en fallut assez peu que ce petit scandale ne se produisît à la première rencontre de Lucile et de Gaston.

Ces jeunes êtres, qui ne s'étaient jamais vus, sentirent au même instant qu'ils étaient nés l'un pour l'autre. Dès le premier coup d'œil ils furent amants; dès les premiers mots ils furent amis : la jeunesse attirait la jeunesse, et la beauté la beauté. Il n'y eut entre eux ni trouble ni embarras : ils se regardaient en face, et se miraient l'un dans l'autre avec la charmante impudence de la naïveté; le cœur de Gaston était presque aussi neuf que celui de Lucile. Leur passion naquit sans mystère comme ces beaux soleils d'été qui se lèvent sans nuage. Je ne nie pas l'enivrement des passions coupables que le remords assaisonne et que le péril ennoblit; mais ce qu'il y a de plus beau en ce monde, c'est un amour légitime qui s'avance paisiblement sur une route fleurie, avec l'honneur à sa droite et la sécurité à sa gauche.

Mme Benoît était trop heureuse et trop sensée pour entraver la marche d'une passion qui la servait si bien. Elle laissa aux deux amants cette douce liberté que la campagne autorise : leurs premiers jours ne furent qu'un long tête-à-tête. Lucile fit à Gaston les honneurs de la maison, du jardin et de la forêt; ils montaient à cheval à midi, en sortant de déjeuner, et rentraient comme des enfants qui ont fait l'école buissonnière, longtemps après la cloche du dîner. Après la forêt, la forge eut son tour. Gaston avait eu le courage de n'y point mettre les pieds sans Lucile ; mais lorsqu'il vit qu'elle ne méprisait pas le travail, qu'elle connaissait les ouvriers par leurs noms et qu'elle ne craignait point de tacher ses robes, ce fut un redoublement de joie. Il se livra sans contrainte à la passion de sa jeunesse; il examina les travaux, interrogea les contre-maîtres, conseilla les chefs d'atelier, et enchanta Lucile qui s'émerveillait de le voir si savant et si capable. Mme Benoît, en les voyant rentrer tout poudreux, ou même un peu noircis par la fumée, disait : « Que les enfants sont heureux ! tout leur sert de jouet ! » Pour se délasser de leurs fatigues, ils s'asseyaient au fond du jardin sous une tonnelle de rosiers grimpants, et ils faisaient des projets. Projets de bonheur et de travail, d'amour et de retraite. Ils se promettaient de cacher leur vie au fond des bois d'Arlange comme les oiseaux font leur nid au plus fourré d'un buisson ou sur la branche la plus touffue d'un arbre. De Paris, pas un mot; pas un mot du faubourg et des vanités du monde. Lucile ignorait qu'il y eût d'autres plaisirs ; Gaston l'avait oublié.

Un beau matin, Mme Benoît leur apprit une grande nouvelle : c'était le soir qu'on signait le contrat. Le mariage était fixé au mardi 1ᵉʳ juin; on s'épouserait la veille à la mairie. Comme il n'est point de plaisirs sans peines, la signature du contrat était précédée d'un interminable dîner où l'on avait convié tous les personnages des environs.

En attendant l'arrivée des convives, Gaston et Lucile se promenèrent au jardin en chapeau de paille, l'un vêtu de coutil blanc, l'autre habillée de barége rose. En passant à portée de l'usine, Gaston fut accosté par le régisseur qui le tenait en haute estime et qui demandait volontiers ses avis. Ils entrèrent tous trois dans un des ateliers, et l'on commença devant eux une expérience intéressante. Lorsque quatre heures sonnèrent à l'horloge de la fabrique, Lucile s'échappa pour aller à sa toilette, en disant à Gaston : « Vous avez le temps de voir la fin ; restez, je le veux ! » Il resta et prit un si vif intérêt au spectacle, qu'il mit la main à la besogne et se salit abominablement. A cinq heures il s'enfuit, les manches retroussées et les mains noires, et il donna juste au milieu d'un groupe d'invités qui se promenaient en grands atours. Quelqu'un le reconnut et l'appela par son nom. C'était l'ingénieur des salines de Dieuze, un de ses camarades de promotion. L'École polytechnique est, comme l'aristocratie du faubourg, un peu franc-maçonne : elle se retrouve partout. Gaston sauta au cou de son ami et l'embrassa sur les deux joues en tenant ses mains en l'air de peur de le noircir. Il y avait là trois ou quatre dames nobles qui s'étonnèrent un peu de voir un marquis fait comme un ramoneur, et embrassant sur les deux joues un employé de la saline; mais elles se réconcilièrent avec lui lorsqu'il reparut dans un habit neuf, conforme au dernier numéro du *Journal des tailleurs.*

Il devait dîner entre Mme Benoît et la baronne de Sommerfogel; mais au moment de se mettre en route, la vieille dame avait été prise d'une migraine. Ses excuses arrivèrent pendant le potage. On enleva son couvert, et Gaston se trouva voisin de son ami l'ingénieur. Il était le centre de tous les regards; chacun des convives, et surtout les députés de la noblesse, attendaient de lui un coup d'œil gracieux et une parole aimable, comme en allant à la cour on espère un petit mot du roi. Mais ses deux passions l'absorbaient trop pour qu'il songeât à examiner la collection de grotesques qui se repaissaient autour de lui. Il n'eut d'yeux que pour Lucile, et d'oreilles que pour son voisin. Les hobereaux crurent attirer son attention en engageant une conversation demi-politique, où le ridicule des vieux préjugés s'étalait naïvement; conversation pleine de liberté contre ce qui existait, pleine de regret pour ce qui avait été. Ces discours, dont la suave absurdité eût ressuscité un marquis du bon temps, bourdonnèrent autour des oreilles de Gaston sans arriver jusqu'à son cerveau. Dans un intervalle de silence, on l'entendit qui disait à l'ingénieur :

« Tu as un chemin de fer souterrain dans les salines : combien payez-vous les rails ?

— En France, 360 francs les 1000 kilos. La tonne anglaise, qui a 15 kilos de plus, vaut, franco, à bord, de 11 livres 10 schellings à 12 livres 5 schellings.

— Je crois qu'en employant certains fourneaux économiques dont je te montrerai le plan, on arriverait à vous livrer une marchandise excellente, bien au-dessous des prix anglais, à 200 francs la tonne, peut-être à moins.

— Tu es donc toujours le même ?

— Non, pire. Avez-vous quelquefois des ruptures de câbles ?

— Trop souvent : nous avons perdu quatre hommes le mois passé.

— Je t'indiquerai un remède contre ces accidents-là.

— Tu as trouvé un secret pour empêcher les câbles de casser ?

— Non, mais pour retenir en suspens dans les puits le fardeau qu'ils laissent tomber. J'ai pratiqué ce système pendant trois ans dans une houillère que je dirigeais à Saint-Étienne, et nous n'avons pas eu un seul accident à déplorer. »

Toute la noblesse du canton ouvrait de grandes

oreilles, et Mme Benoît mourait d'envie de marcher sur le pied de son gendre. Le vicomte de Bourgaltroff s'introduisit timidement dans le dialogue.

« Monsieur le marquis possède des mines de houille dans le département de la Loire?

— Non, monsieur, répondit Gaston; j'y étais conducteur des travaux. »

Pour le coup, Mme Benoît pensa qu'on avait pris assez de dessert, et elle se leva de table. En passant au salon, les gentilshommes chuchotaient entre eux sur le marquis : « Singulier grand seigneur, qui se noircit les mains dans une forge, qui embrasse des employés, qui invente des machines, qui vend des rails à bon marché, et qui a fait le contre-maître chez un simple charbonnier de Saint-Étienne ! »

Les plus indulgents, qui n'étaient pas en majorité, essayaient de le défendre :

« Après tout, disaient-ils, Louis XVI faisait des serrures.

— Louis XVIII faisait des vers latins.

— Henri III faisait la barbe de ses courtisans.

— Mais, reprenait un critique sévère, qui est-ce qui s'amuse à casser du charbon au fond d'un trou ?

— Eh ! monsieur, répliquait un homme indulgent, mon père a soufré des allumettes à Berlin pendant l'émigration ! »

Mme Benoît devinait bien qu'on glosait sur Gaston, mais elle ne s'en tourmentait guère.

« Causez, mes bons amis, murmurait-elle entre ses dents; je vous ai forcés de reconnaître mon gendre pour un vrai marquis; vous êtes venus ici vous humilier devant moi; Benoît est oublié, je suis vengée. Je pars dans huit jours pour Paris, et lorsque je remettrai les pieds à Arlange, les plus jeunes d'entre vous auront les cheveux blancs! Quant à maître Gaston, qui est un franc original, le séjour de son hôtel et la société de ses égaux l'auront bientôt guéri de ses idées. »

Avant la signature du contrat, on apporta la corbeille qui rangea toutes les femmes du parti de Gaston. Le pauvre garçon fut assassiné de compliments dont il n'osa pas se défendre; mais il se promit d'apprendre à Lucile, et dès le lendemain, que ce n'était pas lui qu'elle devait remercier.

Lorsque le notaire déroula son cahier, ce fut à qui se placerait plus près de lui, non pour connaître la dot de Lucile, qui était assez connue mais pour entendre l'énumération des terres et châteaux du marquis. La curiosité publique fut trompée : M. d'Outreville se mariait *avec ses droits.*

Le lendemain de cette fête, Lucile et Gaston renouèrent la chaîne de leurs plaisirs, et les derniers jours du mois passèrent comme des heures. Le 31 mai, les deux amants se marièrent à la mairie, et ni l'un ni l'autre ne trembla au moment de dire « oui. » Lorsque M. le maire, le code en main, répéta pour la centième fois de sa vie que la femme doit suivre son mari, Mme Benoît fit à sa fille un petit signe fort expressif. En rentrant au logis, la triomphante belle-mère dit au marquis en présence de Lucile :

« Mon gendre (car vous êtes mon gendre de par la loi), je vous remettrai demain le premier semestre de vos rentes.

— Un peu de patience, ma charmante mère! répondit Gaston ; que voulez-vous que je fasse d'une pareille somme? L'argent, ajouta-t-il en regardant Lucile, est le dernier de mes soucis.

— Eh! ne dédaignez pas ce pauvre argent : il vous en faudra beaucoup dans quelques jours à Paris.

— A Paris! Eh! grand Dieu! qu'irais-je y faire?

— Prendre pied, rallier vos amis et vos parents vous préparer un cercle de relations pour l'hiver et pour la vie.

— Mais, madame, je suis bien décidé à ne pas

vivre à Paris. C'est une ville malsaine où toutes les femmes sont malades, où les familles s'éteignent au bout de trois générations faute d'enfants. Savez-vous que tous les cent ans Paris se changerait en désert, si la province n'avait pas la rage de le repeupler?

— C'est pour qu'il ne devienne pas désert, que nous avons résolu d'y aller au plus tôt.

— Vous ne me l'aviez pas dit, mademoiselle. »

Lucile baissa les yeux sans répondre : la présence de sa mère pesait sur elle. Mme Benoît répliqua vivement :

« Ces choses-là se devinent sans qu'on les dise. Ma fille est marquise d'Outreville : sa place est au faubourg Saint-Germain! N'est-il pas vrai, Lucile? »

Elle répondit du bout des lèvres un imperceptible *oui*. Ce n'est pas ainsi qu'elle avait dit *oui* à la mairie.

« Au faubourg! reprit Gaston, au faubourg! Vous êtes curieuse de pénétrer au faubourg! » A la suite de quelque mécompte dont personne n'a su le secret, il avait conçu contre le faubourg une haine violente. « Savez-vous, mademoiselle, ce qu'on voit au faubourg? Des jeunes filles insipides comme des fruits venus en serre; des jeunes femmes perdues de toilette et de vanité; des vieilles qui n'ont ni la roideur imposante de nos aïeules du dix-septième siècle, ni la verve et la bonne humeur des contemporaines de Louis XV; des vieillards hébétés par le whist, des jeunes gens viveurs et dévots qui embrouillent dans la conversation les noms des chevaux de course et des prédicateurs; chez les hommes en âge d'agir, une politique sans conviction, des regrets factices, des fidélités qui se mettent en étalage dans l'espoir qu'il plaira à quelqu'un de les acheter : voilà le faubourg, mademoiselle; vous le connaissez aussi bien que si vous l'aviez vu. Quoi ! vous vivez au milieu d'une forêt admirable, entourée d'un petit peuple qui vous aime; je ne parle pas de moi qui vous adore; vous avez la fortune, qui permet de faire des heureux; la santé sans laquelle rien n'est bon; les joies de la famille, les amusements de l'été, les plaisirs intimes de l'hiver, le présent éclairé par l'amour, l'avenir peuplé de petits enfants blancs et roses, et vous voulez tout abandonner pour une vie de sots compliments et d'absurdes révérences! Ce n'est pas moi qui serai le complice d'un échange aussi funeste, et si vous allez au faubourg, mademoiselle, je ne vous y conduirai pas ! »

En écoutant ce discours, Mme Benoît avait la figure d'un enfant qui a construit une tour en dominos et qui voit le monument s'écrouler pierre à pierre. A peine trouva-t-elle la force de dire à Lucile :

« Répondez donc ! »

Lucile tendit la main à Gaston, et dit en regardant sa mère :

« La femme doit suivre son mari. »

Pour cette fois, le marquis fut moins réservé que l'Apollon du Belvédère. Il prit Lucile dans ses bras et la baisa tendrement.

Mme Benoît employa le reste de la journée à former des plans, à donner des ordres et à combiner les moyens d'entraîner son gendre à Paris.

Le lendemain, après la messe de mariage, elle le prit à part et lui dit :

« Est-ce votre dernier mot? Vous ne voulez pas nous introduire au faubourg?

— Mais, madame, n'avez-vous pas entendu comme Lucile y renonçait de bonne grâce?

— Et si je n'y renonçais pas, moi? Et si je vous disais que depuis trente ans (j'en ai quarante-deux) je suis travaillée de l'ambition d'y pénétrer? Si je vous apprenais que le désir de m'entendre annoncer dans les salons de la rue Saint-Dominique m'a fait épouser un marquis de contrebande qui me battait? Si j'ajoutais enfin que je ne vous ai choisi ni pour votre figure, ni pour vos talents, mais pour votre nom qui est une clef à ouvrir toutes les portes ? Ah çà, croyez-vous qu'on vous donne cent mille livres de rente pour perdre votre temps à travailler ?

— Pardon, madame. D'abord, au prix où sont les noms sans tache, j'ai la vanité de croire que le mien ne serait pas cher à deux millions. Mais ce n'est pas le cas, puisque vous ne m'avez rien donné. La forge et la forêt sont l'héritage de Lucile, la rente que nous devons vous servir représente les intérêts de toutes les sommes que vous avez apportées dans l'entreprise, et les deux cent mille francs que vous a coûtés l'hôtel de la rue Saint-Dominique. Ainsi je tiens tout de Lucile, et, avec elle, je ne suis pas en peine de m'acquitter.

— Mais c'est de moi que vous tenez Lucile; c'est de moi qu'elle vous tient, s'écria la pauvre femme, et vous êtes des ingrats si vous me refusez le bonheur de ma vie !

— Vous avez raison, madame : demandez-moi tout au monde, hormis une seule chose; et je n'ai rien à vous refuser. Mais j'ai juré de ne plus remettre les pieds dans le faubourg.

— Au nom du ciel, pourquoi ne me l'avez-vous pas dit?

— Vous ne me l'avez pas demandé »

En quittant Gaston, Mme Benoît dit trois mots à sa femme de chambre et quatre à son cocher.

Elle ne parla plus au marquis du premier semestre de ses rentes.

Le soir, au bal, Lucile eut un succès de beauté et de bonheur. Aucune des femmes présentes ne se souvenait d'avoir vu une mariée aussi franchement heureuse. Tous les jeunes gens envièrent le sort de Gaston, suivant l'usage ; je ne me permettrai pas de dire que personne ait envié celui de Lucile. A deux heures du matin, danseurs et danseuses étaient partis, et les mariés restaient sur la brèche : Mme Benoît avait jugé convenable qu'ils fermassent le bal comme ils l'avaient ouvert. Cette tendre mère, dont le front semblait voilé d'un léger nuage, demanda la grâce de causer un quart d'heure avec sa fille, et elle la conduisit dans la chambre nuptiale, au rez-de-chaussée, tandis que Gaston, qui avait à secouer la poussière du bal, retourna pour la dernière fois à son petit appartement du second étage. En descendant le grand escalier, il fut surpris d'entendre le bruit d'une voiture qui s'éloignait au grand trot. Il entra dans la chambre nuptiale : elle était vide. Il passa chez Mme Benoît : toutes les portes étaient ouvertes et l'appartement désert. Des souliers de satin, deux robes de bal et un grand désordre de vêtements jonchaient le tapis. Il sonna ; personne ne vint. Il sortit sous le vestibule et se rencontra face à face avec la physionomie rustaude du petit

palefrenier Jacquot. Il le saisit par sa blouse :
« Est-ce que je ne viens pas d'entendre une voiture ?

— Oui, monsieur : faudrait être sourd....

— Qui est-ce qui s'en va si tard, après tout le monde ?

— Mais, monsieur, c'est madame et mademoiselle dans la berline, avec le gros Pierre et Mlle Julie.

— C'est bien. Elles n'ont rien dit ?. Elles n'ont rien laissé pour moi ?

— Pardonnez, monsieur, puisque madame a laissé une lettre.

— Où est-elle ?

— Elle est ici, monsieur, sous la doublure de ma casquette.

— Donne donc, animal !

— C'est que je l'ai fourrée tout au fond, voyez-vous, crainte de la perdre. La voilà ! »

Gaston courut sous la lanterne du vestibule, et lut le billet suivant : « Mon cher marquis, dans l'espérance que l'amour et l'intérêt bien entendu sauront vous arracher à ce cher Arlange, je transporte à Paris votre femme et votre argent : venez les prendre ! »

III

Gaston froissa le billet de Mme Benoît et l'enfonça dans sa poche. Puis il se retourna vers Jacquet, qui le regardait niaisement en roulant sa casquette entre ses mains : « Madame la marquise ne t'a rien dit?

— Mademoiselle? Non, monsieur ; elle ne m'a pas seulement regardé.

— Y a-t-il un chemin de traverse pour aller à Dieuze?

— Oui, monsieur.

— Il abrége?

— D'un bon quart d'heure.

— Selle-moi *Forward* et *Indiana*. Attends! je vais t'aider. Tu me montreras le chemin. Un louis pour toi si nous arrivons avant la voiture. »

Une demi-heure après, Jacquet en blouse et le marquis en habit de noce s'arrêtaient devant la poste de Dieuze. Jacquet réveilla un garçon d'écurie et s'informa si l'on avait demandé des chevaux dans la nuit. La réponse fut bonne : aucun voyageur ne s'était montré depuis la veille.

« Tiens, dit le marquis à Jacquet, voici les vingt francs que je t'ai promis.

— Monsieur, reprit timidement le petit palefrenier, les louis ne sont donc plus de vingt-quatre francs ?

— Il y a longtemps, nigaud.

— C'est mon grand-père qui m'avait toujours dit cela. De son temps, deux louis et quarante sous faisaient cinquante livres. »

Gaston ne répondit rien : il avait l'oreille tendue vers Arlange. Jacquet poursuivit en se parlant à lui-même : « Comment se fait-il que de si belles pièces d'or soient tombées à ce prix-là ?

— Écoute ! dit le marquis ; n'entends-tu pas une voiture ?

— Non, monsieur. Ah ! c'est bien malheureux !

— Quoi ?

— Que les louis d'or soient tombés à vingt francs.

— Prends, animal ; en voici un autre, et tais-toi. »

Jacquet se tut par obéissance ; il se contenta de dire entre ses dents : « C'est égal ; si les louis étaient encore à vingt-quatre francs, deux louis que voici, et quarante sous que madame m'a donnés, me feraient juste cinquante livres. Mais les temps sont durs, comme disait mon grand-père. »

Gaston attendit une grande heure sans descendre de cheval. A la fin, il craignit qu'un acci-

dent ne fût arrivé à la voiture. Jacquet le rassura :
« Monsieur, lui dit-il, il est peut-être bien possible
que ces dames aient gagné la route royale sans
passer par Dieuze

— Courons, dit le marquis.

— Ce n'est pas la peine, allez, monsieur : elles
ont tout près de deux heures d'avance.

— Eh bien ! ramène-moi chez nous par la
route. »

La maison restait telle que Gaston l'avait quittée.
La berline n'était pas sous la remise, et il manquait deux chevaux à l'écurie. On entendait au loin un bruit de violons aigres et de chansons discordantes : c'étaient les ouvriers et les paysans qui dansaient en plein air. Gaston songea d'abord à s'assurer le silence de Jacquet et le secret de sa poursuite nocturne. Il ne trouva pas de meilleur moyen que d'envoyer son confident à Paris. « Va prendre la diligence de Nancy, lui dit-il ; à Nancy, tu t'embarqueras dans la rotonde pour Paris. Tu te feras conduire à l'hôtel d'Outreville, rue Saint-Dominique, 57, et tu diras à Mme Benoît que j'arriverai dans deux jours. Voici de quoi payer la voiture.

— Monsieur, demanda Jacquet d'une voix insinuante, si je faisais la route à pied, est-ce que l'argent serait pour moi ? »

Il reçut pour réponse un coup de pied péremptoire, qui l'éloigna d'Arlange en le rapprochant de Paris.

Gaston, rompu de fatigue, remonta au second étage et se jeta sur son lit, non pour dormir, mais pour rêver plus posément à son étrange aventure. La fuite de Lucile, au moment où il se croyait le plus sûr d'en être aimé, lui semblait inexplicable. Évidemment ce départ était prémédité ; il eût été impossible de le préparer en un quart d'heure. Mais alors, toute la conduite de la jeune femme était un mensonge : le bonheur qui éclatait dans ses yeux, la douce pression de sa main au milieu des tourbillons de la valse, les délicieuses paroles qu'elle avait murmurées une heure auparavant à l'oreille de son mari, tout devenait tromperie, amorce et mauvaise foi. Cependant, si elle ne l'aimait pas, pourquoi l'avait-elle épousé ? Il était si facile de dire un *non* au lieu d'un *oui !* sa mère ne l'aurait pas contrainte, puisqu'elle favorisait sa fuite. Gaston se rappela alors la discussion animée qu'il avait soutenue le matin même contre Mme Benoît ; il comprit sans difficulté le dépit de la veuve et sa vengeance. Mais comment cette mère ambitieuse avait-elle pu, en moins d'un jour, retourner le cœur de sa fille ? Pourquoi Lucile n'avait-elle pas écrit un mot d'explication à son mari ? Cette idée l'amena tout naturellement à chercher dans sa poche le billet de Mme Benoît. Il y remarqua un

mot qui lui avait échappé à la première lecture :
« Votre femme et votre argent ! » En vérité, c'était
bien d'argent qu'il s'agissait ! Comme si l'argent
était quelque chose pour celui qui voit crouler tout
le bonheur de sa vie ! Qu'importe une misérable
somme à celui qui a perdu ce qu'on ne saurait
acheter à aucun prix ? « Votre femme et votre argent ! » Cela ressemblait à la lugubre plaisanterie
des cours d'assises qui condamnent un homme à
la peine de mort et aux frais du procès ! Gaston
s'imagina, bien à tort, que sa belle-mère n'avait
écrit ce mot que pour lui rappeler la position modeste dont elle l'avait tiré, et sa dignité ombrageuse en fut révoltée. A force de relire ce malheureux billet, il se persuada que ce serait une
honte de partir pour Paris sans qu'on sût s'il
courait après sa femme ou après son argent, et il
résolut de rester à Arlange tant que Lucile ne lui
aurait pas écrit.

Cette décision l'entraîna dans une dépense d'esprit et d'amabilité qu'il n'avait pas prévue. La nouvelle du départ de la marquise s'était répandue
avec une vitesse électrique ; et comme on n'avait
jamais ouï dire, à quatre lieues à la ronde, qu'un
bal de noces eût fini de la sorte, tous ceux qui
avaient dîné ou simplement dansé à la forge y
coururent en toute hâte sous le prétexte naturel
d'une visite de digestion. Le marquis fit tête à cette

armée de curieux, de façon à prouver aux plus difficiles qu'il était homme du monde lorsqu'il en avait le temps. Durant une semaine, la maison ne désemplit pas, et il ne témoigna nul ennui de passer moitié du jour au salon. Cette petite foule altérée de scandale fut stupéfaite de son air tranquille, de sa voix naturelle, de sa figure heureuse et souriante. Il raconta à qui voulut l'entendre que, depuis plus de quinze jours, Mme Benoît avait à Paris des affaires urgentes qui réclamaient sa présence et celle de sa fille; qu'en bonne mère, elle n'avait pas voulu retarder pour cela le mariage de Lucile; qu'en sage administrateur, elle avait voulu laisser un homme sûr à la tête de la forge; qu'en gracieuse maîtresse de la maison, elle n'avait pas gêné ses invités par l'annonce d'un si prochain départ. Si quelqu'un prenait un visage de condoléance et semblait plaindre les victimes d'une séparation si intempestive, Gaston s'empressait de rassurer cette bonne âme en lui apprenant que sous peu de jours le mari, la femme et la belle-mère seraient définitivement réunis. Non content de tromper les curieux et les malveillants, il prit la peine de les charmer. Il déploya en leur faveur ses grâces naturelles et acquises; il s'installa dans le cœur de toutes les femmes et dans l'estime de tous les hommes; il approuva tous les ridicules; il donna tête baissée dans tous les préjugés; il berna si savamment son auditoire, qu'il fit la conquête de tout le canton : cela peut arriver au plus honnête homme. Le premier résultat de cette comédie fut de lui donner cent cinquante amis intimes; le second fut de persuader à tout le monde que son récit était la pure vérité.

La vérité, la voici. Après le bal, Lucile, le cœur serré par une joie inquiète, suivit sa mère dans son appartement. A peine entrée, Mme Benoît la dépouilla, en un tour de main, de sa robe blanche, l'enveloppa dans un peignoir épais et lui jeta un châle sur les épaules, tandis que Julie remplaçait les souliers de satin par une paire de bottines. Sans lui donner le temps de s'étonner de cette toilette, sa mère lui dit vivement, tout en changeant de robe :

« Ma belle chérie, Gaston s'est rendu à mes prières; nous partons pour Paris à l'instant.

— Déjà? Il ne m'en a pas encore parlé !

— C'est une surprise qu'il te ménageait, chère enfant, car, au fond, tu regrettais bien un peu de ne pas voir ce beau Paris !

— Non, maman.

— Tu le regrettais, ma fille; je te connais mieux que toi-même. »

On frappa discrètement à la porte. Mme Benoît tressaillit.

« Qui est là ? demanda-t-elle.

— Madame, répondit la voix de Pierre, la berline de madame est attelée. »

La veuve entraîna sa fille jusqu'à la voiture « Vite, vite, lui dit-elle ; nos gens sont à danser ; s'ils avaient vent de notre départ, il faudrait subir leurs adieux.

— Mais j'aurais bien voulu leur dire adieu, » murmura Lucile. Sa mère la jeta au fond de la berline et s'y élança après elle. « Et Gaston ? demanda la jeune femme, complétement étourdie par ces mouvements précipités.

— Viens, mon enfant. Pierre, où est M. le marquis ? »

La leçon de Pierre était faite. Il répondit sans embarras : « Madame, M. le marquis fait charger les bagages sur la vieille chaise. Il prie madame de l'attendre une minute ou deux. »

Lucile, poussée par une inspiration secrète, essaya d'ouvrir la portière. La portière de droite, soit hasard, soit calcul, refusa de s'ouvrir. Pour arriver à l'autre, il fallait passer sur le corps de sa mère. Son courage n'alla point jusque là. « Julie, dit-elle, voyez donc ce que fait M. le marquis. »

Julie, qui était depuis quinze ans au service de Mme Benoît, partit, revint et répondit : « Madame, M. le marquis prie ces dames de ne pas l'attendre. Un trait s'est brisé, on le raccommode ;

monsieur rejoindra au relais. » Au même instant Pierre s'approcha de la portière de gauche, et Mme Benoît lui dit à l'oreille : « Prends la traverse; brûle Dieuze, et droit à Moyenvic ! »

La voiture partit au grand trot. C'était, en vérité, une singulière nuit de noces. Mme Benoît triomphait de quitter Arlange et de rouler vers le faubourg en compagnie d'une marquise. Elle se plaignit de la fatigue, de la migraine, du sommeil, et elle se retrancha, les yeux fermés, dans un coin de la berline, de peur que les réflexions de sa fille ne vinssent troubler la joie tumultueuse qui bouillonnait dans son cœur. La pauvre mariée, sans craindre la fraîcheur de la nuit, allongeait le cou hors de la portière, écoutant le souffle du vent, et plongeant ses regards humides dans l'obscurité. Au relais de Moyenvic, Mme Benoît jeta le masque et dit à sa fille : « Ne vous écarquillez pas les yeux à chercher votre mari. Vous ne le reverrez qu'au faubourg Saint-Germain. »

Lucile devina la trahison; mais elle avait trop peur de sa mère pour lui répondre autrement que par des larmes. « Votre mari, poursuivit la veuve, est un obstiné qui refusait de vous conduire dans le monde. C'est dans votre intérêt que je lui ai forcé la main. Il vous aura rejointe dans les vingt-quatre heures, s'il vous aime. Il n'y a pas là de quoi pleurer comme une Agar dans le désert. Je suis votre mère, je sais mieux que vous ce qui vous convient ; je vous mène à Paris : je vous sauve d'Arlange.

— O mon pauvre bonheur! s'écria l'enfant en tordant ses mains.

— De quoi vous plaignez-vous? Vous l'aimiez, vous l'avez épousé. Vous êtes mariée! Que vous faut-il de plus?

— Ainsi, dit Lucile, voilà donc le mariage! Ah! j'étais bien plus heureuse quand j'étais fille : je voyais mon mari! »

D'Arlange à Paris, elle ne se lassa point de regarder par la portière. Il lui semblait impossible que Gaston ne fût pas à sa poursuite. Dans chaque voiture qui soulevait la poussière de la route, sur tous les chevaux qui accouraient au galop derrière la berline, elle croyait reconnaître son mari. Ce voyage, qui étouffait de joie sa triomphante mère, fut pour elle une série interminable d'espérances et de déceptions. Paris, sans Gaston, lui parut une immense solitude, et le faubourg Saint-Germain, abandonné par la moitié de ses habitants, fut pour elle un désert dans un désert.

Le lendemain de son arrivée, le premier objet qu'elle aperçut en ouvrant sa fenêtre fut la figure de Jacquet. Elle descendit en moins d'une seconde : Gaston devait être à Paris! Elle apprit que, s'il n'était pas arrivé, il ne tarderait guère, et je vous laisse à penser si elle fêta le messager d'une si bonne nouvelle. Tandis que Mme Benoît dormait encore du sommeil des heureux, Jacquet raconta les moindres détails du voyage à Dieuze. « Comme il m'aime! » pensa Lucile. Je crois même qu'elle pensa tout haut.

« Pour vous finir l'histoire, poursuivit Jacquet, M. le marquis doit me devoir une pièce de huit francs.

— En voici vingt, mon bon Jacquet.

— Merci bien, mademoiselle. Je ne suis pas positivement sûr de ce que je dis; mais il me semble qu'il me les doit. J'avais fait mon compte comme quoi il me devait vingt-quatre francs, et il ne m'en a donné que vingt : c'est donc quatre francs en moins. Et puis, il ne m'en a encore une fois donné que vingt : c'est encore quatre francs. Et comme quatre et quatre font huit.... Cependant, je peux me tromper, et si vous voulez que je vous rende...?

— Garde, garde, mon garçon, et va te reposer de ton voyage. »

Elle courut au jardin et moissonna des fleurs comme un jour de Fête-Dieu, pour que sa chambre fût belle à l'arrivée de Gaston. Jacquet la regarda partir en se disant à lui-même : « Soixante-deux francs, c'est un mauvais compte, comme disait mon grand-père. » Et il supputa sur ses doigts combien il faudrait encore de louis d'or et de pièces de quarante sous pour faire cent francs.

Le jour se passa, et le lendemain, et toute une semaine, sans nouvelles du marquis. Mme Benoît cachait son dépit; Lucile n'osait pas se désoler devant sa mère; mais elles se dédommageaient bien, l'une en pestant, l'autre en pleurant pendant la nuit. Du matin au soir, la mère promenait sa fille dans une voiture blasonnée, sans laquais et sans poudre, car le célèbre carrosse était encore sur le chantier. Elle la conduisait aux Champs-Élysées, au Bois, et partout où va le beau monde, pour lui donner le goût de ces plaisirs de vanité qu'on ne savoure qu'à Paris. En l'absence des Italiens, elle lui faisait subir de lourdes soirées au Théâtre-Français et à l'Opéra. Mais Lucile ne prit goût ni au plaisir de voir ni au plaisir d'être vue. En quelque lieu que sa mère la conduisît, elle y portait le désir de rentrer à l'hôtel et l'espoir d'y trouver Gaston.

Mme Benoît devina avant sa fille que le marquis boudait sérieusement. Comme elle ne manquait pas de caractère, elle eut bientôt pris un parti. « Ah! se dit-elle, monsieur mon gendre se passe de nous! Essayons un peu de nous passer de lui. Qu'est-ce qui me manquait autrefois pour me mêler au monde du faubourg? Des armes et un nom; j'avais tout le reste. Aujourd'hui, il ne nous manque plus rien : nous avons un bel écusson sur nos voitures, nous sommes marquise d'Outreville, et nous devons entrer partout. Mais par où commencer? Voilà la question. Lucile ne peut pas aller de but en blanc dire à des gens qui ne la connaissent pas : « Ouvrez-moi votre « porte ; je suis la marquise d'Outreville ! » Mais, j'y songe ! j'irai voir mes débiteurs, mes bons, mes excellents débiteurs ! Ils me recevront sur un autre pied que la dernière fois : on traite cavalièrement la fille d'un fournisseur, mais on a des égards pour la mère d'une marquise. »

Sa première visite fut pour le baron de Subressac. Elle ne conduisit Lucile ni chez lui ni chez ses autres débiteurs. A quoi bon apprendre à cette enfant combien il en coûte pour ouvrir une porte?

« Ah ! cher baron, dit-elle en entrant, à quel maudit fou avons-nous donné ma fille ! »

Le baron ne s'attendait pas à un pareil exorde.

« Madame, reprit-il un peu trop vivement, le fou qui vous a fait l'honneur de devenir votre gendre est le plus noble cœur que j'aie jamais connu.

— Hélas ! mon Dieu ! si vous saviez ce qu'il a fait ! Marié depuis huit jours, il a déjà abandonné sa femme! » Elle exposa, sans déguiser rien, tous les événements que le baron ignorait, et que vous savez. A mesure qu'elle parlait, le sourire reparaissait sur les lèvres du baron. Lorsqu'elle eut tout conté, il lui prit les mains et lui dit gaiement : « Vous avez raison, charmante, le marquis est un grand coupable : il a abandonné sa femme comme le roi Ménélas abandonna la sienne.

— Monsieur, Ménélas courut après Hélène, et je maintiens qu'un mari qui laisse partir sa femme sans la poursuivre, l'abandonne.

— Heureusement, le cas est moins grave, car je ne vois point de Pâris à l'horizon. Vous ramènerez votre fille à son mari; c'est votre devoir, il ne faut pas séparer ce que Dieu a uni. Ces enfants s'adorent, le bonheur leur semblera d'autant plus doux qu'il a été retardé. Vous assisterez à leur joie, vous jouirez du spectacle de leurs amours, et vous m'écrirez avant dix mois pour me donner de leurs nouvelles. »

La jolie veuve étendit la main, et dessina avec l'index un petit geste horizontal qui voulait dire : Jamais!

« Mais alors, reprit le baron, que comptez-vous donc devenir?

— Puis-je faire fond sur votre amitié, monsieur le baron?

— Ne vous l'ai-je pas déjà prouvé, charmante?

— Et je ne l'oublierai de ma vie. Si votre bienveillance ne me manque pas, j'ai de quoi me passer à tout jamais de M. d'Outreville.

— Croyez-vous que la jeune marquise en dirait autant?

— Ce n'est pas d'elle qu'il s'agit pour le quart d'heure. Les parents, en bonne justice, doivent passer avant les enfants. Qu'est-ce que je demande à Dieu et aux hommes? L'entrée du faubourg. Que faut-il pour m'y faire recevoir? Que Lucile y soit admise. Or, elle a tous les droits imaginables; il ne lui manque qu'un introducteur. Refuserez-vous de la présenter?

— Absolument. D'abord, parce que cet honneur convient moins à un baron qu'à une baronne. Ensuite, parce que je ne veux pas contribuer au retardement du bonheur de Gaston. Enfin, parce que toute ma bonne volonté ne vous servirait à rien. Madame votre fille a incontestablement le droit d'entrer partout, mais à quel titre? parce qu'elle est la femme de Gaston. Comme femme de Gaston, elle trouvera la porte ouverte chez tous ceux qui connaissent son mari, c'est-à-dire chez tous les nôtres; mais voyez si j'aurais bonne grâce à l'introduire en disant: « Mesdames et messieurs, vous aimez et vous estimez le marquis d'Outreville ; vous êtes ses parents, ses alliés ou ses amis, permettez-moi donc de vous présenter sa femme, qui n'a pas voulu vivre avec lui ! » Croyez-moi, charmante, c'est une expérience de soixante-quinze ans qui vous parle ; une jeune femme ne fait jamais bonne figure sans son mari, et la mère qui la promène ainsi, toute seule, hors de son ménage, ne joue pas un rôle applaudi dans le monde. Si vous tenez absolument à coudoyer des duchesses, allez obtenir par de bons procédés que votre gendre vous ramène à Paris. Votre escapade l'a froissé ; voilà pourquoi il ne vient pas vous rejoindre. Si vous l'attendez ici, je le connais assez pour prédire que vous attendrez longtemps. Retournez à Arlange. Ne soyons pas plus fiers que Mahomet : la montagne ne venait pas à lui, il alla trouver la montagne. »

C'était assez bien parlé, mais Mme Benoît ne se le tint pas pour dit. Elle se présenta, passé midi, chez cinq ou six de ses débiteurs. Personne n'ignorait le mariage de sa fille, mais personne ne témoigna le désir de la connaître. On parla abondamment du marquis, on le peignit comme un galant homme, on loua son esprit, on regretta sa rareté et sa misanthropie, et l'on s'informa s'il passerait l'hiver à Paris. La veuve essaya en vain de replacer la pétition qu'elle avait adressée à M. de Subressac ; elle ne put trouver d'ouverture.

Elle ne perdit pourtant pas l'espérance, et se promit bien de revenir à la charge. D'ailleurs, il lui restait encore une ressource, une ancre de salut, qu'elle réservait pour les dernières extrémités : la comtesse de Malésy. La comtesse était la femme qui lui devait le plus, et par conséquent celle dont elle avait le plus à attendre. C'était une jolie petite vieille de soixante ans, à qui l'on ne reprochait rien que la coquetterie, la gourmandise, un amour effréné du jeu, et la rage de jeter l'argent par les fenêtres. Mme Benoît se disait, avec juste raison, qu'une personne qui a tant de défauts à sa cuirasse ne saurait être invulnérable, et qu'on doit, par un chemin ou par un autre, arriver jusqu'à son cœur. Elle jouissait déjà de la surprise du baron, le jour où il la rencontrerait dans le monde entre Lucile et Mme de Malésy.

Tandis qu'elle faisait tant de visites inutiles, la jolie marquise d'Outreville s'enfermait dans sa chambre, et, sans prendre conseil de personne, écrivait à son mari la lettre suivante :

« Que faites-vous, Gaston? Quand viendrez-vous? Vous aviez pourtant promis de nous rejoindre. Comment avez-vous pu rester dix grands jours sans me voir? Quand nous étions ensemble dans notre cher Arlange, vous ne saviez pas me quitter pour une heure. Dieu! que les heures sont longues à Paris! Maman me parle à chaque instant contre vous, mais à votre nom seul il se fait dans mon cœur un tapage qui m'empêche d'entendre. Elle me dit que vous m'avez abandonnée : vous devinez que je n'en crois rien. Car, enfin, je ne suis pas plus laide que lorsque vous vous mettiez à genoux devant moi; et si je suis plus vieille, ce n'est pas de beaucoup. Tout n'est pas fini entre nous, le dernier mot n'est pas dit, et je sens que j'ai encore du bonheur à vous donner. Vous n'êtes pas homme à fermer un si bon livre à la première page. Moi, depuis que je ne vous ai plus, je suis tout hébétée et toute languissante. Imaginez-vous que par moments je crois que je ne suis pas votre femme, et que cette belle cérémonie de l'église, et ce bal où nous étions si heureux, sont un rêve qui a trop tôt fini. Ce qui n'était pas un rêve, c'est ce baiser que vous m'avez donné. J'ai reçu bien des baisers depuis que je suis née, mais aucun ne m'était entré si avant dans le cœur. C'est sans doute parce que celui-là venait de vous. Tout ce qui vous appartient a quelque chose de particulier que je ne sais comment définir : par exemple, votre voix est plus pénétrante qu'aucune autre; personne n'a jamais su dire *Lucile* comme vous. Pourquoi n'êtes-vous pas ici, mon cher Gaston? Ce baiser que vous

m'avez donné, je serais si heureuse de vous le
rendre ! Cela ne serait pas mal, n'est-ce pas, puisque je suis votre femme ! Vous n'imaginerez jamais combien vous me manquez. Quand je sors
avec maman, je vous cherche dans les rues : tout
ce que j'ai vu à Paris jusqu'à présent, c'est que
vous n'y êtes pas. Le soir, j'embrouille régulièrement votre nom dans mes prières ; le matin, en
m'éveillant, je regarde si vous n'êtes point autour
de moi. Est-il possible que je pense tant à vous
et que vous m'ayez oubliée ? Peut-être m'en voulez-vous de vous avoir quitté si brusquement et
sans vous dire adieu. Si vous saviez ! Ce n'est pas
moi qui suis partie ; c'est maman qui m'a enlevée.
Je croyais que vous alliez nous rattraper avec la
vieille chaise de poste et les bagages ; maman me
l'avait assuré, Pierre aussi, Julie aussi. J'ai bien
pleuré, allez, quand j'ai su qu'on m'avait fait un
si méchant mensonge. Depuis ce temps-là, je pleurerais toute la journée, si je ne me retenais ; mais
je rentre mes larmes, d'abord pour ne pas être
grondée, et puis pour que vous ne me trouviez
pas avec des yeux rouges. Il ne faut point vous
fâcher si je ne vous ai pas écrit plus tôt : vous
nous aviez fait dire que vous arriviez, et lorsqu'on
attend quelqu'un, on ne lui écrit pas. Maintenant
je vous écrirai jusqu'à ce que je vous aie vu : il
faut que je n'aie pas beaucoup d'amour-propre,

car j'écris comme un petit chat, et je ne sais guère aligner mes phrases. C'est que je n'avais jamais écrit à personne, n'ayant ni oncles, ni tantes, ni amies de pension. J'espère que vous ne me laisserez pas me ruiner en frais de style et que vous partirez à ma première réquisition : venez, laissez la forge : il n'y a plus d'affaires au monde tant que nous sommes séparés : je vous réconcilierai avec maman, à la condition qu'elle fera tout ce que vous voudrez et qu'elle ne vous demandera rien de désagréable. Si le séjour de Paris vous déplaît autant qu'à moi, soyez tranquille, nous n'y resterons pas longtemps. Mais si vous n'arrivez pas, que voulez-vous que je devienne ? Il me serait assez facile de me sauver de l'hôtel un jour que maman serait sortie sans moi ; mais je ne peux pourtant pas courir les grands chemins toute seule ! Cependant, si vous l'exigiez, je partirais ; je me mettrais sous la protection de Jacquet. Mais quelque chose me dit que vous ne vous ferez ni prier ni attendre, pensez seulement à deux petites mains rouges qui sont tendues vers vous ! »

Mme Benoît entra tandis que Jacquet portait cette lettre à la poste.

« Tu ne t'es pas ennuyée toute seule ? demanda la mère à sa fille.

— Non, maman, » répondit la marquise.

IV

Les trois jours suivants furent des jours d'attente. Lucile attendait Gaston comme s'il pouvait déjà avoir reçu sa lettre; Mme Benoît espérait que ses nobles débiteurs lui rendraient ses visites. La mère et la fille restèrent donc à la maison, mais non pas ensemble. L'une était assise devant une fenêtre du salon, les yeux braqués sur la porte cochère; l'autre se promenait sous les marronniers du jardin, les yeux tournés vers l'avenir. Mme Benoît comptait sur son luxe pour se faire des amis : elle se promettait de montrer les beaux appartements du rez-de-chaussée : « Nous aurons du malheur, pensait-elle, si personne ne nous offre, en attendant, une tasse de thé ; on offre volontiers à qui peut rendre. » Le salon, tendu de fleurs éblouissantes, avait un air de fête; la maîtresse était en toilette du matin au soir, comme les officiers russes qui ne dépouillent jamais l'uniforme. En attendant que la maison fût montée, Jacquet, transformé par une livrée neuve, faisait, sous le vestibule, son apprentissage du métier de laquais.

Les cœurs sensibles seront peinés d'apprendre que toute cette dépense fut en pure perte : aucun débiteur ne se présenta chez Mme Benoît. Que voulez-vous? le pli était pris. Ces messieurs et ces dames s'étaient fait une habitude de ne la payer ni en argent ni en politesse, et de ne lui rendre rien, pas même ses visites.

Elle méditait tristement, derrière un rideau, sur l'ingratitude des hommes, lorsqu'un coupé lancé au grand trot fit crier harmonieusement le sable de la cour. La jolie veuve sentit son cœur bondir : c'était la première fois qu'une autre voiture que la sienne venait tracer deux ornières devant sa porte. La voiture s'arrêta; un homme encore jeune en descendit. Ce n'était pas un débiteur; c'était cent fois mieux : le comte de Preux en personne! Il disparut sous le vestibule; et Mme Benoît, avec la promptitude de la foudre, passa la revue de son salon, jeta un suprême coup d'œil à sa toilette, et prépara les premières paroles qu'elle aurait à dire : elle avait pourtant assez d'esprit pour s'en remettre au hasard de l'improvisation. Le comte tarda quelque peu : elle maudit Jacquet, qui le retenait sans doute dans l'antichambre. Pourquoi la porte ne s'ouvrait elle pas? Elle aurait couru au-devant de son noble visiteur, si elle n'eût craint de se nuire par un excès d'empressement. Enfin la portière se souleva; un homme parut : c'était Jacquet.

« Faites entrer! dit la veuve haletante.

— Qui ça, madame ? répondit Jacquet, de cette voix traînarde qui distingue les paysans lorrains.

— Le comte !

— Ah ! c'est un comte ? Eh bien, le v'là dans la cour. »

Mme Benoît courut à la fenêtre et vit M. de Preux regagner sa voiture sans retourner la tête, et donner un ordre au cocher.

« Cours après lui, dit-elle à Jacquet. Qu'est-ce qu'il t'a dit ?

— Madame, c'est un homme très-bien, pas fier du tout. Il vient probablement de la campagne, car il croyait que M. le marquis était ici. Moi, j'ai dit qu'il n'y était pas ; voilà.

— Imbécile, tu n'as pas dit que madame y était ?

— Si fait, madame, je l'ai dit ; mais il n'a pas eu l'air d'entendre.

— Il fallait le répéter !

— Et le temps ? il s'est mis tout de suite à me demander quand monsieur reviendrait. Faut croire que son idée était de parler à monsieur.

— Qu'as-tu répondu ?

— Ma foi ! qu'on ne savait pas trop sur quel pied danser avec monsieur ; qu'il n'avait pas l'air de vouloir revenir ; et alors, comme il n'était pas fier du tout et qu'il avait l'air de se plaire avec moi, je lui ai raconté la bonne farce que madame et mademoiselle ont faite à monsieur.

— Misérable, je te chasse! va-t'en! Combien te doit-on?

— Je ne sais, madame.

— Combien gagnes-tu par mois?

— Neuf francs, madame. Ne me chassez point! Je n'ai rien fait! Je ne le ferai plus! » Et des larmes.

« Combien y a-t-il de temps qu'on ne t'a payé?

— Deux mois, madame. Qu'est-ce que vous voulez que je devienne si vous me chassez?

— Arrive ici, voici tes dix-huit francs. En voilà vingt autres que je te donne pour que tu aies le temps de chercher une place. Va! »

Jacquet prit l'argent, regarda si son compte y était, et tomba à genoux en criant :

« Grâce, madame! Je ne suis pas méchant! Je n'ai jamais fait de mal à personne!

— Maître Jacquet, sachez que la bêtise est le pire de tous les vices.

— Pourquoi ça, madame? hurla Jacquet.

— Parce que c'est le seul dont on ne se corrige jamais. »

Elle le poussa dehors et vint se jeter sur une causeuse. Jacquet sortit de l'hôtel, emportant, comme le philosophe Bias, toute sa fortune avec lui. Si quelqu'un l'avait suivi, on l'aurait entendu murmurer d'une voix désolée : « Soixante-deux et huit font septante; et dix, quatre-vingts; et vingt, cent. Mais j'ai tué la poule : je n'aurai plus d'œufs ! »

Lucile apprit au dîner la disgrâce de Jacquet, mais elle n'osa en demander la cause. La mère et la fille, l'une triste et inquiète, l'autre maussade et grondeuse, mangeaient du bout des doigts, sans rien dire, lorsqu'on apporta une lettre pour Mme d'Outreville.

« De Gaston ! » s'écria-t-elle. Malheureusement non ; l'adresse portait le timbre de Passy. C'était Mme Céline Jordy, née Mélier, qui se rappelait au souvenir de son amie. Lucile lut à haute voix :

« Ma jolie payse, je t'écris en même temps à notre hameau et à Paris ; car depuis ton mariage, tu m'as si bien délaissée, que je ne sais ce que tu es devenue. Moi, je suis heureuse, heureuse, heureuse! c'est en trois mots toute mon histoire. Si tu veux de plus amples détails, viens en chercher, ou dis-moi en quel lieu tu te caches. Robert est le plus parfait de tous les hommes, à part M. d'Outreville, que je connaîtrai quand tu me l'auras fait voir. Quand donc pourrai-je t'embrasser ? J'ai mille secrets que je ne peux dire qu'à toi : n'es-tu pas depuis seize ans mon unique confidente ? Je suis curieuse de savoir si tu me reconnaîtras sans que j'écrive mon nom sur mon chapeau. Toi aussi, tu dois être bien changée.

Nous étions si enfants, toi, il y a quinze jours, moi, il y a trois semaines ! Viens demain, si tu es à Paris ; quand tu pourras, si tu es à Arlange. J'aime à croire que nous ne ferons pas les marquises, et que nous nous verrons tant que nous pourrons, sans jamais compter les visites. Il me tarde de te montrer ma maison : c'est le plus charmant nid de bourgeois qui se soit jamais bâti sur la terre ! Libre à toi de m'humilier ensuite par le spectacle de ton palais ; mais il faut que je te voie. *Je le veux.* C'est un mot auquel personne ne désobéit à Passy, rue des Tilleuls, n° 16. A bientôt. Je t'embrasse sans savoir où, à l'aveuglette.

« Ta Céline. »

« Chère Céline ! j'irai demain passer la journée avec elle. Vous n'avez pas besoin de moi, maman ?

— Non, je sors de mon côté pour voir une de mes amies.

— Qui donc, maman ?

— Tu ne la connais pas : la comtesse de Malésy. »

Il y avait douze ou treize ans que Mme Benoît n'avait vu cette vénérable amie, en qui elle mettait sa dernière espérance. Elle la trouva peu changée. La comtesse était devenue sourde, à force d'entendre les criailleries de ses créanciers ; mais c'était une surdité complaisante, voire un peu malicieuse, qui ne l'empêchait pas d'entendre ce qui lui plaisait. Du reste, l'œil était bon et l'estomac admirable. Mme de Malésy reconnut sa créancière, et la reçut avec une touchante familiarité.

« Bonjour, petite, bonjour ! lui dit-elle. Je ne vous ai pas défendu ma porte. Vous avez trop d'esprit pour venir me demander de l'argent ?

— Oh ! madame la comtesse ! je ne vous ai jamais fait de visite intéressée.

— Chère petite, tout le portrait de son père ! Ah ! mon enfant, Lopinot était un brave homme.

— Vous me comblez, madame la comtesse.

— Comprenez-vous qu'on vienne demander de l'argent à une pauvre femme comme moi ? Il n'y a pas un an que j'ai marié ma fille au marquis de Croix-Maugars ! C'est une bonne affaire, j'en conviens ; mais ce mariage m'a coûté les yeux de la tête. »

Mlle de Malésy n'avait pas reçu un centime de dot.

« Moi, madame, je viens de marier ma fille au marquis d'Outreville.

— Plaît-il ? comment appelez-vous cet homme-là ? »

Mme Benoît fit un cornet de ses deux mains et cria : « Le marquis d'Outreville !

— Bien, bien, j'entends; mais quel Outreville? Il y a les bons Outreville et les faux Outreville; et des bons il n'en reste pas beaucoup.

— C'est un bon.

— En êtes-vous bien sûre? Est-il riche?

— Il n'avait rien.

— Tant mieux pour vous! Les mauvais sont riches en diable; ils ont acheté la terre et le château, et pris le nom par-dessus le marché. Quel nez a-t-il?

— Qui?

— Votre gendre.

— Un nez aquilin.

— Je vous en fais mon compliment. Les faux Outreville sont de vrais magots, tous nez en pieds de marmite.

— C'est celui qui est sorti de l'École polytechnique.

— Mais je le connais! Un peu fou : c'est un bon. Mais alors, vous qui êtes une femme de sens, expliquez-moi comment il a commis cette sottise-là? »

Ce fut au tour de Mme Benoît de faire la sourde oreille. La comtesse reprit :

« Je dis, la sottise d'épouser votre fille. Elle est donc bien riche?

— Elle avait cent mille livres de rente en mariage. Nous autres bourgeois, nous avons gardé l'habitude de donner des dots à nos filles.... Attrape!

— N'importe; cela m'étonne de lui. Je lui croyais l'âme mieux située. Vous comprenez, petite, que je ne dirais pas cela s'il était ici; mais nous sommes entre nous.... Qu'y a-t-il, Rosine?

— Madame, répondit la femme de chambre, c'est ce commis du *Bon saint Louis.*

— Je n'y suis pas! Ces marchands sont devenus insupportables. Ah! petite, votre père était un galant homme! Je disais donc que le marquis sera blâmé de tout le monde. Personne ne le lui reprochera en face; son nom est à lui, il le traîne où il veut. Mais il n'est pas permis à un véritable Outreville de s'enca.... de se mésa.... Qu'est-ce encore, Rosine?

— Madame, c'est M. Majou.

— Je n'y suis pas; je suis sortie pour la journée, je viens de partir pour la campagne. A-t-on vu un marchand de vin pareil? Les créanciers d'aujourd'hui sont pires que des mendiants : on a beau les chasser, ils reviennent toujours! Ah! petite, votre père était un saint homme! Votre fille est-elle jolie, au moins?

— Madame, j'aurai l'honneur de vous la présenter un de ces jours dans l'après-midi. Mon gendre est dans nos terres.

— C'est cela, amenez-la-moi un matin, cette

jeunesse. J'y suis pour vous jusqu'à midi... Encore, Rosine! c'est donc une procession, aujourd'hui?

— Madame, c'est M. Bouniol.

— Répondez qu'on me pose les sangsues.

— Madame, je lui ai déjà dit que madame la comtesse n'y était pas. Il répond qu'il est venu cinq fois en huit jours sans voir madame, et que, si on refuse de le recevoir, il ne reviendra plus.

— Eh bien, qu'il entre : je lui dirai son fait. Vous permettez, petite? nous sommes gens de revue. Ah! ma chère, votre père était un grand homme!

Mme Benoît disait tout bas en remontant dans sa voiture : « Raille, raille, impertinente vieille! tu as des dettes, j'ai de l'argent : je te tiens! Dût-il m'en coûter cinq cents louis, je prétends que tu me conduises par la main jusqu'au milieu du salon de ta fille! » C'est dans ces sentiments qu'elle se sépara de la comtesse.

Lucile était depuis longtemps dans les bras de son amie. Elle partit de l'hôtel à huit heures et descendit une heure après devant la plus belle grille de la rue des Tilleuls. La matinée était magnifique; la maison et le jardin baignaient dans la lumière du soleil. Le jardin tout en fleurs ressemblait à un bouquet immense; une pelouse émaillée de rosiers du roi s'encadrait dans un cercle de fleurs jaunes, comme un jaspe sanguin dans une monture d'or. Un grand acacia laissait pleuvoir ses fleurs sur les arbustes d'alentour et livrait au vent du matin ses odeurs enivrantes. Les merles noirs au bec doré volaient en chantant d'arbre en arbre; les roitelets sautillaient dans les branches de l'aubépine, et les pinsons effrontés se poursuivaient dans les allées. La maison, construite en briques rouges rehaussées de joints blancs, semblait sourire à ce luxe heureux qui s'épanouissait autour d'elle. Tout ce qui grimpe et tout ce qui fleurit fleurissait et grimpait le long de ses murs. La glycine aux grappes violettes, le bignonia aux longues fleurs rouges, le jasmin blanc, la passiflore, l'aristoloche aux larges feuilles, et la vigne-vierge qui s'empourpre au dernier sourire de l'automne, élevaient jusqu'au toit leurs tiges entrelacées. De grosses nattes de volubilis fleurissaient au niveau de la porte, et le grelot bleu des cobæas pavoisait toutes les fenêtres. Ce spectacle réveilla chez la marquise les plus doux souvenirs d'Arlange : en ce moment elle eût donné pour rien son hôtel de la rue Saint-Dominique et ce jardin trop étroit où les fleurs étouffaient entre l'ombre pesante de la maison et le feuillage épais des vieux marronniers. Un peignoir de foulard écru, à demi caché dans un bosquet de rhododendrons, l'arracha brusquement de sa rêverie. Elle courut, et ne s'arrêta que dans les bras de Mme Jordy.

Avez-vous jamais observé au théâtre la rencontre d'Oreste et de Pylade ? Si habiles que soient les acteurs, cette scène est toujours un peu ridicule. C'est que l'amitié des hommes n'est, de sa nature, ni expansive ni gracieuse. Un gros serrement de mains, un bras grotesquement passé autour d'un cou, ou l'absurde frottement d'une barbe contre une autre, ne sont pas des objets qui puissent charmer les yeux. Que la tendresse des femmes est plus élégante, et que les plus gauches sont de grands artistes en amitié !

Céline était une toute petite blonde, potelée et rondelette, au front bombé, au nez en l'air, montrant à tout propos ses dents blanches et aiguës comme celles d'un jeune chien, riant sans autre raison que le bonheur de vivre, pleurant sans chagrin, changeant de visage vingt fois en une heure, et toujours jolie sans qu'on ait jamais pu dire pourquoi. Heureusement pour le narrateur de cette véridique histoire, la beauté n'est pas sujette à définition ; car il me serait impossible de dire par quel charme Mlle Mélier a séduit son mari et tous ceux qui l'ont aperçue. Elle n'avait rien de particulièrement beau, si ce n'est la rondeur de sa taille, la perfection de son buste, l'éclat de son teint, et deux petites fossettes trèsgentilles, quoiqu'elles ne fussent pas placées avec toute la régularité désirable.

Lucile ne ressemblait en rien à Mme Jordy; si l'amitié vit de contrastes, leur liaison devait être éternelle. La jeune marquise avait la tête de plus que son amie, et l'embonpoint de moins : je vous ai averti que sa jeunesse était une fleur tardive. Imaginez la beauté maigre et nerveuse de Diane chasseresse. Avez-vous vu quelquefois, dans les admirables paysages de M. Corot, ces nymphes au corps svelte, à la taille élancée, qui dansent en rond sous les grands arbres en se tenant par la main? Si la marquise d'Outreville venait se joindre à leurs jeux, sans autre vêtement qu'une tunique, sans autre coiffure qu'une flèche d'or dans les cheveux, le cercle vivant s'élargirait pour lui faire place, et l'on continuerait la ronde avec une sœur de plus.

Par un caprice du hasard, la reine des bois d'Arlange était, ce matin-là, en chapeau de crêpe blanc et en robe de taffetas rose; et la petite bourgeoise blonde était vêtue comme une habitante des bois : chapeau de paille, habits flottants :

« Que tu es bonne d'être venue! » dit-elle à la marquise. Dispensez-moi de noter tous les baisers dont les deux amies entrecoupèrent leurs discours. « J'avais rêvé de toi. Depuis combien de temps es-tu à Paris, ma belle?

— Depuis le lendemain de mon mariage.

— Quinze jours perdus pour moi! mais c'est affreux !

— Si j'avais su où te trouver! murmura la petite marquise. J'avais bien besoin de te voir.

— Et moi donc! D'abord, regarde-moi entre les deux yeux. Ai-je bien l'air d'une dame? Me dira-t-on encore mademoiselle?

— C'est vrai; tu as je ne sai quoi de plus assuré : un air de gravité....

— Pas un mot de plus, où je meurs de rire Et toi? voyons! Toi, tu es toujours la même. Bonjour, mademoiselle!

— Votre servante, madame.

— Madame! Quel joli mot! Si vous êtes bien sage à déjeuner, je vous appellerai madame au dessert. Te souviens-tu du temps où nous jouions à la madame?

— Il n'est pas assez loin pour que je l'aie oublié.

— Venez, mademoiselle, que je vous promène dans mon jardin. Vous ne toucherez pas aux fleurs ! »

Tout en causant, elle cueilli une énorme poignée de roses, derrière laquelle elle disparaissait tout entière.

« Je demande grâce pour ton beau jardin cria Lucile.

— D'abord, je te défends de l'appeler mon beau jardin. Tout le monde le voit, tout le monde y vient; c'est le jardin de tout le monde! mon beau jardin est là-bas, derrière ce mur. Il n'y a que deux personnes qui s'y promènent, Robert et moi; tu seras la troisième. Viens; vois-tu cette porte verte? A qui arrivera la première! »

Elle prit sa course. Lucile la suivit, et l'eut bientôt devancée. Mme Jordy, en arrivant, tira une petite clef de sa poche et ouvrit la porte.

« Ceci, dit-elle, est notre parc réservé. Ces tilleuls, dont les fleurs ont des ailes, ne fleurissent que pour nous. Nous nous promenons ici en tête-à-tête tous les matins avant l'heure du travail, car nous sommes des oiseaux matineux; j'ai gardé mes bonnes habitudes d'Arlange. Quant à Robert, je ne sais comment il s'y prend, mais j'ai beau m'éveiller matin, je le trouve toujours accoudé sur l'oreiller et occupé gravement à me regarder dormir. Viens un peu de ce côté. Ici, l'ancien propriétaire avait construit une grande bête de grotte humide, tapissée de rocailles et de coquillages, avec un Apollon en plâtre au milieu et des crapauds partout. Robert l'a fait démolir aux trois quarts; il a amené ici l'air et la lumière. C'est lui qui a disposé ces plantes grimpantes, suspendu ces hamacs, installé cette jolie table et ces fauteuils. Il a du goût comme un ange; il est archi-

tecte, il est tapissier, il est jardinier, il est tout!
Assieds-toi seulement un peu sur cette mousse.
Non, j'oubliais ta robe neuve. Moi, voici ce que je
mets tous les matins : avec cela on peut s'asseoir
partout. Allons-nous-en !

— Pas encore! on est si bien sous ces beaux
arbres !

— Nous y reviendrons tout à l'heure pour déjeuner. Viens voir notre maison. Ensuite je te
montrerai mon mari ; il est à la fabrique. Tu
verras, ma Lucile, comme il est beau! Tu te rappelles les plaisanteries que nous faisions autrefois sur notre *idéal?* Mon idéal, à moi, était un
grand brun avec des moustaches en croc et des
sourcils noirs comme de l'encre. Eh bien! ma
chère, mon mari ne ressemble pas à cela, mais
pas du tout. Il n'est pas plus grand que papa; ses
cheveux sont châtains, et il porte une jolie barbe
blonde, douce comme de la soie, car elle n'a jamais été rasée. Maintenant je trouve que mon
idéal était affreux, et si je le rencontrais dans la
rue, j'en aurais peur. Robert est doux, délicat,
tendre; il pleure, ma chère! Hier, à la nuit tombante, il était assis auprès de moi; nous faisions
des projets; j'exposais mes petites idées sur l'éducation des enfants. Il me laissait parler toute
seule, et cachait sa tête dans ses mains, comme
pour regarder en lui-même. Quand j'eus fini, il

m'embrassa sans rien dire, et je sentis une grosse
larme rouler sur ma joue. Que c'est beau, des
larmes d'homme ! Maman m'aime bien, mais elle
ne m'a jamais aimé comme cela. Ce que tu ne
croiras jamais, c'est qu'avec les hommes il est
fier, roide et terrible par moments. On m'a conté
que l'année dernière nos ouvriers avaient voulu
se mettre en grève pour faire chasser un contre-
maître. Il a su le complot à temps ; il a marché droit sur les meneurs, au milieu de cinquante ou soixante hommes mutinés contre lui,
et il a fait rentrer la révolte sous terre. Tout le
monde le craint dans la maison, excepté moi :
juge si j'ai lieu d'être fière ! Il me semble que je
fais marcher tout ce peuple qui lui obéit. O ma
Lucile, l'admirable chose que le mariage ! La veille
on était deux, le lendemain on ne fait plus qu'un :
on a tout en commun, on est les deux moitiés
d'une même âme ; on tient ensemble comme ces
deux frères siamois, qui ne peuvent se séparer
sans mourir. Voici notre chambre ; qu'en dis-tu ?
Il m'a choisi la tenture comme une robe : bleue,
en l'honneur de mes cheveux blonds. Au fait,
qu'est-ce qu'une tenture ? une toilette qui nous
habille de loin. Toi, ma brune aux yeux noirs, tu
dois avoir une chambre de satin rose ?

— Je crois que oui, reprit Lucile toute rêveuse.

— Comment ? je crois ! Tu réponds comme une

Anglaise. Mais je suis Anglaise aussi sur un point. Ne va pas t'imaginer que tout le monde entre ici comme dans la rue! On a sa discrétion et sa délicatesse; si tu n'étais pas toi, tu ne serais pas assise dans ce fauteuil-là. Sais-tu que je fais mon lit moi-même! il est vrai que Robert m'aide un peu. »

Lucile ne répondit rien. Elle contemplait d'un œil pensif un magnifique fouillis de dentelles et de broderies au milieu duquel deux larges oreillers reposaient côte à côte. La porte s'ouvrit, et M. Jordy entra étourdiment en jetant son chapeau de paille. A la vue de Lucile, il s'arrêta tout interdit et fit un salut respectueux. Sa femme lui sauta au cou sans façon, et lui dit en montrant la marquise par un geste plein de grâce et de simplicité :

« Robert, c'est Lucile! »

Ce fut toute la présentation. M. Jordy fit à Lucile un petit compliment sans cérémonie qui prouvait qu'il avait souvent entendu parler d'elle, et qu'elle n'était pour lui ni une étrangère ni une indifférente. Il s'assit, et sa femme trouva moyen de se glisser auprès de lui. « N'est-ce pas qu'il est beau? dit-elle à la marquise. Mais d'où vient-il? il faut qu'il ait couru; il est en nage. » Et d'un geste aussi prompt que la parole, elle passa un mouchoir de batiste sur le front du jeune homme

qui essayait en vain de se défendre. M. Jordy
avait plus de monde que Céline ; mais il eut beau
lui lancer des regards qui voulaient être sévères,
la petite indigène d'Arlange lui mit les deux
mains sur les yeux et baisa effrontément ces
paupières fermées. « Ne me gronde pas, lui dit-
elle ; Lucile est mariée depuis quinze jours, c'est-
à-dire aussi folle que nous. » La pendule sonna
midi ; c'était l'heure du déjeuner. On courut au
jardin, et l'on s'attabla joyeusement sous ses
beaux tilleuls qui ont donné leur nom à la rue
voisine. Aucun domestique n'assistait au repas ;
chacun se servait soi-même et servait les autres :
les deux amies, élevées au village et étrangères
aux mièvreries de l'éducation parisienne, n'étaient
pas des buveuses d'eau ; elles trempèrent leurs
lèvres dans un joli vin paillé que M. Jordy alla
chercher à quelques pas de là, dans un ruisseau
d'eau courante. Robert plut facilement à la marquise, sans manquer d'esprit ni d'éducation, il
était simple, plein de cœur, et du bois dont on
fait les meilleurs amis. Du reste, nous éprouvons
tous une sympathie naturelle pour les visages où
rayonne la joie ; il n'y a que les égoïstes qui n'aiment pas les heureux. Céline, qui voulait faire
briller son mari, le força de chanter au dessert
Il choisit une des plus belles chansons de Béran-
ger, quoique le vieux poète ne fût déjà plus à la

mode. Les oiseaux, réveillés au milieu de leur sieste, exécutèrent un joyeux accompagnement au-dessus de sa tête. Lucile chanta à son tour, sans se faire prier, des paroles qui n'étaient pas italiennes. On plaisanta comme plaisantent les honnêtes gens; on parla de tout, excepté du prochain et de la pièce nouvelle; on rit à cœur ouvert, et personne ne s'aperçut qu'il y avait un peu de fièvre dans la gaieté de la marquise. « Pourquoi M. d'Outreville n'est-il pas ici ? disait Mme Jordy, on s'aime bien à deux; mais à quatre, c'est la concurrence ! »

Vers deux heures, M. Jordy s'en fut à ses affaires, et les deux amies reprirent le cours de leurs confidences. Céline parlait sans se lasser et sans s'apercevoir qu'elle faisait un monologue. Les femmes sont merveilleusement organisées pour les travaux microscopiques; elles excellent à détailler leurs plaisirs et leurs peines.

Lucile, émue, haletante, écoutait, apprenait, devinait et quelquefois aussi ne comprenait pas. Elle était comme un navigateur jeté par la tempête dans un pays enchanté, mais dont il n'entend pas la langue. L'heure du dîner approchait; Céline parlait encore, et Lucile écoutait toujours.

« Quant aux enfants, disait la jeune femme, il faut espérer qu'ils viendront bientôt. Y penses-tu quelquefois, ma Lucile? L'amour n'a qu'un temps;

une vingtaine d'années tout au plus; et voilà déjà trois semaines dépensées! l'amour des enfants, c'est autre chose : il dure autant que nous, et nous ferme les yeux. Tu sais que je n'étais pas trop dévote autrefois; maintenant, quand je pense que nos enfants sont dans la main de Dieu, je deviens superstitieuse. Que demandes-tu? un fils ou une fille?

— Mais.... je n'y ai pas encore songé.

— Il faut y songer, ma belle. Si tu n'y songes pas, qui est-ce qui y songera pour toi? Moi, je veux un fils. Écoute un peu le paragraphe que j'ai ajouté à mes prières : « Vierge sainte, si mon
« cœur vous semble assez pur, bénissez mon
« amour et obtenez que j'aie le bonheur d'avoir
« un fils pour lui enseigner la crainte de Dieu, le
« culte du bien et du beau, et tous les devoirs de
« l'homme et du chrétien. »

Ce dernier trait acheva la pauvre Lucile. Le torrent de larmes qu'elle retenait depuis longtemps rompit les digues, et son joli visage en fut inondé.

« Tu pleures! cria Céline. Je t'ai fait de la peine?

— Ah! Céline, je suis bien malheureuse! Maman m'a forcée de partir le soir de mon mariage, et je n'ai pas revu mon mari depuis le bal!

— Le soir? Depuis le bal? Miséricorde! »

Tout à coup le visage de Mme Jordy prit une expression sérieuse. « Mais c'est une trahison, dit-elle. Pourquoi ne m'as-tu pas conté cela plus tôt? Je te parle depuis le matin comme à une femme, et tu n'es qu'une enfant! Tu aurais dû m'arrêter au premier mot, et je ne te pardonnerais jamais de m'avoir laissée parler, si tu n'étais pas tant à plaindre. »

Lucile raconta sommairement son histoire.

« Comment n'as-tu pas écrit à ton mari? demanda Céline.

— Je lui ai écrit.

— Quand?

— Il y a quatre jours.

— Eh bien! mon enfant, ne pleure plus : il arrivera ce soir. »

Au dîner, la table était élégante, la salle à manger claire et joyeuse, les derniers rayons du soleil couchant jouaient avec les stores et les jalousies, le petit vin paillé riait dans les verres, et M. Jordy caressait d'un regard radieux le joli visage de sa femme; mais Céline conservait la gravité d'une matrone romaine, et je crois (Dieu me pardonne!) qu'elle dit *vous* à son mari.

La marquise repartit à dix heures. Céline et son mari la ramenèrent à sa voiture. En apercevant le cocher, Mme Jordy eut comme une inspiration subite :

« Pierre, dit-elle d'un ton indifférent, M. le marquis est-il arrivé?

— Oui, madame. »

La marquise se jeta dans les bras de son amie en poussant un cri.

« Qu'y a-t-il? demanda Robert.

— Rien, » dit Céline.

V

En recevant la lettre de Lucile, Gaston fit ce que tout homme aurait fait à sa place : il baisa mille fois la signature, et partit en poste pour Paris. La fortune, qui s'amuse de nous presque autant qu'une petite fille de ses poupées, le fit entrer à l'hôtel d'Outreville un mardi soir, deux semaines, jour pour jour, après son mariage. Avec un peu de bonne volonté, il pouvait s'imaginer que la première quinzaine de juin avait été un mauvais rêve, et qu'il s'éveillait, moulu de fatigue, aux côtés de sa femme. Pour cette fois, sa résolution était bien prise; il s'était armé de courage contre le despotisme maternel de Mme Benoît, et il se jurait à lui-même de défendre son bien jusqu'à l'extrémité.

il n'avait pas encore ouvert la portière, que Julie entrait en criant chez Mme Benoît :

« Madame ! madame ! M. le marquis ! »

La veuve, qui ne savait pas que sa fille eût écrit à Arlange, crut avoir partie gagnée. Elle répondit avec une joie mal contenue :

« Il n'y a pas de quoi crier : je l'attendais.

— Je ne savais pas, madame ; et, à cause de ce qui s'est passé il y a quinze jours, je croyais que madame serait bien aise d'être avertie. Madame y est donc pour M. le marquis ?

— Certainement ! Allez ! courez ! de quoi vous mêlez vous ?

— Pardon, madame ; mais c'est qu'on décharge les malles de M. le marquis. Est-ce qu'il va demeurer à l'hôtel ?

— Et où voulez-vous qu'il demeure ? Allez prendre soin de ses bagages.

— Pardon, madame ; mais où faudra-t-il les porter ?

— Où ? sotte que vous êtes ! dans la chambre de la marquise ! Est-ce que la place d'un mari n'est pas auprès de sa femme ? »

Gaston entra tout poudreux chez sa belle-mère, et son premier coup d'œil chercha Lucile absente. Mme Benoît, plus prévenante qu'aux meilleurs jours, répondit à ce regard :

« Vous cherchez Lucile ? Elle dîne chez une amie ;

mais il est tard, vous la verrez avant une heure. Enfin, vous voici donc! Embrassez-moi, mon gendre; je vous pardonne.

— Ma foi! mon aimable mère, vous me volez le premier mot que je voulais vous dire. Que tous vos torts soient effacés par ce baiser!

— Si j'ai des torts, vous les aviez justifiés d'avance par cette incroyable manie dont vous êtes enfin corrigé! Vouloir vivre avec les loups à votre âge! Avouez que c'était de l'aveuglement et rendez grâces à celle qui vous a éclairé! N'êtes-vous pas mieux ici que partout ailleurs? et peut-on vivre une vie humaine hors de Paris?

— Pardon, madame, mais je ne suis pas venu à Paris pour y vivre.

— Et pour quoi donc faire? pour y mourir?

— Je n'y resterai pas assez longtemps pour que la nostalgie m'emporte. Je suis venu à Paris pour chercher ma femme et faire une visite indispensable.

— Vous comptez ramener ma fille à Arlange?

— Le plus tôt qu'il sera possible.

— Et elle vous accompagnera dans ce terrier?

— Il me semble qu'elle le doit.

— Lui commanderez-vous de vous suivre de par la loi, et votre amour se fera-t-il escorter de deux gendarmes?

— Non, madame; je renoncerais à mes droits

s'il fallait les réclamer devant les tribunaux; mais nous n'en sommes pas là : Lucile me suivra par amour.

— Par amour de vous ou d'Arlange?

— De l'un et de l'autre, de la forge et du forgeron.

— Vous en êtes sûr?

— Sans fatuité, oui.

— Nous verrons bien. Et peut-on savoir quelle est cette visite indispensable qui partage avec ma fille l'honneur de vous attirer à Paris?

— Ne vous faites point d'illusions; c'est une visite où vous ne pouvez pas venir avec moi.

— Chez quel mortel privilégié?

— Le ministre de l'intérieur.

— Le ministre! A quel propos? Y songez-vous? Si on le savait!

— On le saura. Il importe aux intérêts de la forge que je siège au conseil général. Une vacance se présente, et je veux prier le ministre de m'agréer comme candidat.

— Mais, malheureux, vous allez me brouiller avec tout notre parti!

— On ne se brouille qu'avec les gens que l'on connaît. Si vous m'aviez interrogé sur mes opinions politiques, je vous aurais répondu que je ne suis pas un homme d'opposition. D'ailleurs, il me semble que nous autres, grands propriétaires, nous n'avons pas lieu de nous plaindre : on ne fait rien que pour nous!

— Vous avez bien dit ce mot : « Nous autres, grands propriétaires! » On croirait, sur ma parole, que vous l'avez été toute votre vie!

— Comment donc, madame! mais je le suis de père fils depuis neuf cents ans! Est-ce que vous en connaissez beaucoup de plus vieille date?

— Si nous jouons sur les mots, nous pourrons parler longtemps sans nous entendre. Écoutez. Il vous plaît de briguer des honneurs de province, soit. Cependant la forge a bien marché depuis quinze ans, quoique je n'aie jamais siégé au conseil général. Vous voulez vous présenter comme candidat ministériel; je crois que vous auriez mieux fait de demander les voix de nos amis, qui sont nombreux. riches et influents. Cependant je passerai encore là-dessus. Voyez si je suis clémente! Je viens de remporter une victoire sur vous; je vous ai forcé de venir à Paris, sur mon terrain....

— Dans ma maison.

— C'est juste. Oh! vous étiez né propriétaire; vous avez bientôt pris racine! Malgré tout, vous êtes venu ici parce que je vous y ai forcé ; c'est une défaite; mais je ne prétends pas en tirer avantage. Voulez-vous signer la paix?

— Des deux mains !... si vous êtes raisonnable.

— Je le serai. Vous aimez Arlange, il vous tarde d'y retourner, et vous ne voulez pas y vivre sans votre femme, ce qui est fort naturel. Je vous rendrai Lucile pour que vous l'emmeniez à la forge.

— C'est tout ce que je demande : signons !

— Attendez ! de mon côté, j'aime Paris comme vous aimez la forge, et le faubourg comme vous aimez Lucile. Si je n'entre pas une bonne fois dans le grand monde, je suis une femme morte. Vous coûterait-il beaucoup, pendant que vous êtes ici, tout porté, de présenter votre femme et moi dans huit ou dix maisons de vos amis, et de nous montrer un petit coin de ce paradis terrestre dont j'ai toujours été exclue par....

— Par le péché originel ! Cela me coûterait beaucoup et ne vous servirait de rien. Je ne vous répéterai pas que j'ai contre le faubourg une vieille rancune qui me défend absolument d'y remettre les pieds : vous croyez avoir assez de droits sur moi pour réclamer l'oubli de mes répugnances et le sacrifice de mon amour-propre. Mais pouvez-vous exiger que j'expose pour vous tout l'avenir de Lucile ? Je lui réserve, loin de Paris, un bonheur modeste, égal, sans éclat, sans bruit, et d'une riante uniformité. Nous avons, si

Dieu nous prête vie, trente ou quarante ans à passer ensemble dans un horizon étroit, mais charmant, sans autres événements que la naissance et le mariage de nos enfants. Un tel bonheur suffit à son ambition, elle me l'a dit. Qui m'assure que la vue d'un pays où tout est parade et vanité ne lui tournera pas la tête? que ses yeux, éblouis par l'éclat des lustres et des girandoles, pourront s'accoutumer à la douce lumière de la lampe qui doit éclairer tous nos soirs? que ses oreilles, assourdies par le fracas du monde, sauront toujours entendre les voix de nos forêts et la mienne? En ce moment, elle est encore la Lucile d'autrefois; elle s'ennuie mortellement à Paris....

— Qu'en savez-vous?

— J'en suis sûr. Mais je ne sais pas si dans six mois elle penserait comme aujourd'hui. Il ne faut qu'un bal pour changer le cœur d'une jeune femme, et dix minutes de valse peuvent causer plus de bouleversements qu'un tremblement de terre.

— Vous croyez? Eh bien, soit. Lucile est à vous, gouvernez-la comme vous l'entendez. Mais moi! Écoutez bien : ceci est mon ultimatum, et si vous le repoussez, je romps les conférences! Qui vous empêcherait de me présenter, je ne dis pas dans tout le faubourg, mais dans cinq ou six maisons de votre connaissance?

— Sans ma femme! Croyez-moi, ma chère

Mme Benoît, attachons-nous chacun une pierre au cou, et jetons-nous ensemble à la rivière, cela sera tout aussi sage. Toute l'aristocratie vous connaît comme elle a connu votre père. On sait votre ambition persévérante; vous êtes déjà la fable du faubourg, c'est le baron qui me l'a écrit, et son témoignage n'est pas récusable. On dit que vous avez acheté de vos millions le plaisir de naviguer dans le monde à la remorque d'une marquise. Si je vous présentais aujourd'hui, on compterait demain les visites que nous avons faites, et l'on calculerait, à un centime près, la somme que chacune m'a rapportée. Qu'en dites-vous ? Fussiez-vous assez jeune pour vouloir jouer un pareil jeu, je ne suis pas assez philosophe pour vous servir de partenaire. Je pars demain pour Arlange avec ma femme ; je vous offre, en bon gendre, une place dans la voiture, et c'est tout ce que le sens commun me permet de faire pour vous. »

Mme Benoît était violemment tentée d'arracher les yeux à ce modèle des gendres, mais elle cacha son dépit. « Mon ami, dit-elle, vous avez passé trente heures en chaise de poste, vous êtes las, vous avez sommeil, et j'ai été mal inspirée de vouloir convertir un homme encore botté. Vous serez plus accommodant quand vous aurez dormi. Attendez-moi dans ce fauteuil, et souffrez que j'aille pourvoir à votre repos. Je suis à vous ! »

Elle sortit en souriant et courut comme une tempête à la chambre de sa fille. Je ne sais si elle ouvrit la porte, ou si elle l'enfonça, tant son entrée fut violente. Elle saisit rudement le bras de Julie, qui dépliait une taie d'oreiller : « Malheureuse, s'écria-t-elle, que faites-vous ?

— Mais, madame, ce que madame m'a dit.

— Vous êtes folle ! vous ne m'avez pas comprise. Laissez cela et déménagez-moi tous ces bagages. A-t-on jamais vu chose pareille ? Les malles d'un garçon dans la chambre de ma fille !

— Pardon, madame, mais....

— Il n'y a pas de mais, et l'on vous pardonnera quand vous aurez obéi. Emportez ! emportez !

— Mais où, madame ?

— Où vous voudrez : dans la rue, dans la cour ! Non, tenez : dans ma chambre !

— Madame donne son appartement ? Mais où faudra-t-il faire le lit de madame ?

— Ici, sur ce divan, dans la chambre de la marquise. Pourquoi faites-vous l'étonnée ? Est-ce que la place d'une mère n'est pas auprès de sa fille ? »

Elle laissa la femme de chambre à sa besogne et à sa surprise, et redescendit en se disant tout bas : « Le marquis n'est venu que pour me braver :

il n'en aura pas la joie. Je veux aller dans le monde à sa barbe : Mme de Malésy m'y aidera; nous ferons voir à ce forgeron endiablé qu'on peut se passer de lui. Mais il ne faut pas que je le laisse séduire ma fille! Il l'emporterait à Arlange, et alors, adieu le faubourg! »

Au même instant, Pierre demandait la porte, et la marquise, ivre d'espérance, sautait légèrement du marchepied dans la maison. Mme Benoît fut au salon avant elle; elle ne craignait rien tant que la première entrevue, et il importait qu'elle fût là pour arrêter l'expansion de ces jeunes cœurs. Lucile croyait tomber dans les bras de son mari; ce fut sa mère qui la reçut : « Te voilà donc, chère petite! lui dit-elle avec sa volubilité ordinaire et une tendresse plus qu'ordinaire. Comme tu es restée longtemps! Je commençais à m'inquiéter. Mon cœur est suspendu à un fil lorsque je ne te sens pas auprès de moi. Chère belle, il n'y a en ce monde qu'une affection désintéressée : l'amour d'une mère pour son enfant. Comment as-tu passé la journée? Te trouves-tu mieux que ces temps derniers? Voyez, monsieur, comme elle est changée! Votre conduite lui a fait bien du mal. Elle a besoin des plus grands ménagements; les émotions violentes lui sont fatales, votre vue seule la fait pâlir et rougir à la fois. Mais vous-même, mon cher marquis, savez-vous que

je ne vous reconnais plus? Vous prétendez que
l'air d'Arlange vous est bon ; on ne le dirait pas
à vous voir. Vous n'êtes plus ce brillant seigneur
d'Outreville qu'on m'a présenté il y a deux mois.
Après tout, il faut faire la part de la fatigue :
pauvre garçon! cent lieues en poste, tout d'une
haleine! C'est de quoi briser un homme plus solide
que vous. Heureusement, une bonne nuit va tout
réparer. Il y a ici près un excellent lit qui vous
attend, dans ma chambre que je vous cède.

— Mais, madame... murmura timidement Gaston.

— Pas d'objections et pas de façons avec moi!
Sacrifier tout à nos enfants, c'est notre bonheur,
à nous autres mères. Du reste, je dormirai fort
bien sur un lit de camp, près de ma chère Lucile, dont la santé réclame tous mes soins.
Nous devrions déjà être couchées. Allons, bel endormi, dites bonsoir à votre femme, et venez lui
baiser la main : il me semble que vous ne lui faites
pas trop d'accueil! »

Ni Gaston ni Lucile ne furent dupes de ce discours, mais ils en furent victimes; l'impudence
réussit presque toujours avec les jeunes gens,
parce qu'ils éprouvent une sorte de honte à réfuter un mensonge. Dans la circonstance présente,
une autre espèce de délicatesse paralysait le courage de Lucile et de Gaston. Ces cœurs honnêtes

auraient cru manquer à la pudeur en affrontant le mauvais vouloir de Mme Benoît. Gaston lui-même, après toutes les vigoureuses résolutions qu'il avait prises, n'osa ni se prévaloir de ses droits, ni faire appel aux sentiments de sa femme : il fut aussi timide que Lucile, peut-être plus. Quelle que soit la hardiesse que l'on attribue à notre sexe, il n'est pas moins vrai que les hommes bien nés sont, en amour, plus farouches que des jeunes filles. Il suffit de la présence d'un tiers pour glacer la parole sur leurs lèvres et refouler jusqu'au fond de leur âme une passion qui débordait.

Mme Benoît dressa un plan de campagne qui n'aurait jamais réussi sans l'empire qu'elle avait pris sur sa fille, et surtout sans la fière timidité de Gaston. Pendant toute une semaine, elle parvint à tenir séparés deux êtres qui s'adoraient, qui s'appartenaient, et qui dînaient ensemble tous les soirs. Ce qu'elle dépensa de turbulence pour étourdir sa fille et d'effronterie pour intimider son gendre fait une somme incalculable. Tous les jours elle imaginait un prétexte nouveau pour entraîner Lucile dans Paris, et laisser le marquis à la maison. Elle se cramponnait à sa fille, elle ne la quittait qu'à bon escient, lorsque Gaston était sorti. A voir son zèle et sa persévérance, vous auriez dit une de ces mères jalouses qui ne peuvent se résigner à partager leur fille avec un mari

Sa première idée était simplement de punir son gendre et de lui infliger à son tour les ennuis d'une passion malheureuse. Le succès de ses calculs lui rendit ensuite un peu d'espoir : elle pensa que Gaston finirait par s'avouer vaincu et offrirait spontanément de la conduire dans le monde. Mais le marquis prenait son veuvage en patience : il écrivait à Lucile, il en recevait quelques billets écrits à la dérobée; il combinait avec elle un plan d'évasion. Grâce à la surveillance de Mme Benoît, ces deux époux unis par la loi et par la religion en étaient réduits à des stratagèmes d'écoliers. Leur amour, sans rien perdre de son assurance et de sa sérénité, avait gagné le charme piquant des passions illégitimes. La cérémonie quotidienne du baisemain, autorisée et présidée par la belle-mère, couvrait l'échange de cette correspondance que Mme Benoît ne devina jamais. Lasse enfin d'attendre inutilement la conversion de son gendre, elle revint à ses premiers projets et retourna les yeux vers Mme de Malésy. Elle avait appris chez sa couturière que la marquise de Croix-Maugars allait donner une fête dans son jardin pour l'anniversaire de son mariage. Toute la noblesse présente à Paris s'y trouverait réunie, car les bals sont rares au 22 juin, et lorsqu'on rencontre l'occasion de danser sous une tente, on en profite. Par une rencontre providentielle, Gaston avait précisément obtenu une audience du ministre pour le 21, à onze heures du matin. La veuve profita de l'absence forcée de son gendre pour laisser Lucile au logis, et elle courut chez la vieille comtesse.

« Madame, lui dit-elle à brûle-pourpoint, vous me devez huit mille francs, ou peu s'en faut...

— Plaît-il? demanda la comtesse qui entendait rarement de cette oreille-là.

— Je ne viens ni vous les réclamer ni vous les reprocher.

— A la bonne heure.

— Je tiens si peu à l'argent, que non-seulement je renonce à cette somme, mais encore je ferais au besoin d'autres sacrifices pour arriver à mon but. Je veux être reçue au faubourg avec la marquise ma fille, et sans retard. C'est demain que Mme de Croix-Maugars donne son bal : vous êtes sa mère, elle n'a rien à vous refuser : serait-ce abuser des droits que j'ai acquis à votre bienveillance que de vous demander deux lettres d'invitation? »

Les petits yeux brillants de la comtesse s'arrondirent en clous de fauteuil. Elle sourit au discours de la veuve comme un mineur à un filon d'or.

« Hélas ! petite, dit-elle en larmoyant, ce vous

a bien exagéré mon crédit. Ma fille est ma fille, je n'en disconviens pas ; mais elle est en puissance de mari. Connaissez-vous Croix-Maugars !

— Si je le connaissais, je n'aurais pas besoin..

— C'est juste. Eh bien, chère enfant, il me suffit de lui demander un service pour obtenir un refus. Je suis la plus malheureuse femme de Paris. Mes créanciers s'acharnent contre moi, quoique je ne leur aie jamais rien fait. Mon gendre est un homme ; il devrait me protéger : il m'abandonne. Qu'est-ce que je lui demandais avant-hier ? Un peu d'argent pour payer le *Bon saint Louis*, qui a tant dégénéré depuis votre père ! Il m'a répondu que sa fête serait magnifique, et que sa bourse était à sec. Je ne sais où donner de la tête. Comment avez-vous le cœur de venir parler de bal et de plaisir à une pauvre désespérée comme moi ? Tout cela finira mal ; je serai saisie, on vendra mes meubles... » Ici la comtesse se tut, et laissa parler ses larmes. « Excusez-moi, reprit-elle. Vous voyez que je ne suis guère en état de recevoir des visites ; mais j'aurai toujours du plaisir à vous voir : vous me rappelez mon bon Lopinot. Ah ! s'il était encore de ce monde !... Revenez un de ces jours, nous causerons, et si je suis encore bonne à quelque chose, je m'emploierai à vous servir. »

Aux premières larmes de la comtesse, Mme Benoît avait résolûment tiré son mouchoir. Elle se dit : « Puisqu'il faut pleurer, pleurons. Après tout, les larmes ne me coûtent pas plus qu'à elle! » La sensible veuve ajouta tout haut : « Voyons, madame la comtesse, un peu de courage! Il n'y a pas là de quoi abattre un cœur comme le vôtre. Vous devez donc beaucoup d'argent à ce méchant *Saint-Louis?*

— Hélas! petite : quinze cents francs!

— Mais c'est une misère!

— Oui, c'est une grande misère! s'appeler la comtesse de Malésy, être mère de la marquie de Croix-Maugars, tenir le premier rang dans le faubourg, avoir l'entrée de tous les salons pour soi et ses amis, et ne pouvoir payer une somme de quinze cents francs! Je vous fais de la peine, n'est-ce pas? Adieu, mon enfant, adieu. Mon chagrin redouble à vous voir pleurer; laissez-moi seule avec mes ennuis!

— Voulez-vous permettre que je passe au *Bon saint Louis?* Je me charge d'arranger l'affaire.

— Je vous le défends!... ou plutôt, si : allez-y. Ces gens-là sont vos successeurs : vous vous entendrez avec eux mieux que moi. D'ailleurs ils sont de votre caste; les marchands ne se mangent pas entre eux. Vous êtes heureux, vous autres; on vous donne pour cent écus ce qui nous en coûte mille. Allez au *Bon saint Louis.* Je parie, friponne, que vous achèterez la créance sans bourse délier ; et c'est à vous que je devrai quinze cents francs !

— C'est dit, madame la comtesse ; et comme un service en vaut un autre...

— Oui ; je vous rendrai tous les services qui sont en mon pouvoir. Mais décidément j'aime mieux que vous ne fassiez pas ma paix avec ces boutiquiers. Qu'est-ce que j'y gagnerais ? On saurait bientôt qu'ils sont payés, et j'aurais affaire à tous les autres. Ma pauvre belle, je dois à Dieu et au diable.

— Combien ?

— Ah ! combien ! Je n'en sais plus rien moi-même. Ma mémoire s'en va. Mais j'ai ici des factures. Voyez : le pâtissier de la rue de Poitiers réclame cinq cents francs pour une demi-douzaine de poulets que j'ai fait monter chez moi et quelques malheureux gâteaux que j'ai grignotés dans sa boutique. Comme vous nous exploitez !

— Je lui dirai deux mots.

— Oui, dites-lui qu'il devrait avoir honte, et que je ne veux plus entendre parler de lui.

— Soyez tranquille.

— Voici maintenant maître Majou qui demande le prix d'une pièce de vin ordinaire.

— C'est une bagatelle : donnez-moi ce papier-là.

— Mille francs.

— Diantre! votre ordinaire n'est pas à dédaigner.

— Tenez : voici la note d'un bien honnête homme; je suis sûre que vous vous arrangeriez avec lui. C'est le tapissier qui a remis ces meubles à neuf. Il me demande mille écus, mais si l'on savait le prendre, on obtiendrait quittance pour presque rien.

— J'essayerai, madame la comtesse. » Elle prit les quatre factures et les plia soigneusement. « Il est midi, poursuivit-elle : je vais de ce pas mettre ordre à vos affaires. Mais maintenant que vous avez l'esprit plus libre, n'irez-vous pas essayer l'effet de votre éloquence sur le marquis de Croix-Maugars?

— Oui, petite, j'irai. Mais j'ai l'esprit moins libre que vous ne croyez. Je ne vous ai pas dit tous mes chagrins. » Elle ouvrit un tiroir de sa table à ouvrage et prit un portefeuille bourré de papiers. « Vous allez apprendre bien d'autres misères !

— Tout beau ! pensa Mme Benoît. Va pour six mille francs, quoique ce soit un bon prix pour un simple passe-port à l'intérieur du faubourg. Mais la vieille dame s'est mise en goût; l'appétit lui vient, et si je n'y mets le holà, elle me priera de lui acheter, en passant, le Louvre et les Tuileries! » La veuve reposa sur la table les factures qu'elle avait prises, et dit d'une voix émue : « Hélas! madame, je crains fort que vous n'ayez raison, et que vos chagrins ne soient sans remède!

— Mais non! mais non! répliqua vivement la comtesse. Je suis sûre de me tirer d'embarras un jour ou l'autre. Vous m'avez rendu le courage, et je me sens toute ragaillardie. Je serai chez ma fille dans une heure; le temps de passer une robe! J'aurai une carte d'invitation au nom de la marquise d'Outreville. Il ne vous en faut pas deux; vous entrerez avec votre fille : je veux éluder ce nom de Benoît qui gâterait tout. Pendant que je m'occupe de vous, allez chez vos marchands avec les factures, et terminez cette petite spéculation, qui a l'air de vous sourire. Rendez-vous ici à trois heures précises, et nous échangerons nos pouvoirs comme deux ambassadeurs. »

M. de Croix-Maugars fit la grimace en voyant entrer sa belle-mère. La comtesse était si terriblement besogneuse qu'on redoutait son apparition comme l'arrivée d'une lettre de change. Mais lorsqu'on sut qu'elle ne demandait pas d'argent, on n'eut plus rien à lui refuser. Le marquis lui remit en souriant un carré de carton satiné dont il était loin de connaître la valeur; c'était la quatrième fois depuis un an qu'il lui payait ses dettes.

Mme Benoît, joyeuse comme un matelot qui rentre au port, courut chez son notaire, revint chez les créanciers et paya sans marchander. Le tapissier accommodant dont la comtesse avait fait l'éloge était ce farouche Bouniol, qui avait forcé sa porte huit jours auparavant. A trois heures, Mme de Malésy empocha les quittances, et la veuve courut à son hôtel avec la précieuse invitation. Elle ne la confia point à ses poches, elle la garda à la main, elle la contempla, elle lui sourit. « Enfin! disait-elle, voici mes lettres de naturalisation; je suis citoyenne du faubourg. Pourvu que d'ici à demain je ne tombe pas malade! »

Elle se souvint alors que Lucile était seule depuis onze heures, et que le marquis avait eu le temps de l'entretenir en tête-à-tête. Cette idée, qui l'eût exaspérée la veille, lui parut presque indifférente. Le bonheur la réconciliait avec le monde entier et avec Gaston : un homme ivre n'a plus d'ennemis.

En descendant de voiture, elle aperçut dans la cour une ancienne victime de son emportement, le candide Jacquet.

« Viens ici, mon garçon! lui dit-elle. Approche, ne crains rien: tu es pardonné. Tu veux donc rentrer à mon service?

— Oh! merci bien, madame. Monsieur le marquis m'a présenté dans une maison.

— Le marquis t'a présenté? Tu as du bonheur, toi!

— Oui, madame, je gagne cinquante francs par mois.

— Je t'en fais mon compliment. C'est tout ce que tu avais à me dire ?

— Non, madame ; je viens vous apporter deux lettres.

— Donne donc !

— Un petit moment, madame : je les cherche sous la coiffe de mon chapeau. Les voici ! »

L'une de ces lettres était de Gaston l'autre de Lucile. Gaston disait :

« Ma charmante mère,

« Dans l'espoir que l'amour maternel vous arrachera de ce Paris que vous aimez trop, j'emmène votre fille à Arlange. Puissiez-vous venir bientôt nous y rejoindre ! »

« Qui est-ce qui t'a donné cela ? » demanda Mme Benoît à Jacquet. Mais Jacquet avait fui, comme un oiseau devant l'orage. Elle décacheta vivement la lettre de sa fille et trouva trois pages d'excuses qui se terminaient par ces mots : « La femme doit suivre son mari. »

Je ne veux pas médire du cœur humain, mais la veuve, après avoir lu ces deux lettres, ne pensa ni à l'abandon de sa fille, ni à la trahison de son gendre, ni à l'isolement où on la laissait, ni à la rupture de tous les liens qui l'attachaient à sa famille. Elle pensa qu'elle venait d'acheter une invitation, que cette invitation était au nom d'Outreville, qu'elle ne pouvait servir à Mme Benoît, et qu'on danserait sans elle à l'hôtel de Croix-Maugars.

VI

Le marquis d'Outreville, confiant dans son bon droit et sûr de l'amour de Lucile, ne craignait pas d'être poursuivi par sa belle-mère. La fuite des deux époux fut une promenade d'amoureux. On voyageait un peu le matin, un peu le soir; on choisissait les gîtes; on s'arrêtait, comme deux connaisseurs dans un salon de peinture, à tous les frais paysages; on descendait de voiture, on suivait les sentiers, on entrait, bras dessus bras dessous, dans les bois; on se perdait souvent, on se retrouvait toujours. Lucile, aussi marquise qu'une femme peut l'être, et reconnue en cette qualité par tous les hôteliers de la route, parcourut en trois semaines le chemin qu'avec sa mère elle avait dévoré en vingt-quatre heures: cependant le second voyage lui parut plus court que le premier.

L'arrivée des deux époux fut une fête dans Arlange : Lucile était adorée de tous ses vassaux. Les anciens du pays et les doyens de la forge vinrent lui dire en leur patois qu'ils avaient *trouvé le temps long après elle;* les compagnes de son enfance se présentèrent gauchement pour lui apporter le bonjour : elle les reçut dans ses bras. Elle remboursa largement la bonne grosse monnaie d'amitié que ces braves gens dépensaient pour elle, elle s'informa des absents ; elle demanda des nouvelles des malades ; elle fit rayonner dans tout le village la joie dont son cœur était plein.

Ce tribut une fois payé aux souvenirs du premier âge, elle comptait se retrancher dans la forge avec Gaston, fermer la porte à toutes les visites, et vivre d'amour au fond de sa retraite. Les enfants ont l'imprévoyance de ces sauvages de l'Amérique qui coupent l'arbre par le pied et mangent tous les fruits en un jour. Mais le marquis, depuis son mariage, avait fait des réflexions sérieuses et deviné le grand secret de la vie domestique : l'économie du bonheur. Il savait que la solitude à deux, ce rêve des amants, doit épuiser rapidement les cœurs les plus riches, et que si l'on se dit tout en un jour, il faut bientôt se répéter ou se taire. Si tous les jeunes époux n'avaient pas l'habitude de gaspiller leur bonheur, la lune de miel, que l'univers accuse d'être trop courte, aurait plus de quatre quartiers. Gaston se sentait assez de tendresse dans l'âme pour faire durer son bonheur autant que sa vie, mais à condition de le ménager. Il amena doucement Lucile à partager son temps entre l'amour, le travail et même l'ennui, ce voisin salutaire qui ajoute tant de charmes au plaisir. Il l'intéressa à ses études et à ses recherches ; il lui persuada de faire et de recevoir des visites ; il eut l'héroïsme de la conduire chez la baronne de Sommerfogel! Il se joignit à elle pour prier M. et Mme Jordy de venir passer à la forge les premières vacances qu'ils pourraient prendre ; il lui dicta cinq ou six lettres destinées à adoucir Mme Benoît et à la ramener.

Ces marques de soumission filiale ne firent qu'exaspérer le courroux de la veuve. Elle n'était pas loin de se croire offensée par des excuses vaines qui n'avaient pas la vertu de lui ouvrir le moindre salon. Si elle avait dû oublier un instant ce qu'elle appelait la trahison de sa fille, l'invitation du marquis de Croix-Maugars, qu'elle portait sur elle, la lui aurait remise sous les yeux. Elle devint misanthrope comme tous les esprits faibles lorsqu'ils croient avoir à se plaindre de quelqu'un. Elle prit en haine l'univers entier, et même son ancien paradis, le faubourg Saint-Germain : il lui semblait que l'aristocratie de Paris conspirait contre elle, et que le marquis d'Outreville était le chef du complot. Si elle ne disait pas un éternel adieu au théâtre de ses mécomptes, c'était pour ne pas s'avouer vaincue. Elle persistait à frayer avec la noblesse, mais uniquement pour la braver de plus près : elle voulait fouler les tapis de la rue de Grenelle comme Diogène foulait aux pieds le luxe de Platon ! Elle ne revit ni Mme de Malésy ni ses autres débiteurs, excepté le baron de Subresac. Ce n'était pas qu'elle espérât de lui aucun service : elle s'était croisé les bras et n'attendait plus rien que du hasard. Mais le baron lui témoignait du bon vouloir, et c'est quelque chose, faute de mieux, que l'amitié d'un baron.

M. de Subressac était très-vieux à soixante-quinze ans : à vingt-cinq, il avait été particulièrement jeune. Il avait dépensé, sans compter, sa vie et sa fortune, et ses aventures d'autrefois défrayaient encore les conversations intimes des douairières du faubourg. Malheureusement pour sa vieillesse, il avait oublié de se marier à temps, et il s'était condamné à la solitude, cette froide compagne des vieux garçons. Relégué à un quatrième étage avec six mille livres de rentes viagères, entre un valet de chambre et une cuisinière qui le servaient par habitude, il haïssait le logis et vivait dehors. Tous les jours, après déjeuner, il faisait sa toilette avec la coquetterie minutieuse d'une femme qui prend de l'âge. On a prétendu qu'il mettait du rouge, mais le fait ne paraît pas bien avéré. Une fois habillé, il faisait à petits pas cinq ou six visites, bien reçu partout, et invité à dîner sept fois par semaine. On l'aimait pour le soin qu'il prenait de lui-même et des autres; il avait pour les femmes de tout âge des attentions exquises que la jeune génération ne connaît plus. Indépendamment de ce mérite, le sexe récompensait en lui trente années de loyaux services, comme un souverain donne les Invalides au soldat vieilli sous le harnois. Je ne parle pas de cinq ou six aïeules vénérables chez lesquelles il trouvait cette amitié plus étroite qui est comme de l'amour cristallisé. Grâce aux bons sentiments qu'il avait semés sur sa route, il était aussi heureux qu'on peut l'être à soixante-quinze ans lorsqu'on est forcé d'aller chercher le bonheur hors de chez soi.

Il n'avait pas d'infirmités, mais dès l'hiver de 1845, ses amis les plus intimes commencèrent à s'apercevoir qu'il baissait. Il n'était plus aussi éveillé à la conversation; il avait des absences. Sa parole semblait moins vive et sa langue moins déliée. Enfin, symptôme plus grave, il ne savait plus résister au sommeil. Un soir, après dîner, chez le marquis de Croix-Maugars, il s'endormit sur sa chaise. Mme de Malésy, un de ses caprices de 1815, s'en aperçut la première et cita à ce propos un dicton menaçant : « Jeunesse qui veille, vieillesse qui dort, présages de mort. » En avril 1846, le baron fut pris d'un étourdissement devant la caserne de la rue Bellechasse ; il serait tombé sur le pavé sans un brigadier de chasseurs qui le retint dans ses bras. Cette circonstance lui fit vivement sentir le regret d'une voiture : on était toujours heureux de recevoir ses visites, mais on ne le faisait pas prendre chez lui. Mme Benoît fut la première qui eut pour lui des soins si délicats. Soit qu'elle l'attendît, soit qu'il prît congé d'elle, elle n'oubliait jamais de mettre à sa disposition la plus douce de ses voitures et les coussins les plus moelleux. Elle se montra plus attentive que les vieilles amies, et n'en soyez point étonné : il était pour elle une espérance, pour les autres un souvenir. Le jour où elle n'attendit plus rien de lui, après le départ de Lucile, elle ne diminua rien de ses attentions, bien au contraire. Elle éprouvait un plaisir amer à combler le seul gentilhomme qui fût de ses amis. Elle disait en elle-même : « Les imbéciles ! voilà pourtant comme je les aurais choyés tous ! » Le baron se prit d'une amitié véritable pour celle qui le traitait si bien. Les vieillards sont comme les enfants : ils s'attachent par instinct à ceux qui prennent soin de leur faiblesse. Il la fit profiter des loisirs que la saison lui laissait ; pendant qu'une grande moitié du faubourg courait à la campagne pour se reposer des plaisirs de l'hiver, il prit ses quartiers dans la rue Saint-

Dominique, et vint presque tous les jours dîner en bourgeoisie. Le repas était commandé pour lui : on lui servait les plats qu'il aimait. Il mangeait lentement : Mme Benoît prit exemple sur lui, pour n'avoir pas l'air de l'attendre. Il aimait les vieux vins ; elle lui servit la crème de sa cave. Au dessert, elle lui contait ses doléances, et il l'écoutait. Il en vint à la plaindre sérieusement de ses maux imaginaires. Elle pleurait, et, comme les larmes sont contagieuses, il pleurait avec elle. Trois mois après le départ de Lucile, il était de la maison. Il s'était acoquiné à cette vie facile et grasse et à ces plaisirs tranquilles qui ne lui coûtaient qu'un peu de compassion. Un soir, c'était vers la fin de septembre, il dit à Mme Benoît :

« Je ne suis plus bon à rien, ma pauvre charmante : je ressemble à une vieille tapisserie qui montre partout la corde, et dont le dessin est aux trois quarts effacé, mais, tel que je suis, je peux encore vous donner ce que vous avez souhaité toute la vie : voulez-vous être baronne ? Ce n'est pas un mari que je vous propose, ce n'est qu'un nom. A votre âge, et faite comme vous voilà, vous mériteriez mieux ; mais j'offre ce que j'ai. Quelque chose me dit que je ne vous ennuierai pas longtemps, et que ma vieillesse sera tôt finie ; je crois même que nous ferons bien de nous hâter, si vous voulez devenir Mme de Subressac. J'ai beaucoup de relations dans le faubourg; on m'aime un peu partout : que j'aie seulement le temps de vous présenter à mes amis! Après ma mort, ils continueront à vous recevoir pour l'amour de moi. Alors rien ne vous empêchera, si le cœur vous en dit, de choisir un homme de votre âge, qui sera votre mari en vérité et non plus en effigie. Méditez cette proposition : prenez huit jours pour réfléchir, prenez-en quinze, je suis encore bon pour quinze jours. Écrivez à vos enfants; peut-être la crainte de ce mariage les décidera-t-elle à faire ce que vous voulez. Pour moi, quoi qu'il arrive, je mourrai plus tranquille si j'ai la consolation d'avoir contribué à votre bonheur. »

Mme Benoît n'était nullement préparée à ces ouvertures; cependant elle ne perdit pas deux jours en réflexions. Une heure après le départ du baron, son parti était pris. Elle se dit : « J'ai juré que je ne me remarierais pas; mais auparavant j'avais juré d'entrer au faubourg. Cette fois, du moins, je suis sûre de n'être point battue par mon mari! J'épouse le baron, je dénature ma fortune, et je déshérite la marquise de tout ce qu'il me sera possible de lui enlever : à l'ouvrage! »

Elle fit porter sa réponse à M. de Subressac, et dès le lendemain, sans écrire à ses enfants, elle hâta les apprêts de son mariage. Jamais amant passionné ne courut plus ardemment à ses noces : c'est que Mme Benoît épousait bien mieux qu'un homme, elle épousait le faubourg! Une légère indisposition de M. de Subressac l'avertit qu'elle n'avait pas de temps à perdre : elle prit des ailes et déploya plus d'activité qu'aux approches du mariage de sa fille. Tandis que le baron était retenu dans la chambre, la fiancée courait de la mairie à l'étude du notaire, et de l'étude à la sacristie. Elle trouvait encore le temps de voir son cher malade et de causer avec le médecin. La cérémonie était fixée au 15 octobre. Le 14, M. de Subressac, qui allait mieux, se plaignit d'une pesanteur à la tête ; le docteur parla de le saigner ; Mme Benoît le fit taire : la saignée fut remise au lendemain, le mal de tête se dissipa, et les futurs époux dînèrent ensemble de bon appétit.

Le mois d'octobre fut charmant en 1846 : on se serait cru aux premiers jours de septembre, et le soleil donnait au calendrier un éclatant démenti. Les vendanges furent belles dans toute la France, et même en Lorraine. Tandis que Mme Benoît poursuivait ardemment sa baronnie, sa fille et son gendre jouissaient de l'automne dans la compagnie de leurs amis. M. et Mme Jordy avaient quitté leurs affaires pour venir passer trois semaines à Arlange. Mme Mélier les garda huit jours et leur permit ensuite d'habiter la forge; ni les mères ni les maris ne refusent rien à une jeune femme enceinte de quatre mois. Une étroite amitié s'était établie entre le raffineur et le forgeron. Ils chassaient tous les jours ensemble, tandis que leurs femmes cousaient une layette de prince. Robert appelait la marquise *Lucile* et Gaston disait *Céline* à Mme Jordy. Le jour même où le marquis devait gagner un beau-père et perdre une fortune, les deux couples, éveillés au petit jour, s'embarquèrent ensemble dans un char à bancs solide, à l'épreuve de toutes les ornières de la forêt. La rosée en grosses gouttes étincelait dans les herbes; les feuilles jaunies descendaient en tournoyant dans l'air et venaient se coucher au pied des arbres. Les rouges-gorges familiers suivaient de branche en branche la course de la voiture; la bergeronnette courait en hochant la queue jusque sous les pieds des chevaux. De temps en temps un lapin effarouché, les oreilles couchées en arrière, passait comme un éclair au travers de la route. L'air piquant du matin colorait le visage des jeunes femmes. Je ne sais rien de charmant comme ces frissons de l'automne entre les chaleurs accablantes de l'été et les glaces brutales de l'hiver. Le chaud nous énerve, le froid nous roidit; une douce fraîcheur raffermit les ressorts du corps et de l'esprit, stimule notre activité et redouble le bonheur de vivre.

Après une longue promenade, qui ne parut longue à personne, les quatre amis descendirent de voiture. Lucile, qui commandait l'expédition, les conduisit à une belle place verte, sous un grand chêne, auprès d'une petite source encadrée de cresson. Mme Jordy, paresseuse par devoir, s'établit commodément sur l'herbe des bois, plus fine et plus moelleuse que les meilleures fourrures, tandis que son mari vidait les coffres du char à bancs et que le marquis allumait un grand feu pour le déjeuner; Lucile y jetait des brassées de feuilles sèches et des poignées de branches mortes: puis Robert découpa les perdreaux froids, et la marquise employa tous ses talents à faire une magnifique omelette. Puis on mit le café auprès du feu, à distance respectueuse, en recommandant au marquis de ne pas le laisser cuire. Alors commença un de ces tournois d'appétit qui seraient ridicules à la ville et qui sont délicieux à la campagne; et lorsqu'un gland tombait dans un verre, on riait à tout rompre, et l'on trouvait que le vieux chêne avait beaucoup d'esprit.

Il n'était pas loin de midi lorsqu'on livra la table aux laquais et au cocher. Les deux jeunes femmes prirent un sentier qu'elles connaissaient de longue date, marchèrent d'un pas gaillard jusqu'à la lisière du bois, et jetèrent leurs maris en pleine vendange dans les vignes de Mme Mélier.

Un doux soleil éclairait les feuilles pourpres de la vigne. Les ceps robustes enfonçaient dans le sol leurs racines noueuses, comme un enfant vigoureux se cramponne au sein de sa nourrice. La belle terre rouge, légèrement détrempée par l'automne, s'attachait aux pieds des vendangeurs, et chacun d'eux en portait un petit arpent à sa chaussure. Deux chariots chargés de larges cuves attendaient au bas du coteau, et d'instant en instant un vigneron courbé sous le poids venait y verser sa hotte pleine. Un peu plus loin, deux bambins de six ans surveillaient d'un œil affamé le repas des vendangeurs. Une énorme soupe aux choux lançait en bouillonnant ses vapeurs succulentes ; les pommes de terre cuisaient sous la cendre, et le lait caillé attendait son tour dans les jarres de grès bleu. Le regard des deux enfants disait avec une certaine éloquence : « Oh ! des pommes de terre bien chaudes, avec du lait caillé bien froid ! »

Les vendangeuses en jupon court chantaient du haut de leur tête une poésie champêtre. Cette bruyante gaieté profite au maître de la vigne : « Bouche qui mord à la chanson ne mord pas à la grappe. »

Tandis que Gaston et Robert gravissaient la colline et passaient en revue un front de bataille hérissé d'échalas, une étrange discussion s'élevait entre les deux amies, auprès de la cuisine des vendangeurs.

« Es-tu folle? disait Mme Jordy; cette soupe doit être détestable.

— Rien qu'une assiettée! disait la marquise.

— Mais tu viens de déjeuner!

— J'ai faim de cette soupe-là.

— Si tu as faim, retournons à la voiture.

— Non, c'est de la soupe qu'il me faut; demandes-en pour moi, ou j'en volerai. J'en meurs d'envie!

— Des larmes! Oh! ceci devient grave. Je croyais que les envies n'étaient permises qu'à moi. Mais, au fait, qui sait? mangez, madame, mangez. »

La mignonne marquise dévora la portion d'un batteur en grange. Mme Jordy s'étonnait qu'on pût avoir un si farouche appétit lorsqu'on ne mangeait pas pour deux. Elle prit son amie à part, lui adressa mille et une questions, et causa longtemps avec elle. La conclusion fut qu'il faudrait demander l'avis du médecin.

« Nous vous dérangeons? demanda Gaston qui revenait sur ses pas.

— Point du tout, répondit Mme Jordy; nous causions chiffons.

— Ah !

— Mon Dieu, oui. Vous savez que nous travaillons à une layette.

— Eh bien ?

— Eh bien, il nous vient une inquiétude sérieuse

— Et laquelle ?

— Nous craignons d'être obligées d'en faire deux. »

Gaston sentit ses jambes plier sous lui : c'était pourtant un homme solide. Il proposa de remonter en voiture et de courir chez le médecin. « Quel bonheur ! disait Lucile. Si le docteur dit oui, j'écris demain à maman. »

Le même jour, Mme Benoît monta, à dix heures du matin, dans le célèbre carrosse qu'on venait enfin de terminer, mais en changeant les armes. Avant de gravir l'escalier de velours qui servait de marchepied, elle lorgna complaisamment le tortil du baron et l'écusson des Subressac. Contrairement à l'usage, c'était la mariée qui allait chercher son mari. Elle monta d'un pas léger jusqu'au quatrième étage, sonna vivement, et se trouva face à face avec deux serviteurs en larmes : le baron était mort subitement pendant la nuit. La pauvre mariée éprouva la douleur foudroyante de Calypso lorsqu'elle apprit le départ d'Ulysse. Elle voulut voir ce qui restait du baron : elle toucha sa main froide, elle s'assit auprès de son lit, accablée, stupide et sans larmes. En voyant ce désespoir, le vieux valet de chambre, qui savait la liste des amours de son maître, se dit que personne ne l'avait aimé comme Mme Benoît.

Ce fut Mme Benoît qui pourvut aux funérailles du baron. Elle assura l'avenir de ses vieux domestiques en disant : « Il m'appartient de payer ses dettes : ne suis-je pas sa veuve aux yeux de Dieu ? » Elle résolut de porter son deuil. Elle suivit le convoi jusqu'au cimetière. Tout le faubourg y était. Lorsqu'elle vit la longue file de voitures qui s'avançaient au pas derrière la sienne, elle fondit en larmes, et s'écria au milieu des sanglots : « Que je suis malheureuse ! Tous ces gens-là seraient venus danser chez moi ! »

Comme elle rentrait à l'hôtel, écrasée sous le poids de la douleur, on lui remit la lettre suivante :

« Chère maman,

« Voici la sixième lettre que je vous écris sans obtenir deux lignes de réponse ; mais, pour cette fois, je suis sûre du succès. Je ne vous répéterai pas que nous vous aimons, que nous regrettons de vous avoir fait de la peine, que vous nous manquez, que nous commençons à allumer du feu le soir, et que votre fauteuil vide nous met les larmes aux yeux : vous avez résisté à toutes ces bonnes raisons-là, et il faut des arguments plus victorieux pour vous décider. Écoutez donc : si vous voulez être bonne et revenir auprès de nous, je vous donnerai pour récompense.... un petit-fils ! Je n'essaye pas de vous dépeindre notre joie ; il vaut mieux que vous veniez la voir et la partager.

« Lucile d'Outreville

« Oui-dà, s'écria Mme Benoît, un petit-fils ! Et si c'était une petite-fille ! »

Elle courut à la cheminée, et poursuivit, en se mirant dans une glace : « J'ai quarante-deux ans ; dans seize ans, ma petite-fille fera son entrée dans le monde ; ses parents ne sortiront jamais d'Arlange : qui est-ce qui la conduira au faubourg, si ce n'est moi ? Chère petite ! je l'aime déjà. J'aurai cinquante-huit ans, je serai encore jeune ; et d'ici là, je ne ferai pas la sottise de me laisser mourir comme certains vieux maladroits. En route pour Arlange !

— Madame, interrompit Julie, on vient de *la Reine Artémise* avec des étoffes de deuil

— Renvoyez-moi ces gens-là ! Est-ce qu'on se moque de moi ? Le baron ne m'était rien, et je ne veux pas étaler des regrets ridicules

— Mais, madame, c'est madame qui a dit....

— Mademoiselle Julie, quand votre maîtresse vous parle, il ne vous appartient pas de dire *mais*. Parce que j'ai supporté vos défauts pendant quinze ans, vous avez peut-être cru que j'étais engagée avec vous pour la vie? C'est comme maître Pierre, votre fidèle ami, qui suit vos bons exemples et n'en veut faire qu'à sa tête. Vous me servez passablement mal; et ce qui est beaucoup plus grave, il vous est arrivé à tous deux de manquer grossièrement à Mme la marquise d'Outreville. Ne venez pas encore objecter que c'est moi qui avais dit. Le fait est que ma fille ne peut plus vous voir ni l'un ni l'autre; et comme je retourne à Arlange....

— Je comprends; madame nous punit de lui avoir obéi. »

C'est ainsi que Mme Benoît congédia ses alliés avant la signature de la paix. Deux jours plus tard, son sourire éclairait Arlange. Elle ne parla point du passé; elle s'abstint de toutes récriminations; elle se réconcilia franchement avec sa fille et son gendre: peu s'en fallut qu'elle ne convînt de ses torts.

« Mes enfants, dit-elle, que vous êtes bien ici! Restez-y longtemps, restez-y toujours! Gaston avait bien raison de faire l'éloge de la campagne: c'est là qu'on se porte bien et qu'on élève les belles familles. Donnez-moi beaucoup de petits-enfants;

je ne me plaindrai jamais d'en avoir trop. C'est moi
qui doterai vos filles : ainsi, ma Lucette, règle-toi
là-dessus. Mais comprenez-vous cet engouement
qu'ils ont pour Paris ? C'est une ville abomina-
ble ; je n'y ai trouvé que déboires, et je n'y remettrai jamais les pieds que pour conduire mes petits-
enfants dans le monde ! »

Sept mois plus tard, la marquise accoucha
d'un garçon. Il fut le filleul de Mme Jordy ; Mme
Benoît ne voulut pas être sa marraine.

« J'attends les filles, » dit-elle.

Dans les dix années qui viennent de s'écouler,
Lucile a donné sept enfants à son mari, et une si
heureuse fécondité ne paraît pas l'avoir fati-
guée. Elle a gagné un peu d'embonpoint sans rien
perdre de sa grâce : les cerisiers en sont-ils moins
beaux parce qu'ils portent tous les ans des cerises ?
Gaston, fidèle aux deux passions de sa jeunesse,
consacre la meilleure partie de son temps à Lucile,
et le reste à la science. Son usine prospère aussi
bien que son ménage. Il a poussé vigoureusement
les progrès de l'industrie métallurgique ; il a pré-
cipité la baisse des fers : grâce à lui, la tonne des
rails est tombée de 360 francs à 285, et il ne désespère pas de l'amener à 200, comme il le promettait jadis à son ami l'ingénieur des salines.
C'est, d'ailleurs, un beau forgeron que le marquis
d'Outreville, et vous ne lui donneriez pas plus de

trente ans : les années ont si peu de prise sur l'homme heureux !

Mais Mme Benoît est une petite vieille femme fondue, amaigrie, ridée, maussade, insupportable aux autres et à elle-même. C'est qu'elle a attendu vainement la petite tête blonde sur laquelle elle fondait ses dernières espérances. Les sept enfants du marquis sont sept garnements joufflus qui se roulent du matin au soir dans la poussière, qui trouent leurs vestes aux coudes et leurs pantalons aux genoux, qui ont des engelures l'hiver, et les mains rouges en toute saison, et qui iront tout seuls au faubourg Saint-Germain, s'ils ont jamais la curiosité de voir le paradis de leur grand'mère.

Gabrielle-Auguste-Éliane mourra comme Moïse sur le mont Nébo, sans avoir mis le pied sur la terre promise.

FIN.

TABLE.

Dédicace .... Page	1
Les Jumeaux de l'hôtel Corneille.......................	3
L'Oncle et le Neveu.....................................	73
Terrains à vendre.......................................	108
Le Buste..	165
Gorgeon...	271
La Mère de la Marquise.................................	300

FIN DE LA TABLE.

7856. — PARIS, IMPRIMERIE A. L. GUILLOT ET A. JULIEN
7, rue des Canettes, 7

www.ingramcontent.com/pod-product-compliance
Lightning Source LLC
Chambersburg PA
CBHW051824230426
43671CB00008B/826